DENIM
ULTIMATE CATALOG

100人100通りのデニムの色落ちサンプル。

DENIM ULTIMATE CATALOG
CONTENTS
COVER PHOTO/S.Nomachi 野町修平

好みのデニムに必ず出会える、
バイヤーズガイドの決定版。

008
完全保存版!
色落ちサンプル／詳細仕様書付き
デニム図鑑2017

256
デニム愛好家の間で知られる
"ナノコロイド"とは!?

完全保存版！[色落ちサンプル／詳細仕様書付き]
デニム図鑑2017
Denim Ultimate Catalog

▶A	010 AG		056 EIGHT-G
	011 ANACHRONORM		058 EVISU
	012 ATTRACTIONS		076 ETERNAL
	014 AVIREX TYPE BLUE		077 e-JEANS
▶B	020 BIG JOHN	▶F	078 FREE RAGE
	022 BILLVAN		079 F.O.B. FACTORY
	026 BLACK SIGN		080 THE FLAT HEAD
	027 BRÚ NA BÓINNE		084 FDMTL
	028 BLTOM JEANS		086 FULLCOUNT
	030 BLUE SAKURA		096 FULLNELSON
	036 BURGUS PLUS		098 FINDER'S KEEPERS
	038 BUZZ RICKSON'S	▶G	099 GOLD
	040 BY GLADHAND		100 GOWEST
▶C	042 CORONA		101 G-STAR RAW
	043 CUSHMAN		102 GLEEM
	044 CAQU		106 GYPSY & SONS
▶D	045 DE-NA-LI		107 GRAPHZERO
	046 DENHAM	▶H	108 HOSU
	050 DENIME		109 HYSTERIC GLAMOUR
	051 DIESEL		110 HELLER'S CAFE
	052 DRY BONES	▶I	112 IRON HEART
▶E	054 EDWIN	▶J	118 JAPAN BLUE JEANS
	055 ENGINEERED GARMENTS		124 JELADO
			126 JOHNBULL

- **K**
  - 127 KAMINARI
  - 128 KAMIKAZE ATTACK
  - 132 KATO`
  - 133 KING-O-WEAR
  - 134 KOJIMA GENES
  - 140 KURO
- **L**
  - 141 L.L.BEAN
  - 142 LEVI'S
  - 144 LEE
- **M**
  - 145 MISTER FREEDOM
  - 146 MOMOTARO JEANS
  - 152 MEGAMIORI DENIMS
  - 153 MOTOR
  - 154 MVP
- **N**
  - 155 NIGEL CABOURN
  - 156 NUDIE JAENS
- **O**
  - 157 OLD JOE
  - 158 OLD CROW
  - 159 OMNIGOD
  - 160 ORSLOW
  - 161 ORGUEIL
  - 162 ONE-PIECE OF ROCK
- **P**
  - 164 PHERROW'S
  - 176 PURE BLUE JAPAN
- **R**
  - 174 The REAL McCOY'S
  - 192 RESOLUTE
  - 194 R.J.B
- **S**
  - 193 SCHOTT
  - 196 STUDIO D'ARTISAN
  - 210 STEVENSON OVERALL CO.
  - 212 STRONG HOLD
  - 213 SWE by HIGH ROCK
  - 214 THE STRIKE GOLD
  - 218 SUGAR CANE
- **T**
  - 224 TEDMAN
  - 230 TELLASON
  - 231 TOUGHNESS
  - 232 TENRYO DENIM
  - 234 TCB
  - 235 TMT
  - 236 TROPHY CLOTHING
- **U**
  - 238 UNIVERSAL WORKS
  - 239 UES
- **V**
  - 240 VANSON
- **W**
  - 242 WAREHOUSE
  - 248 WESTOVERALLS
  - 250 WESTRIDE
  - 252 WRANGLER

Denim Ultimate Catalog

| A | B | C | D | E | F | G | H | I | J | K | L | M |

〈 エージー 〉

AG

http://www.agjeansjapan.com

エージー ジャパン　TEL03-5946-8990

▶ AGING SAMPLE

フラッグシップモデルのひとつであるマッチボックスの穿き込みサンプル。染めが濃いので、週3回のペースで1.5年ほど穿いているが、まだまだインディゴが残っているのが素晴らしい。さらに穿き込めば濃淡のある色落ちになりそうだ

穿きこみサンプル
穿きこんだモデル名＿＿MATCHBOX
穿きこみ頻度＿＿週3回ほど／洗濯の頻度＿＿不明
最初に洗ったのは＿＿不明

▶ OTHER LINEUP

CRASH MATCHBOX

こちらはスリムストレートモデルであるマッチボックスの新作。エージーでは、12年、20年といった具合に穿き込んだ年数を想定して、リアルなダメージ＆ヴィンテージ加工が施される。その完成度の高さはご覧の通り。4万5360円

1.LAブランドながらも、デニムのクオリティを追求し、日本のカイハラデニムに行き着いた。オリジナルレシピのセルビッジデニム。2.バックポケットにはほどよくアタリとシュリンクが。3.オリジナルの真鍮製リベットが使われている。4.シンプルなレザーパッチは、穿き込むほどにいいエイジングに

米国の実力派デニムブランド！

MATCHBOX

2000年に創業され、アメリカを代表するデニムブランドのひとつとなったLA発のエージー。その人気の理由は、美しいシルエットながらも快適な穿き心地と卓越したエイジング技術の高さだ。こちらのマッチボックスは、ほどよいフィット感ながらも過度に身体のラインを出さない大人のスリムストレートで日本を代表する生地会社カイハラに別注した14ozのセルビッジデニムを使用している

基本データ
プライス＿＿3万4560円
ウエストのサイズ展開＿＿28〜34
ベースにしている年代＿＿なし
ウォッシュ＿＿リジッド

生地
生地の重さ＿＿14.5オンス
綾織＿＿右綾織
防縮加工＿＿あり
生地の生産地＿＿広島県
コットンの種類＿＿綿100%
縦横の糸番手＿＿6番手
生地のザラ感＿＿強
タテ落ちの種類＿＿遅め

染め
ロープ染色

縫製
縫製糸の特徴＿＿縦糸に茶綿を使用しているため、色落ちした時に白っぽくならずナチュラルな表情がでる
アウトシームの縫製＿＿両耳の割り縫い
耳を使っている場所＿＿アウトシーム
耳の幅＿＿細め（0.2cm）
耳の色＿＿赤耳

ディテール
ヒップパッチ＿＿牛革
ベルトループ＿＿中盛り無
フロントフライ＿＿オリジナルボタン
リベットの種類＿＿真鍮製刻印あり
隠しリベットの有無＿＿なし
スレーキの生地＿＿綿100%
ピスネーム＿＿なし

〈 アナクロノーム 〉
ANACHRONORM
http://www.anachronorm.jp

アナクロノーム コンテキスト ギャラリー　TEL03-5784-2669

AGING MODEL

アメリカンコットンを使用した12.5ozのインディゴセルビッジデニムを採用した新定番モデル「NEW-"α"」。新品ながらも長年穿きこんだかのような、ナチュラルかつハードな色落ちを再現したリアルなエイジング加工も魅力。下のモデルはワンウォッシュタイプだ

1.セルビッジデニム特有の耳はピンク。裾のエイジングは、まるでヴィンテージのような佇まい。2.コインポケットの横のみ、ベルトループが2つになったこだわりのディテール。3.穿いた状態では見えない、ボタンホールのボタンまで、しっかりエイジング加工が施されている。4.ダブルヨークの上にセットされたヴィンテージ感が漂うレザーパッチ

▶ **OTHER LINEUP**
NEW-"ε"

'40年代頃にストアブランドが展開していたデニムジャケットをイメージしたボックスシルエットのデザイン。デニムパンツ同様の12.5ozのアメリカンコットンを使ったセルビッジデニムを採用。エイジングモデルの他に、ワンウォッシュのモデルも展開している。4万1040円

NEW-"α"

エイジングやリメイクの可能性をストイックに追求。

基本データ
- プライス__2万円
- ウエストのサイズ展開__W30、32、34、36、38
- ベースにしている年代__特になし
- ウォッシュ__ワンウォッシュ、加工

生地
- 生地の重さ__12.5オンス
- 綾織__右綾織
- 防縮加工__あり
- 生地の生産地__岡山県
- コットンの種類__米国綿100%
- 縦横の糸番手__タテ7番、ヨコ12番
- 生地のザラ感__普通
- タテ落ちの種類__線落ち
- 色落ちのスピード__普通

染め
- ロープ染色

縫製
- 縫製糸の特徴__カラーは2色(オレンジとイエロー)
- アウトシームの縫製__両耳の割り縫い
- 耳を使っている場所__アウトシーム、コインポケット
- 耳の幅__普通(1.7cm)
- 耳の色__ピンク

ディテール
- ヒップパッチ__ゴートスキン
- ベルトループ__中盛り有
- フロントフライ__オリジナルボタン
- リベットの種類__真鍮刻印あり
- 隠しリベットの有無__あり
- スレーキの生地__綾織り生成りのコットン100%
- ピスネーム__ナイロン

"新たな時代のための次なるヴィンテージの創造"というコンセプトの下、リアリティのある加工・リメイク・エイジングをストイックに追求する国産ブランド。2016年から登場した新定番モデルのニューアルファは、ゆったりした腰回りながらも、モダンなテーパードシルエットをアップデートした美しいラインが魅力。エイジングモデル2タイプとワンウォッシュモデルの3種類を用意している。

〈 アトラクションズ 〉
ATTRACTIONS

http://attractions.co.jp

アトラクションズ　TEL03-3408-0036

▶ **AGING SAMPLE**

経糸に6、7、8番手の異なる太さを採用した、縦落ち抜群のムラ糸インディゴデニムを使用。縫製糸には綿糸の風合いと高い強度を併せ持つコア糸を取り入れている。僅か1年の穿きこみで美しい色落ちを堪能できる。

穿きこみサンプル
穿きこんだモデル名＿＿Lot.100 DENIM PANTS
穿きこみ頻度＿＿週6日（作業着としても）
洗濯の頻度＿＿2カ月に1回
最初に洗ったのは＿＿穿き始めて約2カ月

1.縦落ちするムラ糸は独自の表情を楽しむことができる。隠しリベットなどディテールにもこだわり満載。2.ブランドロゴをシンプルにプリントしたパッチ。スタンダードな魅力が漂う。3.もちろん赤耳も標準装備。セルビッジはコインポケットにも使われている。4.ボタンフライも、さりげなくヴィンテージ感が漂うクラシックなデザインを追求している

独自の意匠を盛り込み "現代での着用" を意識。

Lot.100 DENIM PANTS

ユースカルチャーの黎明期から成熟期にスポットを当てながらも、"現代での着用" を意識して作られるアトラクションズのデニム。過去の名品の単純な再現にならないように独自の意匠を盛り込み、新たな普遍性を生み出している。'40年代から'50年代のオーソドックスなレギュラーストレートをベースにした定番モデルのLot.100は、オールシーズン、オールマイティでスタイリングできる1本。

基本データ
プライス＿＿2万3544円
ウエストのサイズ展開＿＿W30, 32, 34, 36
ベースにしている年代＿＿1940年代後半〜1950年代前半
ウォッシュ＿＿リジッド、ワンウォッシュ

生地
生地の重さ＿＿13.5オンス／綾織＿＿右綾
防縮加工＿＿あり／生地の生産地＿＿岡山県
コットンの種類＿＿米国産
縦横の糸番手＿＿タテ6/7/8番手ミックス、ヨコ7番手
生地のザラ感＿＿普通より多少有り
タテ落ちの種類＿＿不規則に適度な線落ち
色落ちのスピード＿＿普通

染め
ロープ染色

縫製
縫製糸の特徴＿＿コア糸、本縫い：（上糸20番／下糸30番）、環縫い：（上糸8番／下糸30番）共にバナナイエロー
アウトシームの縫製＿＿両耳の脇割り
耳を使っている場所＿＿アウトシーム、コインポケット
耳の幅＿＿普通
耳の色＿＿赤

ディテール
ヒップパッチ＿＿紙パッチ
ベルトループ＿＿5本、中盛りあり
フロントフライ＿＿月桂樹ボタン
リベットの種類＿＿銅製刻印なし
隠しリベットの有無＿＿あり
スレーキの生地＿＿綾織り生成りのコットン100％
ピスネーム＿＿なし

▶ NEW MODEL
Lot.493 PAINTER PANTS INDIGO

オーソドックスな'50年代のペインターパンツをベースにした、ハイライズでワイドなストレートシルエットが特徴。10.5オンスのネップデニムと、強度を保ちながら綿糸の雰囲気を楽しめるコア糸を使用し、魅力的な経年変化と穿きやすさを両立させたモデル。1万8144円

1.インシームやアウトシームにはトリプルステッチの巻き縫い仕様。2.フロントはジッパーフライで、最上部のみ存在感のある月桂樹のボタンを採用。使い込むほど味わいも増す

▶ NEW MODEL
Lot.485 WORK PANTS "HERITAGE"

'40年代から'50年代のワークトラウザーをベースにした1本。男らしい太目のシルエットに、絶妙にテーパードを効かせたボトムラインで、裾はダブルの仕様となっている。スタンダードな5ポケットパンツとは異なるクラシックなスタイリングを楽しめる。1万8144円

1.さりげなくコインポケットも装備。穿き心地のよいソフトな生地感も魅力。2.フロントはクラシカルなダールのボタンフライを採用するなど、ワークテイスト溢れるディテールが満載

▶ NEW MODEL
Lot.397 TYPE R DENIM JACKET

ヘリテージスタンダードなボックスシルエットのデニムジャケット。縫製糸は、綿糸の雰囲気と高い強度を併せ持つコア糸。本縫いは上糸20番下糸30番、環縫いは上糸8番下糸30番をのホワイトステッチを採用し、クラシカルなステッチワークを実現している。2万7864円

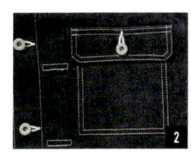

1.こちらも要所に月桂樹のボタンを採用。2.フロントは2ポケットのミッドセンチュリーを意識したデザイン。生地はランダムに太く浮き出る縦落ちが魅力の12ozネップデニムを採用

〈 アヴィレックス 〉
AVIREX
http://www.avirex-usa.com
AVIREX 渋谷　TEL03-3461-7705

フライトジャケットのスペシャリストであるアヴィレックス。
デニムラインとなるタイプブルーは、フライトジャケットを
かっこよく着こなすためのツールとして展開されている。

Text/S.Sato 佐藤周平　Photo/S.Oura 大浦真吾

> **AGING SAMPLE** — 3 YEARS
>
> **CAPTAIN BING NARROW FIT**
>
> 股上が浅く、ストレッチのないデニムでも快適に穿けるちょうどいい塩梅の細さに仕上げたナローシルエット。1週間に1回ほどの着用頻度で、3年ほど着用。下地さんが『雨が降る』と表現する線のようにタテ落ちするエイジング

飛行服をかっこよく着るためのデニム。

　1975年にミリタリーウエアブランドとして誕生したアヴィレックス。その厳しいミルスペックをクリアできる高品質な生産背景を武器に、ミリタリーを基軸としたカジュアルウエアを提案している。2013年にはデニムラインである"タイプブルー"を立ち上げた。ディレクションを行う下地さんは、過去に有名デニムブランドの企画を手掛けるなど、ミリタリー以外にも精通している。「アヴィレックスにおけるデニムパンツの立ち位置は、アイコンであるフライトジャケットをかっこよく着るためのファッションアイテムです。だからリプロダクトというアプローチではなく、時代が求めるスタンダードなもの作りを意識。アヴィレックスは、お客様の層が広く、クオリティと価格のバランスを考慮しなければなりません。そのためヴィンテージのような雨が降るタテ落ちのエイジングをしながらも、コストを抑えるために高速織り機によるオリジナルデニムを使っています」現在のラインナップは定番のナローシルエットの5ポケットが1型で、シーズン毎にデニムを使ったスポットアイテムがリリースされている。「シルエットにおいては、ヴィンテージをモチーフにしているのではなく、ほどよく細身のナローシルエットに仕上げていますね。使い勝手の良さも考えていて、ポケットに手が出し入れしやすいように立体的に作っています。ジーンズに限らず、自分が目指しているのは、穿き心地、着心地がよく、合わせやすいアイテムなんですよ」

PROFILE
AVIREXブランドディレクター 下地毅さん

ライトニング本誌にも頻繁に出演してもらっているミスターアヴィレックス。デザイナーとして有名デニムブランドなどを手掛けた後に、上野商会へ入社。大のミリタリーファンとしても知られている

ミリタリーウエアを基軸にしているため、デニムやシャンブレーを使ったユーティリティシャツが多いのもアヴィレックスの特徴。左／1万2960円、右／1万584円

Denim Ultimate Catalog

| A | B | C | D | E | F | G | H | I | J | K | L | M |

▶ ONE WASH

脚長効果を狙った浅めの股上とナローシルエットの組み合わせが人気の定番モデル。裾に掛けてテーパードしていくが、細すぎず、太すぎない絶妙な裾幅も人気の理由。スタンダードな13オンスのオリジナルインディゴデニムを使っている

1.2013年にスタートしたアヴィレックスのデニムラインであるタイプブルーのタグがウエスト部分に付く。2.利便性を考えてジッパーフライを採用している。3.バックポケットにはアイコンのステッチワークが入る。隠しリベットではなく、バータックによる補強が施されている。4.本来パッチが配される場所には、アヴィレックスらしいステンシルプリント

考え抜かれた定番モデル。

SERGEANT CHUCK NARROW FIT DENIM PANTS

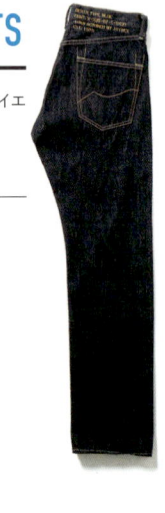

現在、アヴィレックスのタイプブルーラインで定番として展開しているのが、サージャントチャックナローフィットデニムパンツ。スッキリとした股上で、脚長効果が得られるタイトなテーパードシルエット。裾幅は若干広めにしているので、スニーカーはもちろんのことブーツでも合わせられるため汎用性が高い。オリジナルデニムは13オンスで、'60〜'70年代のような線で落ちるエイジング

基本データ
- プライス__ワンウォッシュ9504円　W/ユーズド加工1万2960円
- ウエストのサイズ展開__W28, 30, 32, 34, 36
- ウォッシュ__ワンウォッシュ&W/ユーズド加工

生地
- 生地の重さ__13オンス
- 綾織__右綾織
- 防縮加工__あり
- 縦横の糸番手__タテ7番、ヨコ7番
- 生地のザラ感__強
- タテ落ちの種類__線落ち
- 色落ちのスピード__普通

縫製
- 縫製糸の特徴__コアヤーンを使いわけ、色はイエローと金茶
- アウトシームの縫製__耳なし、インターロック
- 耳を使っている場所__なし

ディテール
- ヒップパッチ__ステンシルプリント
- ベルトループ__中高5本
- フロントフライ__オリジナルボタン
- リベットの種類__銅製刻印あり
- 隠しリベットの有無__なし
- スレーキの生地__コットン100%
- ピスネーム__なし

AVIREX

▶ **AGING MODEL**

SERGEANT CHUCK NARROW FIT DENIM PANTS

こちらはサージャントチャックナローモデルの加工バージョン。メイドインジャパンの高い加工技術とデニムの質、縫製の仕様があってこそ実現できるリアリティ。随所にパッカリングが出て、狙い通りタテ落ち感の強い表情になっている。1万2960円

1.バックに施されたステンシルプリントが薄くなって、いい風合いになっている。2.バックポケットにはバッチリとパッカリングが。3.銅製のオリジナルトップボタンも雰囲気がある　4.未防縮加工済なのでジッパー不良も心配なし。5.リベットはすべて銅製で、ステッチも色落ちしている。6.ウエスト部分にはタイプブルーのタグ

▶ **OTHER LINEUP**

DENIM BOMBER JACKET TYPE MA-1

アヴィレックスが得意とするフライトジャケットをライトオンスのデニムで再構築したフライトジャケット。袖のシガーポケットやオキシジェンタブなどの特徴的なディテールをあえて排除し、ミニマルな仕上がりに。またシルエットは着丈を長くして、全体的にスマートな印象に仕上げている。1万9440円

▶ **OTHER LINEUP**

DENIM JACKET

左右非対称なポケットのパターンが新鮮なデニムジャケット。まるで肩部分だけ日焼けしたようなデザイン性の高いヴィンテージ加工もお見事。よく見ると袖と裾にも加工が施されていて、さり気ないアクセントに。身幅は細めで、着丈は長く設定されたシルエットなので、合わせやすく、エントリーモデルとしてもオススメ。1万7280円

AVIREX

▶ OTHER LINEUP
HOODED NAVAL SHIRT

USネイビーのユーティリティシャツをモチーフにし、パーカを付けることでシャツジャケット感覚で着られるデザインに。7オンスのストレッチデニムなので、軽くて、タイトなシルエットでも快適に着ることができる。チンストラップやステンシルプリントなど、ヴィンテージのテイストを匂わせる意匠もアヴィレックスらしい。1万5984円

▶ OTHER LINEUP
STITCHING SHIRT

USNのロゴなど、随所にステッチワークを活かしたライトオンスのデニムシャツ。デニムはコットンポリエステル素材を使うことで、より軽い仕上がりに。7分袖なので、季節感もあり、1枚で着るだけで絵になるのも頼もしいところ。袖にあるミリタリーのワッペンをモチーフにしたステッチワークもお見逃しなく。1万3824円

BIG JOHN
〈 ビッグジョン 〉

http://www.bigjohn.co.jp

ビッグジョン　TEL086-477-3800

1 YEAR

▶ **AGING SAMPLE**

糸から厳選し、染め、織りまでこだわり、本来縦落ち向きではない藍聖デニムをエイジングできるよう実現。日本古来の藍染めの色を再現しながら、繊維の中心部分が白いまま残る「中白」にしているため、きれいな縦落ちを表現できるのだ

穿きこみサンプル

穿きこんだモデル名＿＿BIG JOHN RARE R009 Skinny
穿きこみ頻度＿＿週6回ほど
洗濯の頻度＿＿3カ月に1回
最初に洗ったのは＿＿購入後すぐ

1.コインポケットにはジッパー跡。メリハリある色落ちはレアジーンズならでは。2.クラフトマンマークが刻印された鉄製のフロントボタン。3.未防縮のインディゴ染め鹿革を使ったラベルは、洗い込む程に極上の皺感が現れる。鹿革なので硬化しないのがポイント。4.しっかりとした手触りがありながら、手を入れると柔らかく、着用に影響しない極厚スレーキ

職人の叡智を集結させたクラフトデニムの最高峰。

RARE R009 Skinny

1983年、どのメーカーよりも早くセルビッジジーンズに取り組み先鞭をつけたビッグジョン・レアジーンズ。それが2010年のビッグジョン創業70周年を期に復活を果たした。「10年穿けるデニム」という当時のコンセプト自体は踏襲しつつも、その実取り組んだのは、現代の職人の叡智を集結させた最先端の1本。全工程において妥協のない究極のジーンズは、7年経た今も傑出した存在だ。

基本データ
プライス＿＿3万240円
ウエストのサイズ展開＿＿W28〜34、36、38
ベースにしている年代＿＿現代。シルエットはスタンダード・スキニー。生地は原綿から拘ったモノポリー。
ウォッシュ＿＿リジットのみ

生地
生地の重さ＿＿15.5オンス／綾織＿＿右綾織
防縮加工＿＿なし(ネジレ防止も無しのキバタ)
生地の生産地＿＿岡山県
コットンの種類＿＿主に米綿
縦横の糸番手＿＿タテ6.5番、ヨコ6番
生地のザラ感＿＿やや強
タテ落ちの種類＿＿線と点落ち両方
色落ちのスピード＿＿普通

染め
ロープ染色

縫製
縫製糸の特徴＿＿30番手オリジナル綿糸1色、隠し補強縫い部分は紺色スパン糸
アウトシームの縫製＿＿両耳の割り縫い
耳を使っている場所＿＿アウトシーム
耳の幅＿＿普通(0.4cm)
耳の色＿＿金茶色

ディテール
ヒップパッチ＿＿インディゴ染め鹿革
フロントフライ＿＿オリジナル鉄製ボタン
リベットの種類＿＿鉄製刻印なし
隠しリベットの有無＿＿なし
ピスネーム＿＿なし

▶ **OTHER LINEUP**

F404

レアジーンズがビッグジョンの最高位モデルなら、スタンダードと呼ぶにふさわしい「M1」シリーズ。創業当初から根強い人気を誇るベルボトムシルエットは、身体にフィットして経年変化も期待。別シリーズでは貼りポケットタイプもあり。1万4040円

▶ **OTHER LINEUP**

RARE JEANS R008

ビッグジョン70周年に登場したレアジーンズの1stモデル。旭紡績でブレンドした糸を、坂本デニムと開発した本藍さながらのピュアインディゴで染め上げ、縦落ちを表現。肉厚だけど穿きやすく、シルエットはややルーズなストレート。3万240円

▶ **AGING SAMPLE**

R608

▶ **NEW MODEL**

R608

ビッグジョン最高峰の生地「藍聖デニム」を使用した4ポケットの15.5オンスのデニムジャケットは、R008のセットアップ。右がリジッドモデル、左が1年（週5回）着用した着用サンプル。霧吹きで水をかけデニムジャケットが湿った状態で乾くまで着続けることで、体型のシワがくっきり刻まれる。
3万8880円

BILLVAN

〈 ビルバン 〉

http://www/billvan.jp

ラバーソウル　TEL0120-40-5310

旧きよきアメリカン・ヴィンテージをリスペクトしつつ、リアルな加工と本格的な仕様を同居させた抜群のセンスでファンを獲得している「ビルバン」。フレンドリーなプライスが魅力のジーンズのラインアップは、直営店で手に取って見れる。

日本のデニム界を下支えしてきた大阪に拠点を置き、様々なデニムプロダクツをリリースし続けているビルバン。このブランドの魅力は、リアルな加工とヴィンテージを踏襲したディテールを兼ね備えながら、ウエブを中心に展開することで、フレンドリーなプライスでデニムアイテムをリリースしている点。一見すると、本当に何年も穿きこんだようなヒゲやアタリの加工は、すでに業界でも話題になっている。

そんなビルバンが、ウエブ展開はそのままに、自社ビルの1階に直営店をオープンした。ビルバンの現行モデルがすべて揃うのはもちろん、わくわくするようなアメリカン雑貨も併せて陳列。同社で扱っているストロングホールドやプレストンズといったワークウエア、カットソーブランドも取り扱っている。

広々とした店内には、ベンチスペースもあるなど、思わず長居してしまう心地よい空間。ウッドや什器を使ったディスプレイもすでに話題を呼び、近所の人にも評判だ。デニムはもちろん、トップスやアクセサリー類も揃っているので、ここでトータルコーディネイトを完成させることもできる。

ブランドオーナーの木村慎さんのコレクションであるヴィンテージのギターやアメリカン雑貨などもさりげなく飾られ、チェーンステッチ用のユニオンスペシャルのミシンもこの空間の演出に大きく貢献している。

場所は新大阪からほど近いエリア、江坂。大阪土産にジーンズも悪くない。

バッグやアクセサリーも扱っており、ヴィンテージなどを融合させたグッズなども陳列。ロサンジェルス発のワークウエアブランド、ストロングホールドのアイテムも並ぶ

DATA
ラバーソウル
大阪府吹田市
南金田2-15-32
TEL06-6170-5100
11時〜20時
水曜休

人気の605を筆頭に、ビルバンの定番から新作まで、全ラインナップが揃う。直営店ならではのストック量の多さも魅力だ。これまでウエブでしか確認できなかったディテールを拝める

思わず長居したくなるような
心地よい空間が広がる。

ブランドの母体であるラバーソウル社の1階部分が直営店に。広々としたスペースには、ウエアはもちろん、文具、工具、キッチンウエアなどのアメリカン雑貨がずらりと並んでいる

Denim Ultimate Catalog

▶ AGING MODEL

生デニムの状態からヴィンテージ加工を施し、穿き込みと洗濯を繰り返してできたリアルな経年変化を再現。ユニバーサルの打ち抜きリベット、ヴィンテージ加工を施した月桂樹のボタンなど、ディテールにも抜かりなし

1.バックポケットにはブランドのピスネームが入る。 2.#605モデルの特徴でもあるシガレットボックス跡。こうした心憎い演出が他ブランドと一線を画す。 3.横に伸びたフロントのヒゲ。適度な濃淡を持ったコントラストゆえ、一層リアルに見える。 4.ヒザ部分についた擦れは、幾度も屈曲を繰り返し、地面などで擦れた後を見事に再現している

バックポケットのシガレット跡が実にリアル！

#605 ルーズフィットデニム

何年も穿き込んだようなリアルなアタリ、フロント部分に刻まれたヒゲ、膝裏に入ったハチノス……。ヴィンテージデニムに見られるこれらの着用経年を、抜群のセンスで表現するのがビルバンの真骨頂だ。この#605 ルーズフィットモデルのライトインディゴタイプは、バックポットにシガレット跡を設けるなど、穿いた人のストーリさえ感じるリアルな着用感がポイントだ。

基本データ
- プライス__ワンウォッシュ8,532円（税込み）、ダークインディゴorライトインディゴ9,612円（税込み）
- ウエストのサイズ展開__W30, 32, 34, 36
- ベースにしている年代__シルエットは1950年代
- ウォッシュ__（天日干し）ワンウォッシュ加工 ダークインディゴ（3year）orライトインディゴ（5year）エイジング加工

生地
- 生地の重さ__13.5オンス
- 綾織__右綾織
- 防縮加工__あり
- 生地の生産地__非公開
- コットンの種類__非公開
- 縦横の糸番手__タテ8番、ヨコ8番
- 生地のザラ感__普通
- タテ落ちの種類__線もしくは点落ち
- 色落ちのスピード__普通

縫製
- 縫製糸の特徴__20, 30番手のコア糸を使いわけ。カラーは、金茶、オレンジ、白、ネイビー。
- アウトシームの縫製__割り縫い
- 耳を使っている場所__なし
- 耳の幅__なし
- 耳の色__なし

ディテール
- ヒップパッチ__ベジタブルタンニン牛革
- ベルトループ__中盛なし
- フロントフライ__月桂樹
- リベットの種類__UNIVERSAL打ち抜き
- 隠しリベットの有無__なし
- スレーキの生地__綾織り生成のコットン100％
- ピスネーム__サテン織りネーム

BILLVAN

▶ OTHER LINEUP

#808 レギュラーストレート・ヴィンテージ加工

やや細身のストレートシルエットは、着用時のフィット感や腰回りのゆとりをしっかりと考慮。#605と同じ生地を使い、洗濯回数を重ねて穿き込まれた使用感を見事に再現。スラブ感と色味の濃淡が出やすい13.5オンスの生地を採用した。9612円

▶ OTHER LINEUP

#805 ブッシュデニム

太すぎず、細すぎない抜群のシルエットが特徴のブッシュデニム。前後に設けられたフラップポケットなど、適度なアレンジも秀逸。股部分は3本針縫製で強固に仕上げられた。生地は12オンスのスラブデニムを採用。ワンウォッシュ 9612円

▶ OTHER LINEUP

#806 ペインターデニム

適度なテーパードで、足元をすっきり見せるペインターパンツ。ツールポケットやハンマーループなど、鉄板の仕様が嬉しい。スラブ入りの生地を使った穿き心地のよさもポイント。ヴィンテージ加工による適度な使用感も好印象だ。1万584円

〈 ブラックサイン 〉
BLACK SIGN

http://www.blacksign.jp
BLACK SIGN TOKYO　TEL03-6427-2788

2 YEARS

▶ **AGING SAMPLE**

シンチバックタイプの代表モデル。15オンス米綿を使用したダークインディゴ染めのデニムで、ヒップからボトムにかけ太めとなった無骨できれいなワイドシルエット。内側にはサスペンダーボタンで吊るためのボタン付き

穿きこみサンプル	
穿きこんだモデル名	"VOCALION WAIST-OVERALLS"
穿きこみ頻度	週2回ほど／洗濯の頻度　1カ月に1回
最初に洗ったのは	穿き始めて3カ月目

▶ **OTHER LINEUP**
13.5 oz BS DENIM PANTS

太すぎないスタンダードシルエットの5ポケットモデル。13.5オンスのシングル幅、メンフィスコットンを使用し、1シーズンを通して穿きやすい1本。バックポケットのステッチを排し極力シンプルに仕上げている。2万2680円

1.赤耳が色褪せたような薄い朱色のセルビッジ。2.股部分の補強用に使用されていた股リベット。1942年には馬の鞍など物を傷つけるという理由から廃止された。3.ヒップポケット内にはかつてのワークウエアに付けられたユニオンチケットラベルがチラリ。4.スレーキはヒッコリーストライプ

オールドアメリカのワークウエアに想いを馳せる。

VOCALION WAIST-OVERALLS

デニムパンツがウエストオーバーオールと呼ばれていた戦前の時代を匂わせるクラシカルなデザインやパーツを取り入れ、無骨なデニムウエアを展開するブラックサイン。シングル・バックポケット、バックルバック、股リベット……アメリカのワークウエアの黎明期に存在したディテールを盛り込み、現代の着用にアジャストさせた。旧きよき時代の名残を感じながら穿きこみたい。

基本データ	プライス　2万5920円
	ウエストのサイズ展開　W30, 32, 34, 36, 38, 40
	ベースにしている年代　1900～1920年代
	ウォッシュ　ワンウォッシュ

生地	生地の重さ　15オンス／綾織　右綾織
	防縮加工　あり　サンフォライズ加工
	生地の生産地　岡山県
	コットンの種類　アメリカ産綿100%
	縦横の糸番手　タテ5番/6番/7番ミックス、ヨコ6番／生地のザラ感　強め
	タテ落ちの種類　タテ糸が異番手ミックスのため特有のタテ落ち
	色落ちのスピード　普通

染め	ロープ染色

縫製	縫製糸の特徴　20番手
	アウトシームの縫製　両耳の割り縫い
	耳を使っている場所　アウトシーム
	耳の幅　細め　赤3mm
	耳の色　薄い朱色

ディテール	ヒップパッチ　なし
	ベルトループ　中盛り有
	フロントフライ　ドーナツボタン
	リベットの種類　銅製
	隠しリベットの有無　なし
	スレーキの生地　ヒッコリーストライプ
	バックシンチ　あり

BRÚ NA BÓINNE

〈 ブルーナボイン 〉

http://www.bnb.co.jp

ブルーナボイン東京　TEL03-5728-3766

ONE WASH

徳島の天然正藍のみを使った本藍かせ染めだから糸の中心部まで染まっているので、2年履き込んでも通常のロープ染色のデニムと比べてタテ落ちなどはほとんどなし。その代わり全体的に少し色落ちし、絶妙な風合いを醸し出している

▶ OTHER LINEUP

カールデニムパンツOW

力織機によるセルビッジデニムを、細身のスラックス型でリリース。同色系のステッチやポケットのディテールが特徴的。これまでの同モデルよりしっかりしたタテ落ち感が楽しめるよう生地をアップデート。2万520円

1.セルビッジは薄い水色。生地は色と番手の違う糸を10種類使っているそうで、これがまた生地に独特の表情をつけている。2.フロントのボタンは丹銅のオリジナルボタン。リベットも同様に丹銅。3.バックフラッシャーは和風の遊び心溢れる絵が描かれた手ぬぐい。4.飴色に変わるヤギ革のパッチ

阿波正藍

本藍かせ染めならではの深い藍色が楽しめる。

基本データ
- プライス__4万1040円
- ウエストのサイズ展開__W26～34, 36, 38
- ベースにしている年代__特になし さまざまな年代の良い所がミックスされています
- ウォッシュ__ワンウォッシュ

生地
- 生地の重さ__13オンス
- 綾織__右綾織
- 防縮加工__なしのワンウォッシュ
- 生地の生産地__徳島県徳島市
- コットンの種類__ジンバブエコットン100%
- 縦横の糸番手__タテ7.5番、ヨコ7.5番
- 生地のザラ感__普通
- タテ落ちの種類__カセムラ
- 色落ちのスピード__遅め

染め
- カセの手染め
- 阿波正藍染め

縫製
- 縫製糸の特徴__色と番手の違う糸を10種類使っている
- アウトシームの縫製__両耳の割り縫い
- 耳を使っている場所__アウトシーム、コインポケット
- 耳の幅__普通
- 耳の色__薄い水色

ディテール
- ヒップパッチ__山羊革
- ベルトループ__中盛り有
- フロントフライ__丹銅オリジナルボタン
- リベットの種類__丹銅刻印あり
- 隠しリベットの有無__あり
- スレーキの生地__コットン100%
- ピスネーム__絹

デザイナーである辻マサヒロ氏と徳田直子氏によって1997年に創立。時代や流行にとらわれないオリジナリティ溢れるデザインと、生地やディテールパーツに至るまでこだわり、かつ遊び心を効かせたアイテムにコアなファンも多い。この「阿波正藍」は名前の通り、徳島産の天然正藍を使ったかせ染めのデニム生地を使用。ロープ染色とはひと味違った風合いが楽しめる1本となっている。

〈 ブルトム 〉
BLTOM

http://www.rakuten.ne.jp/gold/vari/

ジーンズショップ VARI　TEL03-3629-4684

0.8 YEARS

▶ AGING SAMPLE

洗濯の頻度を少なめにし、穿きこんだモデル例。やわらかなグラデーションというよりも濃淡がはっきりと出るのが特徴。特に膝やヒゲ部分はくっきりとした強めのコントラスト。深みのある藍色もこのブランドならでは

穿きこみサンプル

穿きこんだモデル名＿＿B-902 24oz. DENIM REGULAR STRAIGHT DENIM PANTS
穿き込み頻度＿＿週3回
洗濯の頻度＿＿3か月に1度程度
最初に洗ったのは＿＿買ったとき

1.ボタンにはBLTOM JEANS Co. JAPANの刻印が入っている。2.革製のパッチには藍朧（あいおぼろ）の文字が。確かな染め技術があるからこその大胆な主張だ。3.ヒゲはこのようにとてもコントラストが強く出る。穿きこんで自分の一本に仕上げよう。4.もちろん赤耳つき。裏地を見ると厚みとある生地と藍朧染めなのがよく分かる色味になっている

ジーンズショップ VARIのオリジナル。

B-902 24oz. DENIM REGULAR STRAIGHT DENIM PANTS

岡山・児島にて生地から生産したブルトム朧藍のヘビーオンスデニムは、水洗い後に24オンスになるよう22オンス強に力織機で織り上げたオリジナルヘビーオンスデニム。ワンウォッシュ後はザラっとしたぶ厚いデニムに仕上がる。シルエットはBLTOMで定評のあるスッキリとしたレギュラーストレート。ジャストフィットでもややオーバーサイズで穿いてもバランスの良いストレートだ。

基本データ
プライス＿＿2万8080円
ウエスト幅＿＿W29, 30, 31, 32, 33, 34, 35, 36, 38
ウォッシュ＿＿ノンウォッシュ

生地
生地の重さ＿＿24オンス
綾織＿＿右綾織
防縮加工＿＿なし
生地の生産地＿＿岡山児島
コットンの種類＿＿岡山児島産綿100%
生地のザラ感＿＿強
タテ落ちの種類＿＿点落ち
色落ちのスピード＿＿普通

染め　—

縫製
耳を使っている場所＿＿アウトシーム
耳の幅＿＿細め〜普通
耳の色＿＿赤

ディテール
ヒップパッチ＿＿革
ベルトループ＿＿中盛り有。背中を斜めに縫い付け
フロントフライ＿＿オリジナルボタン。刻印あり
リベットの種類＿＿真鍮製

▶ **OTHER LINEUP**

B-201 24oz. DENIM 1st MODEL DENIM JACKET

深いインディゴとベージュの横糸を組み合わせ濃色に織り上げたデニムジャケット。ワークジャケット風な1stタイプのGジャンをモチーフに身幅はやや細身に着丈は長くモディファイしたオリジナルシルエット仕様だ

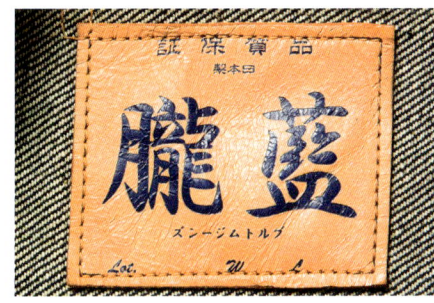

〈 ブルーサクラ 〉
BLUE SAKURA

http://blue-sakura.com

問い合わせ／フーヴァル　TEL086-474-0080

ジャパンデニムの聖地として知られる岡山県児島。
いまや世界的に名を馳せ、数々のメゾンブランドも注目するデニムの街だ。
BLUE SAKURAは、この土地で2016年に生まれた新生デニムブランド。
彼らが持つアイデンティティに迫ってみた。

Text/T.Itakura　板倉環　Photo/S.Saito　斎藤俊

岡山県倉敷市にオープンしたばかりの直営店。現在、直営店は拠点とする岡山を中心に徐々に地域を広げ展開されている

古材を使用して作られた木枠に加工ジーンズを打ち付け飾られた児島店の壁面。美しいエイジングはまるでアートのよう

ジーンズの街として知られる岡山県児島を拠点に2016年、デニムメーカーとしてデビューを果たしたBLUE SAKURA。直訳すると青い桜。このキャッチーなブランド名についてディレクターに問うと。
「桜は国花ではありませんが、日本人にとって昔から馴染みのある花。白や薄いピンクが象徴するカラーです。でも青い桜って見たことありませんよね。実際に存在しないのですが、いままでに見たこともないようなモノ作りをしていきたいとの思いを込めてBLUE SAKURAと名付けました」
ジーンズブランドとしてはルーキーだが、もともとはジーンズの縫製、加工を長年にわたり行なってきた腕利きの職人たちが揃う工場。そのファクトリーブランドとして立ち上げられたのがBLUE SAKURAだ。
「長年、デニム業界に携わってきたため、デニム作りに関して多くのノウハウを学んできました。そのうちのひとつである加工技術はBLUE SAKURAのアイコンとも言えます。デニムの魅力である経年変化を、よりアート性の高いものとして、新たなアイテムを作っていこうと思っています」
加工技術においても世界一と称される児島の技術。
「加工専門工場として開始しましたが、現在は縫製も自社で行なっています。一環したモノ作りができることはブランドの大きな強みだと思っています」

DATA
BLUE SAKURA KURASHIKI
岡山県倉敷市阿知2-17-27 1F
TEL086-454-5020
10時〜19時　無休

縫製、加工を自社で行なう一環したモノ作りが大きな強み。

DATA
BLUE SAKURA
岡山県倉敷市児島駅前1-4036-3
TEL086-473-5554
10時〜19時
月曜休

PROFILE
フーヴァル代表
石橋秀次さん
デニム業界歴30年弱のキャリアを持ちBLUE SAKURAのディレクターを務める。プレス専業をしていた母親の影響もあり幼少期からジーンズ作りを身近に感じていたという

BLUE SAKURAのアイコンでもあるヴィンテージ加工。よりリアルな色落ちを再現するためにさまざまな手法を駆使し、現在の技術へと辿り着く。単なる色落ち加工ではなく、アートとして着られる美しいジーンズのデザインを生み出し続ける

本拠地とする本社工場。デザインチーム、縫製、加工などBLUE SAKURAには欠かすことのできない職人たちが日々、手を動かしている。ショールームにはこれまでに手掛けてきたジーンズのサンプルが置かれている。ブランドデビューしたばかりだけに今後の動きは必見だ

いかにリアルな表情を作り出すかが鍵。

さまざまな手法を用いジーンズにヴィンテージ加工を施していく。
あらゆる工程を経て大切なのは、いかに数年間穿き続けた1本のジーンズとなっているか。
すべては職人たちに高度な技術が求められる重要な工程なのだ。

1.細かな砂を強力な風とともに吹きつけるサンドブラストと呼ばれる手法。ヒップ周り、腿など生地の表面が擦れるような自然な表情を作り出すことができる　2.高回転のヤスリを使用したシェービング加工。立体的なエイジングの表情を作り出すのは容易いことではない。力のさじ加減がとても重要なポイントとなってくる　3.本社には縫製工場の設備も整っているため、リメイク加工なども可能。大きくダメージを受けたジーンズに接ぎ加工などでヴィンテージの風合いを作り上げていく。もちろんリペアの手法なども仕上がりのイメージに大きく左右するため慎重な手作業が必要となってくる　4.洗い専用のドラムの中に石を入れ何度も洗いを掛けるストーンウォッシュ。一緒に投入する石の大きさや細かさによっても絶妙な色の変化の違いが表れる　5.穿いた時に表れる膝や裾、ウエスト部分など、立体的にシワを付け糊付し乾燥させる3D加工

BLUE SAKURA

AGING MODEL

何年も穿き続けてきたかのような激しいエイジング加工が目を惹くジーンズ。アイスウォッシュの淡いインディゴブルーとフロントの接ぎ加工がキャッチーな1本となっている。フロントだけでなくバックスタイルにも細かなダメージ加工が施されている

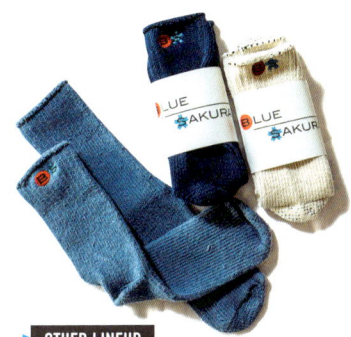

OTHER LINEUP
SOCKS

肉厚なコットン製のインディゴソックスはショップでも人気。ブランドのアイコンである赤の丸と青の桜の刺しゅうがワンポイントで施されている。1404円

1.トップボタンはブランドネームが刻印されたオリジナルのメタルボタンを採用 2.JAPAN BLUEとのコラボレーションジーンズであるためダブルネームのブランドタグが付く 3.ブランドロゴがプリントされる革パッチにもダブルネーム仕様となっている 4,5.左のバックポケットにはBLUE SAKURA、右にはJAPAN BLUEの飾りステッチが入る

JBS0463
コラボレーションが生んだ名シリーズ。

基本データ
- プライス__3万1130円〜
- ウエストのサイズ展開__W28〜36インチ
- ベースにしている年代__1950年代(生地)、オリジナル(シルエット)
- ウォッシュ__ヴィンテージウォッシュ

生地
- 生地の重さ__13.5オンス
- 綾織__右綾織
- 防縮加工__あり
- 生地の生産地__岡山県倉敷市
- コットンの種類__綿100%
- 縦横の糸番手__タテ7番、ヨコ7番
- 生地のザラ感__少なめ
- タテ落ちの種類__ナチュラル
- 色落ちのスピード__普通

染め__ロープ染色

縫製
- 縫製糸の特徴__コアスパンで強度を高めています
- アウトシームの縫製__割り縫い
- 耳を使っている場所__アウトシーム、コインポケット
- 耳の幅__1.8cm
- 耳の色__片耳 日本の赤、片耳 コートジボワールの緑とオレンジ

ディティール
- ヒップパッチ__ゴートスキン
- ベルトループ__中盛りあり
- フロントフライ__オリジナルボタン
- リベットの種類__銅製 オリジナル刻印あり
- 隠しリベットの有無__あり
- スレーキの生地__綾織り生成のコットン100%
- ピスネーム__脇にレーヨン

岡山県児島を拠点とするJAPAN BLUEとBLUE SAKURAのコラボレーションシリーズ「JAPAN BLUE SAKURA」。ほどよい感じのストレートジーンズをベースにアイスウォッシュの淡いインディゴカラーまで色落ち加工を施し、さらにフロント、バックともにリアルなダメージ加工を加えたアート性の高いモデル。バックポケットには左右にブランドの飾りステッチを入れるなどプレミアム感たっぷり。

▶ **OTHER LINEUP**
403XXA LEAN USED

スリムストレートジーンズにリメイク加工とリアルに穿いていたかのような3D加工を施したインパクトのある逸品。フロントの当て布には、インディゴ染めされたガーゼを接ぎ加工し、淡いブルーと好ブルーのコントラストが美しい仕上がりを見せている。継ぎ接ぎされる当て布は裏表の2パターン。3万2400円

▶ **OTHER LINEUP**
403XXA LEAN 3D

BLUE SAKURAの卓越した加工技術を体現したスリムストレート。最大の特徴は人体から成形したリアリティのある3D加工。立体的に作られた穿きジワがフロント膝裏、裾部分に施されている。濃淡が表れる独特な色落ちもセルビッジ生機デニムならでは。2万1600円

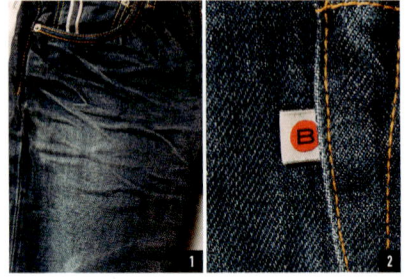

1.実際に人体から象ったフロントの立体的なシワは非常にリアルな表情を演出している　2.バックポケット脇に付けられるブランドを象徴する小さな織りネームにはジャパンメイドである誇りとブランド名の「B」の文字

BLUE SAKURA

▶ **OTHER LINEUP**
CHAMBRAY SHIRT C/O

セルビッジシャンブレー生地を使用したシャツは、ヴィンテージワークウエアらしい左右非対称なポケットと裾がカットオフされたデザインが新鮮。襟にはブルーサクラのアイコンが刺しゅうされている。ボディの生地に表れているムラのある染まり具合もイイ。2万3760円

▶ **OTHER LINEUP**
DENIM SHIRT H/USED

8オンスのインディゴデニム生地を使用したシャツ。胸、袖の薄く色落ちした経年変化はあたかも長年着用したかのようなエイジング。さらに当て布を施しリペアされたシャツデザインはインパクトのある1枚。裾はカットオフされることでラフな印象を受ける。2万5920円

▶ **OTHER LINEUP**
JAPAN BLUE SAKURA COLLABORATION / JBS2300

人気のコラボレーションシリーズ「JAPAN BLUE SAKURA」のユーズド加工ストレッチジーンズ。ややテーパードのかかったすっきりとしたスリムシルエットにフロントに配されたダメージ加工がアイキャッチとなる。インディゴブルーならではの美しい色合いを楽しめる。1万9440円

〈 バーガスプラス 〉
BURGUS PLUS

http://burgusplus.jp
HINOYA 本店　TEL03-03-3831-9822

3.5 YEARS

▶ **AGING SAMPLE**

名作と謳われる1955年のエッセンスを盛り込んだモデル。元々現ヒノヤ本店上野に移転した年が1955年であり、年代の偶然の一致もありスタンダードモデルに。天然藍を使用したインディゴ糸で、独特できれいな色落ちとなる。

穿きこみサンプル

穿きこんだモデル名	955-XX
穿きこみ頻度	週3〜4回ほど
洗濯の頻度	1カ月に1回
最初に洗ったのは	穿き始めて1カ月目

1.赤耳、青耳と左右アシンメトリーなセルビッジが個性的。2.デニムはインド産の天然藍。タテ糸に3種類の異なる太さのムラ糸を使用し、色落ちの際には自然なネップ感が表れる。3.ヒップポケットの隠しリベットに鹿革を挟み、強度を増している。穿きこむと鹿革が丸みを帯び、風合いが増していく。4.1955年モデルならではのオフセット仕様のベルトループ

ベーシックを追及すれば、オリジナリティになる。

955-XX

アメ横を牽引してきたショップ、ヒノヤを母体とするバーガスプラス。5ポケットの形に敬意を払いつつ、その中でオリジナリティを生み出していく信念のもと、2012年からスタートしたバーガスプラスの最上位となるナチュラルインディゴシリーズが人気を博している。従来の隠しリベットに鹿革を挟み強度を増し、同時にバックスタイルを強調。進化したベーシックを確立させている。

基本データ
- プライス__1万9440円
- ウエストのサイズ展開__W28〜34, 36, 38
- ベースにしている年代__ディテールは1950年代を踏襲、シルエットは現代的細身ストレート。生地は完全オリジナル
- ウォッシュ__ワンウォッシュ(天日干し)

生地
- 生地の重さ__14.5オンス
- 綾織__右綾織
- 防縮加工__なし
- 生地の生産地__岡山県
- コットンの種類__米綿＋米綿落ち綿ミックス
- 縦横の糸番手__タテ6, 7, 8番ミックス、ヨコ6番ベージュ染め
- 生地のザラ感__普通
- タテ落ちの種類__適度な線、点落ち、両方
- 色落ちのスピード__普通

染め
- 天然藍ロープ染色

縫製
- 縫製糸の特徴__8, 20, 30番手の強度のあるコアヤーンを使いわけ、カラーは計6色
- アウトシームの縫製__普通
- 耳の色__片側青と片側赤

ディテール
- ヒップパッチ__ディアスキン
- ベルトループ__オフセット
- フロントフライ__刻印入りすり鉢状 オリジナルボタン
- リベットの種類__—
- 隠しリベットの有無__—
- ピスネーム__補強＆デザインのためポケットの角に丸革を挟む

▶ **OTHER LINEUP**
928-XX

シンチバック付きの928-XXは、まだジーンズがワークパンツだった1920年代の仕様を余すところなく踏襲した無骨な1本。ワークパンツに近い太いクラシカルなシルエット。ちなみに1928年はヒノヤが新潟で創業された年でもある。2万1384円

▶ **OTHER LINEUP**
770-22

近年フルモデルチェンジをしたバーガスプラスの770番。肉厚な15オンスのファブリックに、染めは手間のかかる100%ピュアインディゴのダブルダイで濃色のデニムとなった。経年変化は遅い分、濃淡のはっきりした色落ちが楽しめる。1万5984円

▶ **OTHER LINEUP**
71928-XX

ジージャンの銘品であるファーストモデルをモチーフとしつつ、従来のボックス型ではなくすっきりと着られるシルエットを実現した。大型のワンポケット、バックシンチが特徴的で、955や928のデニムパンツと同様に、ポケットフラップ裏のリベットには鹿革を挟んで補強している。2万5920円

Denim Ultimate Catalog

〈 バズリクソンズ 〉

BUZZ RICKSON'S

http://www.buzzricksons.jp

東洋エンタープライズ　TEL03-3632-2321

5 YEARS

▶ AGING SAMPLE

簡素化されたディテールが特徴の大戦モデルに対し、戦後のモデルはリベットや、オリジナルのボタンも復活し裏地もヘリンボーンから帆布に戻された。デニムパンツの完成度が最も高いと言われる1950年代前半のモデル

穿きこみサンプル

穿きこんだモデル名__Lot No. M43023
「13.75oz BLUE DENIM WAIST OVERALLS」
穿きこみ頻度__ほぼ毎日着用
洗濯の頻度__2週間に1回
最初に洗ったのは__穿き始めて1カ月目

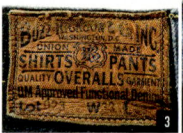 

1.オフセットされたセンターベルトループ。この時代、尻巻きステッチを避けて斜めに縫いつけられていた。2.褪色赤のセルビッジ。3.ベジタブルタンニンの鹿革ラベル。未防縮からはき込むごとにより抜群の風合いになっていく。4.大戦後復活したオリジナルフロントボタンをバズリクソンズ流にデザイン。エンド部分のV字ステッチもこの時代ならでは

Lot No.M43023
"13.75oz BLUE DENIM WAIST OVERALLS"

デニム黄金時代に生まれた不朽の名作を再現。

ブルーデニムウエストオーバーオールズというクラシカルな名称で展開するバズリクソンズの主力デニムは、2型存在する。ひとつは物質統制時代の大戦モデル。そして、もうひとつは統制が解かれ好景気に沸く時代に生まれた1950年代前半のモデルだ。当時の若者に支持され、デニム黄金時代の立役者となったカジュアルデニムの原点とも言える名作の魅力を、余すところなく再現した。

基本データ
プライス__2万3760円
ウエストのサイズ展開__W28〜34, 36, 38
ベースにしている年代__1950年代前半
ウォッシュ__リジッド、ワンウォッシュ

生地
生地の重さ__13.75オンス
綾織__右綾織
防縮加工__なし
生地の生産地__日本
タテ落ちの種類__非公開
色落ちのスピード__遅め

染め
ロープ染色

縫製
縫製糸の特徴__太さは6、8、20、30番手。カラーはバナナイエロー、金茶、オレンジ、生成り、ブラック。太さやカラーの異なる4種類以上の綿糸を使い分けて縫製
アウトシームの縫製__両耳の割り縫い
耳を使っている場所__アウトシーム
耳の幅__細め
耳の色__褪色赤

ディテール
ヒップパッチ__フルベジタブルタンニングディアスキン
ベルトループ__中盛り有
フロントフライ__オリジナルボタン
リベットの種類__銅製刻印あり
ピスネーム__なし
バックシンチ__なし

▶ **NEW MODEL**

Lot No. BR41106
"U.S. ARMY TROUSERS WORKING DENIM"

1937年にアメリカ陸軍の作業着として採用されていたデニムトラウザーズを再現。ゆったりとしたシルエットに、濃紺デニム×ホワイトステッチが映える。ロープ染色で染め上げられた糸で織り上げたライトオンスデニムなので経年変化も楽しむことができる。1万5984円

▶ **OTHER LINEUP**

Lot No. BR02308
"ARMY DENIM CAP"

USアーミーで使用されていたデニムキャップは、全方向にツバのあるフルブリムハットをカスタムしてつくられたベースボールタイプ。戦争捕虜（PW）のために製作したと言われる。7452円

▶ **OTHER LINEUP**

Lot No. BR12744
"U.S. NAVY DENIM WORK JACKET"

ヘチマ衿と呼ばれる首回りが特徴的な米海軍初期のデニムワークジャケット。主に建設工事部隊であるシービーズの工兵によって愛用された。シンプルな2ポケットで、USネイビーロゴとアンカー刻印のボタンはチェンジボタン仕様。1万5984円

▶ **OTHER LINEUP**

Lot No. BR11703
"U.S. NAVY HOODED PULLOVER JACKET"

甲板で作業するためのフード付きマリンパーカ。胸元はボタンとフラップの2重構造の比翼式で防風性を高め、フード付け根部分にはアジャスターベルト、フード縁＆裾口にもアジャスターコードが装着。絞れば防風性をさらに高められる。2万5704円

Denim Ultimate Catalog

〈 バイ・グラッドハンド 〉
BY GLADHAND

http://www.glad-hand.com/

グラッドハンド コア　TEL03-6438-9499

1.5 YEARS

▶ AGING SAMPLE

週に2、3回の頻度で1年半ほど穿き込んだサンプル。40年代以前の濃淡がクッキリとしたエイジングになっている。また仕事柄、膝をつく機会が多いので、その部分の色が抜けていて、個性のある色落ちになっている

穿きこみサンプル

穿きこんだモデル名__GLADEN-DENIM "TYPE-1"

穿きこみ頻度__週に2〜3回

洗濯の頻度__2〜3カ月に一度

最初に洗ったのは__穿き始めて3カ月

1.オリジナルのレザーパッチはシープスキンを使っている。2.特徴的なバックポケットは、ポケットの間隔が広いので、独特なバックシルエットに。3.バックヨークなどの主要部は、ワークウエアの縫製であるトリプルステッチで仕上げられており、頑丈な作り。4.パーツ類にもこだわり、刻印入りリベットやオリジナルネオバボタンを使用

ヴィンテージをモダンに再構築。

1960年代初頭〜50年代頃までのヴィンテージクロージングをベースに、ほどよくクラシックなテイストを匂わせるバイ グラッドハンド。こちらのデニムは、バックヨークなどの主要部にワークウエアで使われる3本針環縫いを使った'30年代のLEEカウボーイデニムがモチーフ。旧力織機で織られたデニムは独特な凹凸を併せ持つ。オリジナル真鍮製ネオバボタンなどの金具類もこだわる。

GLADEN-DENIM "TYPE-1"

基本データ
- **プライス**__リジット2万4624円
- **ウエストのサイズ展開**__W30, 32, 34, 36
- **ベースにしている年代**__1930年代
- **ウォッシュ**__リジッド、加工

生地
- **生地の重さ**__14オンス
- **綾織**__右綾織り
- **防縮加工**__あり
- **生地の生産地**__岡山県
- **コットンの種類**__アメリカ綿
- **縦横の糸番手**__縦5.9番×横7番
- **生地のザラ感**__普通
- **タテ落ちの種類**__線落ち
- **色落ちのスピード**__遅い

染め__ロープ染色

縫製
- **縫製糸の特徴**__20番コアヤーン、金茶
- **アウトシームの縫製**__両耳の脇割り
- **耳を使っている場所**__アウトシーム、コインポケットの見返し端
- **耳の幅**__普通
- **耳の色**__赤

ディテール
- **ヒップパッチ**__シープスキン
- **ベルトループ**__5本
- **フロントフライ**__オリジナル真鍮製ドーナツ型タックボタン
- **リベットの種類**__オリジナル銅製刻印入りリベット
- **隠しリベットの有無**__なし
- **スレーキの生地**__縞スレーキ　コットンオックス地
- **ピスネーム**__なし

Denim Ultimate Catalog

▶ OTHER LINEUP
ROOM SHOES
インディゴのオリジナルジャカードデニム生地を使うことで、バイ グラッドハンドのファミリークレスト柄を落とし込んだルームシューズ。室内はもちろんのこと、耐久性も加味したソールを使っているので、屋外でサンダルのように履くことも可能だ。これからのシーズンに最適な1足である。1万4904円

▶ OTHER LINEUP
CASQUETTE
オーバーオールとカバーオールと同じライトオンスのインディゴデニムを使ったキャスケットは、絶妙な大きさが人気の理由。Tシャツにジーンズといったシンプルなスタイルのアクセントになるので、これからの季節に重宝しそう。使い込んでエイジングを楽しむのも醍醐味。1万2744円

▶ OTHER LINEUP
OVERALL
ライトオンスのインディゴデニムを使ったオーバーオールは、あえて金具類を使わず、ボタンで長さなどを調整できるようにしている。ポケットも非常に簡素で、アーリーセンチュリーに使われていたようなワークウエアを彷彿とさせる。シンプルなデザインなので、汎用性が高いのも魅力である。4万2984円

▶ OTHER LINEUP
COVERALL
上記のオーバーオールに対するセットアップとしても着用できるカバーオールは、同じライトオンスのデニムを使用。各社がポケットなどに個性を反映させていく'20年代よりも前のシンプルなデザインをうまく取り入れている。シルエットはほどよく身幅を設けながらも、肩幅はぴったりと合う上品な仕上がりになっている。3万2184円

CORONA
〈 コロナ 〉

http://baku-corona.com
BAKU&CO. TEL03-6300-5043

3 YEARS

▶ **AGING SAMPLE**

13.5ozデニムは、超長綿のジンバブエコットンを弱テンションで織りあげた定番生地を採用。色落ちに派手さはないが、ゆるく経年変化していく大人っぽいデニムに仕上げられている。デイリーでタフに穿けるワードローブ的な1本。

穿きこみサンプル
穿きこんだモデル名__W01 5POCKET
穿きこみ頻度__週に一回／洗濯の頻度__穿いたら洗う
最初に洗ったのは__穿く前

▶ **OTHER LINEUP**

W01S 5POCKET TAPERED CUT

スタンダードモデルのW01の裾口をタイトにしてテーパードを強めたモデル。よりスッキリとしたシルエットが特徴的。生地感はW01と同じなので、こちらも派手な色落ちはないが、そのぶんゆっくり育てることができる。2万2680円

1.ベーシックな赤耳のセルビッジを使用。2.リーバイス505を意識してフロントはジッパーフライを採用。3.ブランド設立時から、ほとんど変わっていないオリジナルのロゴを配したレザーパッチ。バックポケットが下目に付いているためパッチの存在感も際立つ。4.バックポケットにはピスネームも配置

ファーストアイテムのデニムがロングセールスを記録。

W01 5POCKET

ワークウエアのラフな着心地、ミリタリーウエアの機能性、アウトドア・スポーツウエアの快適性を取りいれた、現代のユーティリティアイテムを提案するコロナ。2006年のブランドスタート時にファーストアイテムとして登場したデニムパンツW01は、今も定番でリリースされる。若干深めな股上に、膝から下をストレート気味にテーパードさせた絶妙なシルエットが魅力の、普遍的な1本だ。

基本データ
プライス__2万2680円
ウエストのサイズ展開__W28, W30, W32, W34, W36
ベースにしている年代__なし
ウォッシュ__リジット

生地
生地の重さ__13.5oz
綾織__右綾織り
防縮加工__あり
生地の生産地__岡山県
コットンの種類__ジンバブエコットン
縦横の糸番手__7番×7番
生地のザラ感__強め
タテ落ちの種類__点落ち
色落ちのスピード__普通

染め
ロープ染色

縫製
縫製糸の特徴__20番、30番の綿糸を使い分け色はイエロー、金茶、黒、オフ白の計4色
アウトシームの縫製__両ม脇割り
耳を使っている場所__アウトシーム
耳の幅__普通
耳の色__赤

ディテール
ヒップパッチ__牛革
ベルトループ__中盛5本付け
フロントフライ__真鍮製オリジナル釦
リベットの種類__銅製刻印有り
隠しリベットの有無__無し
スレーキの生地__綾織り生成りコットン100%
ピスネーム__ポリエステル

〈 クッシュマン 〉
CUSHMAN

http://www.dont.co.jp

ブルーシリンダージャパン　TEL058-393-4088

4 YEARS

▶ **AGING SAMPLE**

究極の大戦モデルは、コシのある13.5オンスのセルビッジデニムを'40年代当時のヴィンテージミシン、当時の技法に則り仕上げた。手断ち裁断、アイロンを使わない手曲げにより縫製されるため1本1本に個体差があるのも魅力だ

穿きこみサンプル
穿きこんだモデル名	13.5oz WWII MODEL
穿きこみ頻度	週7回ほど／洗濯の頻度　1カ月に1回
最初に洗ったのは	穿き始めて2カ月目

▶ **OTHER LINEUP**
13.5oz FIRST MODEL

メンフィス産コットンを使用した13.5オンスの大戦ジーンズとセットアップとなる1stモデルは、背中のヨークやダーツ、そしてバックシンチが特徴的。13.5oz WW II MODELと同様のミシン、同製法で縫製。4万5360円

1.ひざ裏のハチの巣もしっかりと表れている。2.オリジナルの革パッチ。3.セルビッジは今ではあまり見られない左綾織に対して左綾仕様。赤耳はヴィンテージからサンプリングした淡い赤色。4.トップボタンは月桂樹、その他はプレーンなドーナツボタン。大戦モデルによく見られた王道パターンを踏襲

13.5oz WWII MODEL
究極の大戦モデルに愛を込めて。

基本データ
- プライス　3万8880円
- ウエストのサイズ展開　W28, 30, 32, 34, 36, 38, 40
- ベースにしている年代　シルエット、生地ともに1941年後半〜1945年前半
- ウォッシュ　ワンウォッシュ

生地
- 生地の重さ　13.5オンス
- 綾織　右綾織／防縮加工　あり
- 生地の生産地　岡山県倉敷市
- コットンの種類　メンフィス産綿100%
- 縦横の糸番手　タテ7番、ヨコ7番
- 生地のザラ感　弱い
- タテ落ちの種類　線と点の両方
- 色落ちのスピード　普通

染め
- ロープ染色

縫製
- 縫製糸の特徴　8, 20, 30番手のオリジナルの綿糸を使い分け、カラーは計1色など
- アウトシームの縫製　両耳の割り縫い（U.S SINGER 16を使用）
- 耳を使っている場所　両サイド、コインポケット
- 耳の幅　普通
- 耳の色　薄い赤色

ディティール
- ヒップパッチ　ディアスキン
- ベルトループ　11/16インチ、針幅3/16インチ
- フロントフライ　ドーナツボタン
- リベットの種類　真鍮製刻印なし
- スレーキの生地　生成り生機
- ピスネーム　レーヨン
- バックシンチ　なし

ヴィンテージウエアにインスパイアされたモノづくりに定評のあるクッシュマンのデニムは、大戦モデル、ただそれだけを追求してきた。旧式のミシンを数十台所有するコナーズソーイングファクトリーの協力を得て、'40年代以前のミシン、そして当時と同技法を駆使して、手断ち裁断やアイロンを一切使わないオール手曲げ縫製を実現。時代背景まで含めてリプロダクトしたこだわりは脱帽だ。

Denim Ultimate Catalog

〈 サキュウ 〉
CAQU

http://www.tandem-web.com

タンデム　TEL03-5771-5268

4 YEARS

▶ **AGING SAMPLE**

ナローカットの1本。ワンウォッシュ後に生デニムのようなパリッとした表情を持たせる「re.birth」加工が施されているため、全体の風合いはもちろん、ポケットや膝など擦れる部分は特にメリハリの効いた色落ち具合

穿きこみサンプル
穿きこんだモデル名__54002-00 narrowcut re.birth
穿きこみ頻度__週3回
洗濯の頻度__2週間に1回
最初に洗ったのは__穿き始めて1カ月目

1.世界最高ランクのジンバブエコットンを使い、旧式シャトル織機で織られる赤耳デニム。2.穿き心地は柔らかいが力強いタテ落ちやメリハリの効いた色落ちが楽しめる。3.シルエットは現代のファッションに合うようにオリジナルだが、シンチバックなどディテールはヴィンテージを踏襲している。4.フロントはオリジナルのボタンを採用

シンプルだから永く愛せる不変のジーンズ。

54002-00 narrowcut re.birth

基本データ
- **プライス**__2万1600円
- **ウエストのサイズ展開**__1, 2, 3, 4
- **ベースにしている年代**__特に無し、生地は1950年代参照
- **ウォッシュ**__ワンウォッシュ　rebirth加工

生地
- **生地の重さ**__12.5オンス
- **綾織**__右綾織
- **防縮加工**__あり
- **生地の生産地**__岡山県倉敷市
- **コットンの種類**__ジンバブエ産綿100%
- **縦横の糸番手**__タテ6.5番、ヨコ6番
- **生地のザラ感**__普通
- **タテ落ちの種類**__両方
- **色落ちのスピード**__遅め

染め__ロープ染色

縫製
- **縫製糸の特徴**__小股/脇コバステッチを補強の為6番綿糸で補強、ポケットコバと前ポケット口をスパン糸で補強
- **アウトシームの縫製**__両耳の割り縫い
- **耳を使っている場所**__アウトシーム、コインポケット
- **耳の幅**__細め
- **耳の色**__赤

ディテール
- **ヒップパッチ**__紙
- **ベルトループ**__中盛り有
- **フロントフライ**__オリジナルボタン
- **リベットの種類**__なし
- **隠しリベットの有無**__あり
- **スレーキの生地**__綾織り生成りのヘリンボンコットン100%
- **ピスネーム**__なし

有名デニムブランドで経験を積んだツルマルナオキ氏により2006年にスタートした「サキュウ」。ゴテゴテと装飾を施した派手なモノではなく、しっかりと手間ひまをかけながらも「白ご飯」のように飽きずに毎日穿けて、どんなコーデもさりげなく引き立ててくれる。そんな「飾り気のないシンプルな5ポケットジーンズ」をコンセプトにスタンダードなデザインのジーンズを手がけている。

〈デナリ〉
DE-NA-LI

http://denali2012.jp

デナリ　TEL.0745-43-8774

1 YEAR

AGING SAMPLE

前身頃のスラッシュポケットや股下のクロッチガゼットといった独自の意匠が、他にはない独自の色落ち感を形成。12.5オンスというやや軽めのデニムを採用することでアウトドア由来の運動性もしっかりと担保している

穿きこみサンプル
穿きこんだモデル__13A-140
穿きこみ頻度__週に7回／洗濯の頻度__1年に3回
最初に洗ったのは__穿き始めて5カ月

OTHER LINEUP

16A-1026
天然藍染めの糸を使用した12オンスの国産セルビッジデニムを用い、ジーンズでは珍しい強めのテーパードラインと股下のクロッチガゼットでクライミングパンツをオマージュしたスリムシルエットのニューモデル。2万3544円

1.12.5オンスのセルビッジデニムを採用し、チェーンステッチにはブランドカラーでもあるグリーンを使用。2.前開きはボタンフライでメインポケットはスラッシュ仕上げ。3.クライミングパンツを思わせるクロッチガゼット。4.コイン＆ヒップポケットには丁寧な玉縁仕上げを施している

13A-140

ヴィンテージに倣いながらもオリジナリティを追求。

基本データ
プライス__2万1384円
ウエストのサイズ展開__W26, 28～36
ベースにしている年代__シルエットは1950年代後半　生地は1950年代
ウォッシュ__ワンウォッシュ

生地
生地の重さ__12.5オンス／綾織　3/1の右綾織
防縮加工__あり(毛焼・スキュー・サンフォ)
生地の生産地__岡山×広島
コットンの種類__たて糸がアメリカ産スーピマ混紡のナチュラルムラ
縦横の糸番手__タテ7、ヨコ10番手
生地のザラ感__中ザラ
タテ落ちの種類__弱タテ落ち
色落ちのスピード__普通

染め
ロープ染色

縫製
縫製糸の特徴__30番のコアヤーン糸を使い分ける。色は金茶、イエローの計2色を使い、消臭加工を施している。
アウトシームの縫製__両耳の脇割り
耳を使っている場所__アウトシーム、後ろポケット口
耳の幅__普通
耳の色__赤

ディテール
ヒップパッチ__なし
ベルトループ__中盛りなしの5本
フロントフライ__オリジナルボタン
リベットの種類__銅製刻印なし
隠しリベットの有無__なし
スレーキの生地__ヘリンボンの紺色　コットン100%
ピスネーム__なし(腰裏にブランドネームあり)

アウトドア好きが高じ、山(キャンプ)でのスタイルをそのまま街着として使いたいという思いから2012年にスタート。オリジナルアイテムはデニムのみならず、アウトドアを筆頭にワーク、ミリタリーといったヘリテイジからインスパイアされながらも、現代のライフスタイルに沿った独自のプロダクションを追求。ブランドシンボルはデナリ山脈で初めて見つかった化石に由来するという。

PROFILE
デンハム・ジャパン
代表取締役社長/CEO
根岸洋明さん

デンハムHQ（ヘッドクォーター）ブランドディレクターとしても活躍する傍ら、日本のブランドコントロールをすべて任されているデンハム・ジャパンの代表。日本の企画、ショップの運営も手掛ける

〈 デンハム 〉

DENHAM

http://www.denhamjapan.jp
DENHAM JAPAN　TEL03-3496-1086
Text/H.Shibayama　芝山一　Photo/S.Nomachi　野町修平

ハサミのマークで親しまれているオランダ生まれのデニムブランド「デンハム」。
デニムのことを知り尽くしたイギリス人オーナー、ジェイソン・デンハムは、大の日本ツウとしても知られる。
そんな彼を、日本で支えるブランドディレクターが根岸洋明さん。
ジェイソンからも絶大な支持を得ている彼が、改めてブランドの魅力を語る。

ショップを見れば、ブランドの魅力が丸わかり。

デンハムのデニムは多種多様だ。生地にこだわった本格仕様ながら、デザインや動きやすさを重視した様々なアレンジモデルまで、実に多彩な顔を見せる

デンハムの直営店では、どのショップで購入したモデルでも、ウォッシュのサービスを行ってくれる。生地質などを熟知したスタッフが、丁寧に手洗いする様は代官山店でも見られた

DATA
デンハム代官山
東京都渋谷区猿楽町25-8
TEL03-3463-2258
12時〜20時 無休

　意外に聞こえるかもしれないが、オランダは日本に次ぐデニム大国と言われる。アメリカで生まれたジーンズ文化は、いまや日本でその深い作りが再生され、オランダを中心にヨーロッパ各地で浸透している状況だ。そんなデニム文化の根幹を支えているひとつのブランドが「デンハム」だ。特徴的なシザー（ハサミ）のロゴをアイコンに、根っからのヴィンテージデニムファンであるジェイソン・デンハムの世界観を、ここ日本でも味わうことができる。

　このオーナーから絶大な信頼を得ているデンハム・ジャパンの代表、根岸氏は「ジェイソンとは毎日のように電話して意見交換をしています。日本のデニム文化を深くリスペクトし、日本人の繊細なデニムに対する考え方や穿きこなしを、つねに参考にしていますね。その点では、彼自身からデニムに対する深い愛情をつねに感じています」と語る。シンプルな白Tに映える特徴的なデニムは、何本でも持っていたくなる。

1階と地下1階のツーフロアにわたり、デンハムのラインナップを堪能できる代官山店。日本での直営店はすでに20店舗を超える

| Denim Ultimate Catalog | A | B | C | D | E | F | G | H | I | J | K | L | M |

AGING SAMPLE

4 YEARS

こちらの経年サンプルは、UPGRADEと呼ばれるデンハムを代表するストレートシルエット。通常の5ポケットモデルよりもテーパードが強くすっきりとしたスタイルが特徴的。サイズは34インチで、約4年穿いたもの

穿きこみサンプル	
穿きこんだモデル名	UPGRADE VJS
穿きこみ頻度	週5回ほど
洗濯の頻度	3回
最初に洗ったのは	穿き始めて12カ月目

1.フロントはヴィンテージを踏襲したボタンフライ。アタリも適度に出ている。2.デンハムのデニムの特徴である革パッチは、見事に飴色に変化している。3.たくさんの屈曲を繰り返したことによって生まれたヒゲは、激しい濃淡ではなく淡さの絶妙なコントラストが美しい。4.バックポケットにはブランドのアイコンであるハサミの刺繍が入る

デンハムを代表する不変不朽のモデル。

RAZOR MIJ VLHS

細かな仕様こそ違うが、デンハムを特徴づける独特のカッティングとシルエットで人気の5ポケットモデル。スリムフィットタイプで、裾へかけてのテーパードは、ヨーロッパに多く見られるパターンだが、日本人の穿き心地にも考慮しているため、すんなりと脚が通る。バックポケットにはステッチでかたどったシサーロゴが入り、生地は13.75オンスの適度な重さのインディゴデニムを採用する。

基本データ
- プライス__4万1040円
- ウエストのサイズ展開__W27〜34,36
- ベースにしている年代__特になし
- ウォッシュ__リジッド

生地
- 生地の重さ__13.75 oz
- 綾織__左綾織
- 防縮加工__あり
- 生地の生産地__岡山産
- コットンの種類__日本産綿100%
- 縦横の糸番手__非公開
- 生地のザラ感__普通
- タテ落ちの種類__縦落ちが強め
- 色落ちのスピード__普通

染め
- ロープ染色

縫製
- 縫製糸の特徴__20,30番手のオリジナルの綿糸を使いわけ、カラーは計5色
- アウトシームの縫製__耳割り仕様
- 耳を使っている場所__アウトシーム
- 耳の幅__超細め
- 耳の色__インディゴネイビー

ディテール
- ヒップパッチ__カウハイド(牛)
- ベルトループ__デンハムループ
- フロントフライ__デンハムオリジナルボタン
- リベットの種類__デンハム刻印オリジナルボタン
- 隠しリベットの有無__なし
- スレーキの生地__デンハムヘリンボーンコットン100%
- ピスネーム__コットン素材

DENHAM

▶ **OTHER LINEUP**

RAZOR MIJ LHS

こちらは左ページと同じ定番の5ポケット型に、リアルなヴィンテージ加工を施したモデル。職人が1本1本手作業で使用感を演出しているため、まったく同じものが存在しない。一期一会を楽しんでもらいたい。6万1560円

▶ **OTHER LINEUP**

TOKYO LTSW MIJ SS

特徴的なスリッドポケットを設けたモデル、TOKYO。裾に向かってテーパーがかかったスリムフィットタイプながら、ゼルビッジ生地を採用している。こちらもリアルなヴィンテージ&リメイク加工が施される。7万200円

▶ **OTHER LINEUP**

AMSTERDAM UHB

'60年代に誕生したサードタイプのデニムジャケットをベースに、デンハム特有の絞り込んだシルエットですっきりと見せてくれるのが特徴。こちらも淡色系の加工を施し、リアルな使用感もしっかりと演出する。3万7584円

DENIME

〈 ドゥニーム 〉

http://www.denime.jp

DENIME THE STORE アーバンドックららぽーと豊洲店　TEL03-6910-1803

AGING SAMPLE

点と点が繋がって、濃淡のあるエイジングとなる1940年代後半〜'50年代前半のヴィンテージデニムのエイジングを再現。生地に固さのある段階で、半年ほど穿き込んだため、見事なヒゲとハチノスを付けることに成功している

穿きこみサンプル

穿きこんだモデル名	XX type
穿きこみ頻度	週4回ほど／洗濯の頻度__2カ月に1回
最初に洗ったのは	穿き始めて6カ月目

1.アメリカ産のコットンを使った14.5オンスのインディゴデニム。言うまでもなくセルビッジデニムだ。 2.バックポケットはダメージがひどかったので、うまい具合にリペアしている。 3.'50年代のジーンズに見られるオフセットのループ。 4.オリジナルのレザーパッチには、カウレザーを使っている

OTHER LINEUP
507type

1950年代から'60年代初頭に掛けて作られていたデニムジャケットをモチーフに、青味が強く、線上にタテ落ちする13.5オンスのインディゴデニムを使用。泣き所であった着丈の短さをカバーしたシルエットがお見事。2万5920円

ジャパンデニムの先駆け的な存在。

XX type

1988年にヴィンテージデニムをリプロダクトするというそれまでなかったアプローチでデニム作りを始めたドゥニーム。66モデルと並んで、ブランドのフラッグシップモデルとなっているのが、こちらのXX。戦後から1950年代に掛けて、もっとも熟成されたと表されるジーンズをベースに、オリジナルの14.5オンスの生地で再構築。ご覧のようにヴィンテージ顔負けのエイジングになってくれる。

基本データ
- プライス__2万5920円
- ウエストのサイズ展開__W27〜34, 36, 38, 40
- ベースにしている年代__シルエットは1940年代後半〜1950年代前半、生地は1940年代後半〜1950年代前半を参照
- ウォッシュ__ワンウォッシュ

生地
- 生地の重さ__14.5オンス
- 綾織__右綾織
- 防縮加工__なし
- 生地の生産地__日本
- コットンの種類__アメリカ産綿100%
- 縦横の糸番手__タテ6番、ヨコ6番
- 生地のザラ感__強
- タテ落ちの種類__点落ち
- 色落ちのスピード__遅め

染め
- ロープ染色

縫製
- 縫製糸の特徴__20,30番手のオリジナルの綿糸を使いわけ、カラーは計2色
- アウトシームの縫製__両耳の割り縫い
- 耳を使っている場所__アウトシーム、コインポケット
- 耳の幅__普通(1.5cm)
- 耳の色__金茶色

ディテール
- ヒップパッチ__カウレザー
- ベルトループ__中盛り有
- フロントフライ__オリジナルボタン
- リベットの種類__カッパー製刻印あり
- 隠しリベットの有無__あり
- スレーキの生地__綾織り生成りのコットン100%
- ピスネーム__レーヨン

〈 ディーゼル 〉
DEISEL
http://www.diesel.co.jp

ディーゼルジャパン　TEL0120-55-1978

▶ **AGING SAMPLE**

スニーカーから革靴まで、幅広いスタイルに対応するスキニーモデル。サンドペーパーによるマニュアルスクラッチングや3Dエフェクト加工を施した、新感覚のエイジングが魅力。生地全体に特殊な樹脂を使用しヴィンテージ感も演出

穿きこみサンプル

穿きこんだモデル名	THOMMER
穿きこみ頻度	未回答／洗濯の頻度 未回答
最初に洗ったのは	未回答

▶ **OTHER LINEUP**
THOMMER

1.パッチはステッチでデザイン。スタイリッシュな雰囲気を漂わせている。2.バックポケットには、さりげなく3Dイーグルが入っている。最新技術を投入しながらも主張し過ぎないデザインが魅力。3.カットオフされた裾も個性的

  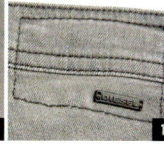
3　　2　　1

ディーゼルが生み出したハイブリッドデニム、ジョグ・ジーンズから登場した一本。ジャージ素材のように360°の伸縮性を実現した素材を使い、今までにないフィット感を楽しめる。ヴィンテージライクな風合いも魅力。6万2640円

THOMMER
3Dエフェクト加工など斬新な最新技術も投入。

基本データ	
プライス	5万1840円（ブラック加工モデル）、3万1320円（ブラックデニム）
ウエストのサイズ展開	不明
ベースにしている年代	特になし
ウォッシュ	加工

生地	
生地の重さ	非公開
綾織	非公開
防縮加工	非公開
生地の生産地	非公開
コットンの種類	99%コットン、1%ポリウレタン
縦横の糸番手	非公開
生地のザラ感	弱め
タテ落ちの種類	不明
色落ちのスピード	不明

染め	非公開

縫製	
縫製糸の特徴	非公開
アウトシームの縫製	非公開
耳を使っている場所	なし
耳の幅	なし
耳の色	なし

ディテール	
ヒップパッチ	ステッチのみ
ベルトループ	6本
フロントフライ	ジッパー
リベットの種類	非公開
隠しリベットの有無	非公開
スレーキの生地	非公開
ピスネーム	なし

1978年にイタリアで誕生したアパレルブランドにディーゼル。徹底した素材選びと縫製技術を活かし、流行に左右されない普遍的なプロダクトを展開している。デニムラインは革新的なマテリアルや技術を投入し、人気モデルのトマーは3Dエフェクト加工やゴールデントリートメント加工を取り入れている。

Denim Ultimate Catalog

| A | B | C | **D** | E | F | G | H | I | J | K | L | M |

〈 ドライボーンズ 〉

DRY BONES

http://www.dry-bones.com

ドライボーンズ東京店　TEL03-5458-5688

1 YEAR

▶ AGING SAMPLE

すっきりとしたタイトストレートのシルエットが特徴の5ポケットパンツ。13.5ozのデニム生地は、1年の穿き込みでほどよくアタリやステッチの風合いが出ている。さらに穿き込むことで美しい縦落ちも楽しめる

穿きこみサンプル	
穿きこんだモデル名	DP-582W
穿きこみ頻度	週4〜5回ほど
洗濯の頻度	1カ月に4回
最初に洗ったのは	穿き始めて1週間目

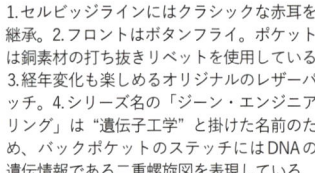

1.セルビッジラインにはクラシックな赤耳を継承。2.フロントはボタンフライ。ポケットは銅素材の打ち抜きリベットを使用している。3.経年変化も楽しめるオリジナルのレザーパッチ。4.シリーズ名の「ジーン・エンジニアリング」は"遺伝子工学"と掛けた名前のため、バックポケットのステッチにはDNAの遺伝情報である二重螺旋図を表現している

ヴィンテージモデルのDNAを受け継ぎ現代に継承。

DP-582W

'92年より展開する国産ブランド、ドライボーンズ。今までにも左右のセルビッジの色を変えた"寿司耳デニム"など、斬新なアイテムを提案してきたが、2014年から新たなデニムラインとして"ジーン・エンジニアリング"を始動。旧きよきモノを継承するというコンセプトで展開している。定番モデルのDP-582Wも、そのシリーズを代表する1本。ヴィンテージモデルのDNAを受け継いでいる。

基本データ		
	プライス	2万1384円
	ウエストのサイズ展開	W28〜34, 36
	ベースにしている年代	オリジナルシルエット
	ウォッシュ	ワンウォッシュ 加工

生地		
	生地の重さ	13.5オンス
	綾織	右綾織
	防縮加工	あり
	生地の生産地	岡山県児島市
	コットンの種類	アメリカ産綿100%
	縦横の糸番手	タテ20番、ヨコ20番
	生地のザラ感	普通
	タテ落ちの種類	両方
	色落ちのスピード	普通

染め		
	ロープ染色	

縫製		
	縫製糸の特徴	6, 20, 30番手の綿糸とスパン糸（ボタンホール）を使いわけ、カラーは計4色 イエロー、オレンジ、ネイビー、ブラック
	アウトシームの縫製	両耳の割り縫い
	耳を使っている場所	アウトシーム、コインポケット
	耳の幅	片側0.8cm
	耳の色	赤

ディテール		
	ヒップパッチ	ヤンピー
	ベルトループ	中盛り有
	フロントフライ	オリジナルボタン
	リベットの種類	銅製刻印なし
	隠しリベットの有無	なし
	スレーキの生地	綾織り生成りのコットン100%
	ピスネーム	レーヨン

▶ **NEW MODEL**

DP-532W

シンチバックストラップや、サスペンダーボタンを配したクラシカルなディテールが魅力の1本。股上が深いワイドシルエットは、オーセンティックなコーデやワークスタイルと相性抜群。こちらもバックポケットに二重螺旋図が入る。2万5704円

▶ **OTHER LINEUP**

DCH-480 デニムキャスケット

薄手のデニム生地を使用したキャスケット。裏地がないため春夏でも被りやすく、柔らかい肌触りと軽やかな生地感が魅力。縫製にはデニム地に映えるホワイトのステッチを使用。さりげないアクセントとなっている。6912円

▶ **OTHER LINEUP**

DBG-010 デニムワークエプロン

クラフトマンやワーカーの必需品として、旧くから親しまれてきた前掛けタイプのデニムワークエプロン。セルビッジ部分は赤と青の2つ糸を使用した珍しい仕様。旧力織機で織ったデニム特有の経年変化も楽しめる。6264円

〈 エドウイン 〉
EDWIN

http://www.edwin.co.jp

エドウイン・トーキョー・原宿　TEL03-6447-0330

2 YEARS

▶ **AGING SAMPLE**

ワークウエアとして使用されていた旧きよき時代の佇まいはそのままに、洗練されたカットにリファインしたやや細身のテイパードモデル。1950年代当時に多く採用されていたディテールを活かした温故知新の逸品となっている

穿きこみサンプル
穿きこんだモデル名__Vintage Collection '50s model
穿きこみ頻度__週3回ほど／洗濯の頻度__1ヵ月に1回
最初に洗ったのは__初日(生の状態からのノリ落としの為)

1.過去のアーカイブから継承した14オンスレインボーセルビッジ。2.ザラ感のある縦落ち。3.フロントボタンはオリジナル刻印とドーナツボタン。ウエストバンドのフロントはV字ステッチとヴィンテージ仕様。4.防縮ラベルをしていない山羊革は、洗い込むことで抜群の経年変化を醸し出す

▶ **OTHER LINEUP**

E Standard Classic Regular Tapered 淡色ユーズド

エドウインのスタンダードシリーズ。腰回りに適度なゆとりがある弱ストレッチデニムで、ヒザからスソにかけて直線的に伸びたシルエットが特徴。リアルな加工をほどこしたエイジングモデルは濃色、中濃色、淡色の3種類。1万9440円

'50sをベースとしたジャパニーズクラシック。

Vintage Collection '50 model

アメリカ発の憧れであったジーンズを、日本のファッションスタンダードへと押し上げたのは他でもないエドウインの功績。今や世界に誇るユーズド加工の先鞭をつけたのも、エドウインのストーンウォッシュだった。そんなエポックメイカーが旧きよきワークウエアの時代までさかのぼり'50年代をベースとした1本を製作。フィット感と無骨さを兼ね備えたモダンクラシックである。

基本データ	プライス__2万520円 ウエストのサイズ展開__W29～34, 36 ベースにしている年代__1950年代 ウォッシュ__リジッド
生地	生地の重さ__14オンス 綾織__右綾織 防縮加工__なし 生地の生産地__日本製(日本綿布) コットンの種類__コットン100% 縦横の糸番手__タテ6番、ヨコ6番 生地のザラ感__強い タテ落ちの種類__ナチュラルムラ(やや長め) 色落ちのスピード__普通
染め	ロープ染色
縫製	縫製糸の特徴__すべて綿糸 耳の幅__普通(0.8cm) 耳の色__EDWINのアーカイブから継承したレインボーセルビッジ(グリーン／イエロー／オレンジ)
ディテール	ヒップパッチ__ゴート(山羊)革 ベルトループ__非公開 フロントフライ__オリジナルボタン、ボタンフライ リベットの種類__Zバー(うちぬき) 隠しリベットの有無__なし

〈 エンジニアド ガーメンツ 〉

ENGINEERED GARMENTS

http://www.nepenthes.co.jp

ネペンテス　TEL03-3400-7227

4 YEARS

AGING SAMPLE

かつて数々のワークブランドのデニムを生産した歴史あるコーンデニム社ならではの、風合いのあるセルビッジデニム。ハードな動きに耐えうる堅牢なつくりと、程よくテーパードした細身のシルエットは機能美の神髄。

穿きこみサンプル

穿きこんだモデル名＿＿WORKADAY JEAN-SELVEDGE DENIM
穿きこみ頻度＿＿非公開／洗濯の頻度＿＿非公開
最初に洗ったのは＿＿非公開

▶ **OTHER LINEUP**

Type 11 Jeans

今季新型のデニムは、ジップフロント仕様や7本のベルトループ、リベット使いなど独特のディテールが目を引くオーソドックスな1本。ジェルトデニムなので独特の青みのある風合いが好きな人は是非。3万1320円

1.ヴィンテージの風合いを感じさせる色褪せた赤耳。実際のヴィンテージデニムは褪せた色合いのオレンジなどが多い。2.オリジナルロゴ刻印入りのツープロングのドーナツボタン。3.ガーメンツの独立ライン、ワーカデイの布パッチ。4.デニムと同色のネイビーステッチでスマートなヒップポケット

WORKADAY JEAN - SELVEDGE DENIM

古のアメリカンワークを再構築。

基本データ
プライス＿＿2万5920円
ウエストのサイズ展開＿＿W28, 30, 32, 34, 36
ベースにしている年代＿＿特になし
ウォッシュ＿＿リジッド

生地
綾織＿＿右綾織
防縮加工＿＿なし
生地の生産地＿＿アメリカ
生地のザラ感＿＿普通
タテ落ちの種類＿＿普通
色落ちのスピード＿＿普通

染め
ロープ染色

縫製
縫製糸の特徴＿＿非公開
アウトシームの縫製＿＿非公開
耳を使っている場所＿＿アウトシーム、ウォッチポケット
耳の幅＿＿普通
耳の色＿＿赤

ディテール
ヒップパッチ＿＿コットン
ベルトループ＿＿同素材のデニム5本
フロントフライ＿＿ロゴ入りオリジナルドーナツボタン
リベットの種類＿＿ブランド名刻印あり
隠しリベット＿＿なし
スレーキの生地＿＿綿100％
ピスネーム＿＿なし
バックシンチ＿＿なし

ネペンテスNYで企画・生産されたエンジニアドガーメンツは、希少となったアメリカ生産にこだわり、アメリカンクラシックなモノづくりを追及する。そんなブランドがデニムのルーツでもあるワークウエアへと行き着くのは自然の流れ。アメリカのワークウエアの歴史的背景を捉え、現代のクラフトマンシップをもって、独創性を打ち出していく。それがガーメンツのやり方なのだ。

〈 エイトジー 〉
EIGHT-G

http://eight-g.net/

Gパンセンターサカイ　TEL047-334-6225

0.9 YEARS

▶ AGING SAMPLE

日本が誇る"男のデニム"を体現したモデル。1年に満たない短い穿き込み期間ながら、極濃色から美しく色落ちするザラ感のある生地が魅力。非防縮加工や非ねじれ防止加工など、ナチュラルな佇まいを追求している

穿きこみサンプル

穿きこんだモデル名	Lot 702-WA
穿きこみ頻度	週7日
洗濯の頻度	4カ月に1回
最初に洗ったのは	穿き始めて4カ月目

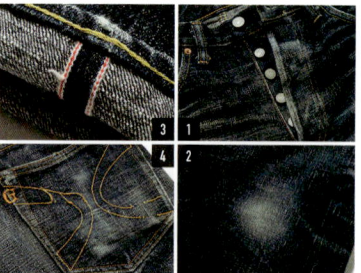

1.フロントにはキャップが白銅メッキとなった鉄製ボタンを採用。2.張り・コシ・ザラ感の要素を取り入れた極上の素材はアタリ感も抜群。3.旧式の力織機による細幅のセルビッジ。4.ブランドのルーツとなるボールマークステッチを採用。さらに、穿き込むと"8"の隠しリベットが浮き上がり、ピス刺繍の"G"と合わせて"8G"になるという遊び心も装備

生きる伝説！ 国産ジーンズのパイオニア的存在。

Lot 702-WA

1960年に高畑縫製が制作した12ozの藍染めデニムをルーツに持つ、国産ジーンズのパイオニア的存在のエイトジー。現在はジーパンセンターサカイのオリジナルブランドとして、その伝説を紡いでいる。定番モデル702-WAは、エイトジーのこだわりと遊び心の詰まった5ポケットタイトストレートデニム。すっきりとした見た目ながら、窮屈を感じさせない計算されたシルエットを実現している。

基本データ
- プライス__2万3544円、2万4624円(40、42インチ)
- ウエストのサイズ展開__W29〜34、36、38、40、42
- ベースにしている年代__シルエットは1960年代後半〜
- ウォッシュ__リジッド、ワンウォッシュ

生地
- 生地の重さ__17.0oz
- 綾織__右綾織／防縮加工__なし
- 生地の生産地__岡山県産
- コットンの種類__非公開
- 縦横の糸番手__非公開
- 生地のザラ感__強
- タテ落ちの種類__線と点落ちの両方
- 色落ちのスピード__遅め

染め
- ロープ染色

縫製
- 縫製糸の特徴__30、20、8、6番手のオリジナルの異なる太さの綿糸を使いわけ、カラーはバナナイエロー、金茶、オレンジ
- アウトシームの縫製__両耳の割り縫い
- 耳を使っている場所__アウトシーム、コインポケット
- 耳の幅__普通
- 耳の色__濃い赤色

ディテール
- ヒップパッチ__洗いこんでも硬化しにくい素材を使用
- ベルトループ__中盛り有
- フロントフライ__キャップが白銅メッキとなった鉄製ボディボタン
- リベットの種類__真鍮製刻印あり
- 隠しリベットの有無__あり
- スレーキの生地__ヴィンテージ感たっぷりのプリント入り
- ピスネーム__なし

▶ OTHER LINEUP

Lot 705-WA

エイトジーが考える極上の1本を目指し、生地、付属、パターン、縫製、全ての工程にとことんこだわり抜いたモデル。少しゆったりしたクラシックなシルエットのため、ルーズな着こなしが楽しめる。存在感のあるレザーパッチは、洗いこんでも硬化しにくい素材を使用。2万3544円

▶ AGING SAMPLE

Lot 8JK-02

日本人の体型に合うジャパンフィットにこだわったデニムジャケット。前丈を後丈より少し長くしたシャープなAラインが特徴。最高の色落ちが楽しめる厚手のオリジナルの生地を採用。こちらはその美しい風合いを実際に体現したリアルな着用サンプル。2万8080円

〈エウィス バイ ヤマネ〉

EVISU
BY YAMANE

http://www.evisu.jp
EVISU 梅田店　TEL06-6371-1992

キャッチーなバックポケットのペンキステッチで知られるEVISU。
だが、その真髄は、研究に裏付けされた、四半世紀に渡る妥協のないものづくりにある。
それこそが、昨今のジャパンデニムの礎を築いてきたと言っても過言ではない。

Text/T.Itakura　板倉環　Photo/T.Furusue　古末拓也

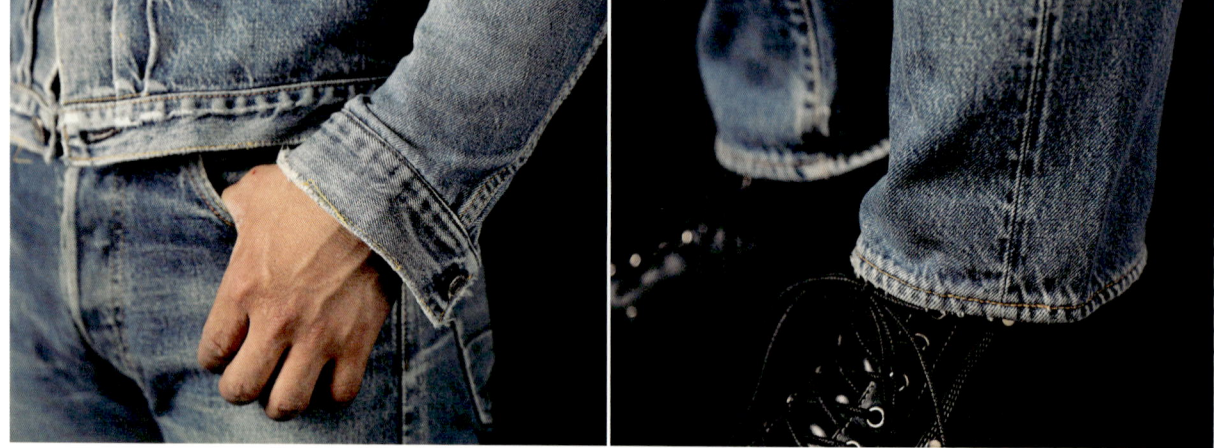

絶え間ない"研究"から生まれる美しい経時変化。

LABORATORY

新たなプロダクトを生み出し続ける"研究所"

EVISUのヘッドオフィスには、岡山の自社工場と同じ縫製設備が完備されている。そこでは、日々、新たなプロダクトの研究・開発が行われている。まさに、EVISUのものづくりにおける"研究所"と言えよう。

Text/T.Itakura 板倉環　Photo/T.Furusue 古末拓也

EVISU BY YAMANE

Denim Ultimate Catalog

PROFILE
EVISU
山根昭彦さん

EVISUの創業者である山根英彦氏の長男。製品の企画・デザイン、生産を一貫して担当している。日夜デニムに触れているせいか、彼の手の爪はインディゴに染まっている

INTERVIEW

温故知新。歴史を重んじながら、研究・創造を続ける。

山根英彦氏によって1991年に設立されたEVISU。
世界中のファッショニスタたちの目に留まり社会現象をも巻き起こした
ジャパンデニム界のパイオニア。そのクリエイティビティに迫る。

Text/T.Itakura 板倉環　Photo/T.Furusue 古末拓也

EVISU BY YAMANE

誰でも一度は目にしたことがあるであろう、バックポケットのペンキステッチ。通称カモメマークと呼ばれるそれは、'90年代のファッションシーンを席巻したEVISUのアイコン。それまでのジーンズ＝アメリカという既成概念を覆し、MADE IN JAPANのジーンズのクオリティの高さを世界に広く知らしめたEVISUと、その創業者である山根英彦氏。彼のクリエイティビティは、長男である山根昭彦氏に色濃く継承されている。

「現在、父の下で企画から生産までを一貫して担当しています。そんな私の仕事において最も注力しているのは、日々の研究です。主要素材であるデニムのことは、四六時中考えています。社内に、自社工場と同じ縫製設備を完備しているため、試作品を自分で縫うこともよくあります。意図した仕様を量産工場で再現するため、自身の手で試行錯誤を繰り返します。」

と昭彦氏。自らが多くの業務に携わり日々新たな研究に勤しむ氏だが、ブランドが持つ歴史にも重きを置いているという。

「温故知新をモットーとし、四半世紀に渡るEVISUの歴史は常に意識しています。そのため、社内にアーカイブルームを設置し、いつでも過去の製品を見ることのできる環境を整えています。ファッションは歴史から形成されていくものと考えています。継承する立場として歴史へのリスペクトを忘れないようにしています」

デニムの種類によりレザーパッチのスタンピングが異なる。日々の絶え間ない研究により、個性豊かなデニムが生み出されている

デニムの開発はEVISUのお家芸。歴史を守りつつ新規開発にも余念がない。PCでのグラフィック制作に精通する昭彦氏も、デザインラフ描きには鉛筆を使うのは父親譲り

デニム製品以外に、レザー製品の研究も日々行われている。レザー製品の縫製には、特別に調整されたミシンを使用する

Denim Ultimate Catalog

7 YEARS

▶ **AGING SAMPLE**

ジャストサイズで長年にわたり穿き込まれたジーンズは、身体に沿って鮮明に表現されたモモから膝にかけての色落ち、膝の出具合やフロントのヒゲ、バックポケット、膝裏のハチノスなど美しい経年変化を見せてくれる

穿きこみサンプル

穿きこんだモデル名__Lot.2000 No.2
穿きこみ頻度__週3回ほど／洗濯の頻度__1カ月に1回ほど
最初に洗ったのは__穿き始めて3カ月目

1.バックポケットにペンキで描かれたカモメマークはデニムの色落ちとともに薄く剥がれてきている　2.コインポケット部分に表現された濃淡がはっきりとしたエイジングも美しい　3.セルビッジに使用されているカラーの糸も色がやや抜けている　4.ブランドロゴがプリントされたレザーパッチには防縮加工済のデニムを表す「No.2」がスタンプされる

四半世紀に渡り愛され続ける標準ストレート。

Lot.2000 No.2

EVISUの中でも、中核を成すオーソドックスなシルエットを持つ、標準ストレートのLot.2000。EVISUでは防縮加工済のデニムはNo.2と名付け、縮みを最小限に抑えているので、ジーンズ本来のシルエットを生かせるのが特徴だ。尚、防縮加工が施されていない生機（きばた）のデニムはNo.1と名付けられている。同じモデルでも、生地によるシルエットの変化を楽しむことができる。

基本データ
プライス__2万3760円〜
ウエストのサイズ展開__W24〜46インチ
ベースにしている年代__1950年代
ウォッシュ__リジッド

生地
生地の重さ__14.5オンス
綾織__右綾織
防縮加工__あり
生地の生産地__岡山県井原市
コットンの種類__綿100%
縦横の糸番手__タテ6番、ヨコ7番
生地のザラ感__普通
タテ落ちの種類__線落ち、点落ち混合
色落ちのスピード__遅め

染め
ロープ染色

縫製
縫製糸の特徴__8, 20, 30番手のオリジナルの綿糸を使いわけ、カラーは計3色
アウトシームの縫製__両耳の割り縫い
耳を使っている場所__アウトシーム、コインポケット
耳の幅__普通
耳の色__黄／黒

ディティール
ヒップパッチ__ゴートスキン
ベルトループ__中盛りあり
フロントフライ__オリジナルボタン
リベットの種類__銅製 オリジナル刻印あり
隠しリベットの有無__あり
スレーキの生地__綾織り生成のコットン100%
ピスネーム__レーヨン

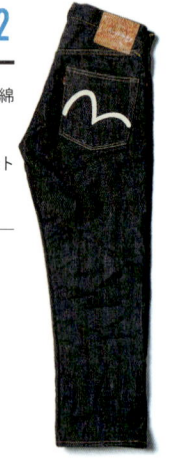

EVISU BY YAMANE

▶ OTHER LINEUP
Lot.2001 No.1

標準ストレートのLot.2000よりも、ヒップ、腿周りがゆったりとしたクラシックなシルエットを持つストレート。創業時からEVISUを象徴するジーンズとして愛されている。EVISU独特のシルエットを楽しみたい場合は、このモデル。3万2400円〜

▶ OTHER LINEUP
Lot.2000 No.1

防縮加工が施されていないNo.1デニムを使用した定番ストレート。ウエストで約5センチ、レングスで9センチほど縮むが、穿くことで再び生地が伸びていくため、自分の身体に沿った立体的なシルエットへと形成されていくのが特徴だ。3万2400円〜

▶ OTHER LINEUP
Lot.2000T No.1

標準ストレートをベースに膝から裾へかけてテーパードをかけタイトなシルエットへと仕上げた1本。他のジーンズとは異なりコインポケットが斜めにデザインされている。No.1デニムでさらにタイトなシルエットだが穿きやすいのが特徴。3万2400円〜

Denim Ultimate Catalog

MODEL_1
Lot.2000T
SLIM TAPERED

EVISUジーンズのラインアップの中で最もタイトなシルエットを持つLot.2000T。ヒップ、腿周りにほどよくフィットするデザイン、そして膝から裾へかけてテーパードされた特徴的なシルエットは美脚、足長効果を生みキレイなカジュアルジーンズとして活躍してくれる。2万3760円～

裾に向かってテーパードさせたタイトなシルエットが魅力。

SILHOUETTE

MODEL_2
Lot.2000
REGULAR STRAIGHT

標準ストレートの位置づけとなるLot.2000は、シンプルにジーンズを楽しみたい人のための基本シルエットを持つ。太すぎず、細すぎないベーシックな1本はEVISUジーンズを語るうえで、またEVISUを知るためには欠かすことのできない存在。はじめての1本にオススメ。2万3760円～

ジーンズの基本シルエットとなるベーシックなストレート。

EVISU BY YAMANE

ワークパンツとしての武骨さを継承するワイドストレート。

▶ MODEL_3

Lot.2001
OLD CUTTER

ヒップ、腿など比較的ゆったりとしたシルエットのLot.2001は、ジーンズがアメリカのワークウエア生まれであることを思い起こさせてくれるクラシックなワイドストレート。武骨な印象を持ちつつストレスなく穿けるジーンズはEVISU創業以来、受け継がれているカタチである。2万3760円〜

定番4型を、マン&ウーマンスタイルで穿き比べ。

メンズのイメージが強いEVISUジーンズ。
実はウィメンズスタイルにもマッチする万能なジーンズなのだ。

Text/T.Itakura 板倉環　Photo/T.Furusue 古末拓也

すっきりとしたシルエットが魅力のスリムストレート。

▶ MODEL_4

Lot.2005
SLIM STRAIGHT

ストレートのスリムシルエット。スリムとはいえ、スキニーのように極端な細身ではなく、ほどよいタイトなシルエットから人気のジーンズだ。腰回りや腿などすっきりとしたフィッティングであるためシャツやジャケットなど上品な大人のコーディネイトと相性の良い1本。2万3760円〜

Denim Ultimate Catalog

▶ OTHER LINEUP
ENGINEER'S CARGO PANTS
極太シルエットのパンツはサイドに大型のフラップポケットを装備したデニムユーティリティパンツ。ウエストの両サイドにはサイズ調節可能なアジャスターベルトが付けられる。今夏発売予定

▶ OTHER LINEUP
Lot.1507
フロント両サイドにフラップポケットを2つ装備した通称2ndタイプはEVISUの定番デニムジャケットのひとつ。クラシカルな見た目からコーディネイトを問わず着用できる。3万2400円

▶ OTHER LINEUP
FIELD CARGO PANTS
ゆったりとした太めのシルエットだが、裾に向かってテーパードが施され、スナップボタン付きのフラップポケットが両サイドに装備された6ポケットパンツ。今夏発売予定

▶ OTHER LINEUP
CARPENTER'S PANTS
ハンマーループや機能的なポケットなどクラシカルなデザインのダブルニーカーペンターズパンツ。ほどよいシルエットであるためコーディネイトしやすい1本。今夏発売予定

DENIM PRODUCTS
ジーンズ創りで培った確かな技術から生まれるプロダクツ。

ジーンズだけがEVISUの顔ではない。EVISUが生み出すデニム製品は、
デニムを知り尽くすEVISUならではの、個性的なアイテムばかりだ。

Text/T.Itakura　板倉環　Photo/T.Furusue　古末拓也

EVISU BY YAMANE

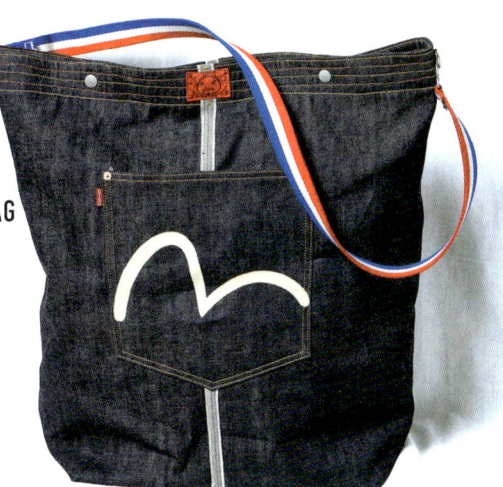

OTHER LINEUP
[GUELPH] HUGE SHOULDER BAG

鮮やかなトリコロールのショルダーベルトが付けられた大容量のショルダーバッグ。フロント中央に配された大型のポケットも使い勝手がよい。
2万8080円

OTHER LINEUP
[ALMA] BUCKET TOTE

円筒デザインのバケツ型トート。デニムの裏地を使用したハンドルは着脱可能で2本使い、1本使いが選べる。ベース型のポケットが3つ付けられる。
2万4840円

OTHER LINEUP
[TERRACE] SIDE-ZIP TOTE

両サイドにファスナーを装備することで収納口のスナップボタンを閉めたまま、さらには肩にハンドルを掛けたまま中身を取り出すことができる機能的なトートバッグ。今夏発売予定

OTHER LINEUP
[GRANBY] VOYAGE TOTE

横幅約65cmの大型トートバッグ。小旅行にも使えるサイズ感だ。セルビッジデニムの生地幅がそのままバッグのサイズになっている。3万240円

OTHER LINEUP
CAP&HAT&HUNTING CAP

定番デニムと同じ生地を使用したEVISUの定番ヘッドウェア。ジーンズ同様、使い込むにつれ、美しい色落ちを楽しむことができる。各9720円

EVISU by YAMANE PRIVATE PHOTO SNAP   All photos by Hidehiko Yamane
Leica M8, Leica Noctilux-M 50mm F1:1, 1/8000sec f/1.0

EVISU by YAMANE PRIVATE PHOTO SNAP

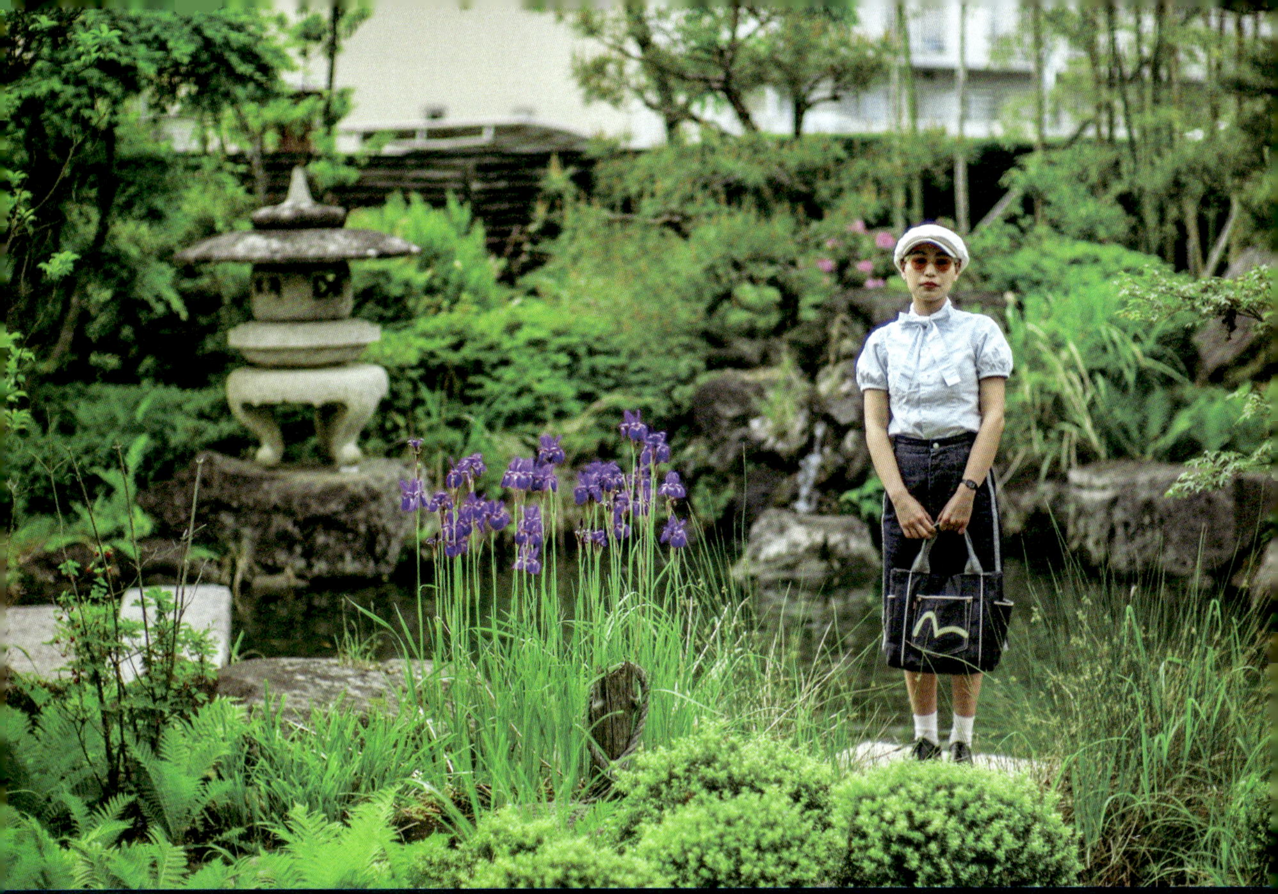

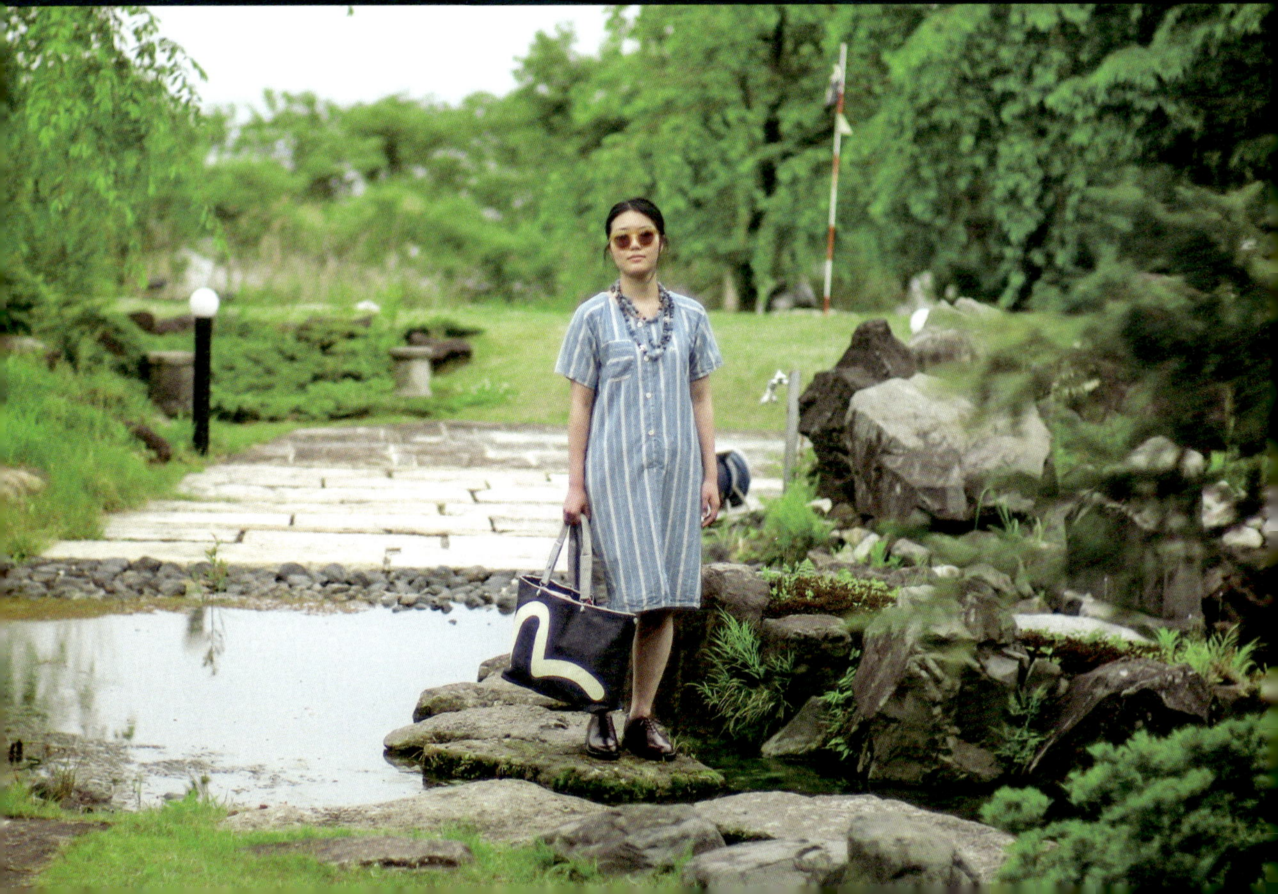

EVISU by YAMANE PRIVATE PHOTO SNAP

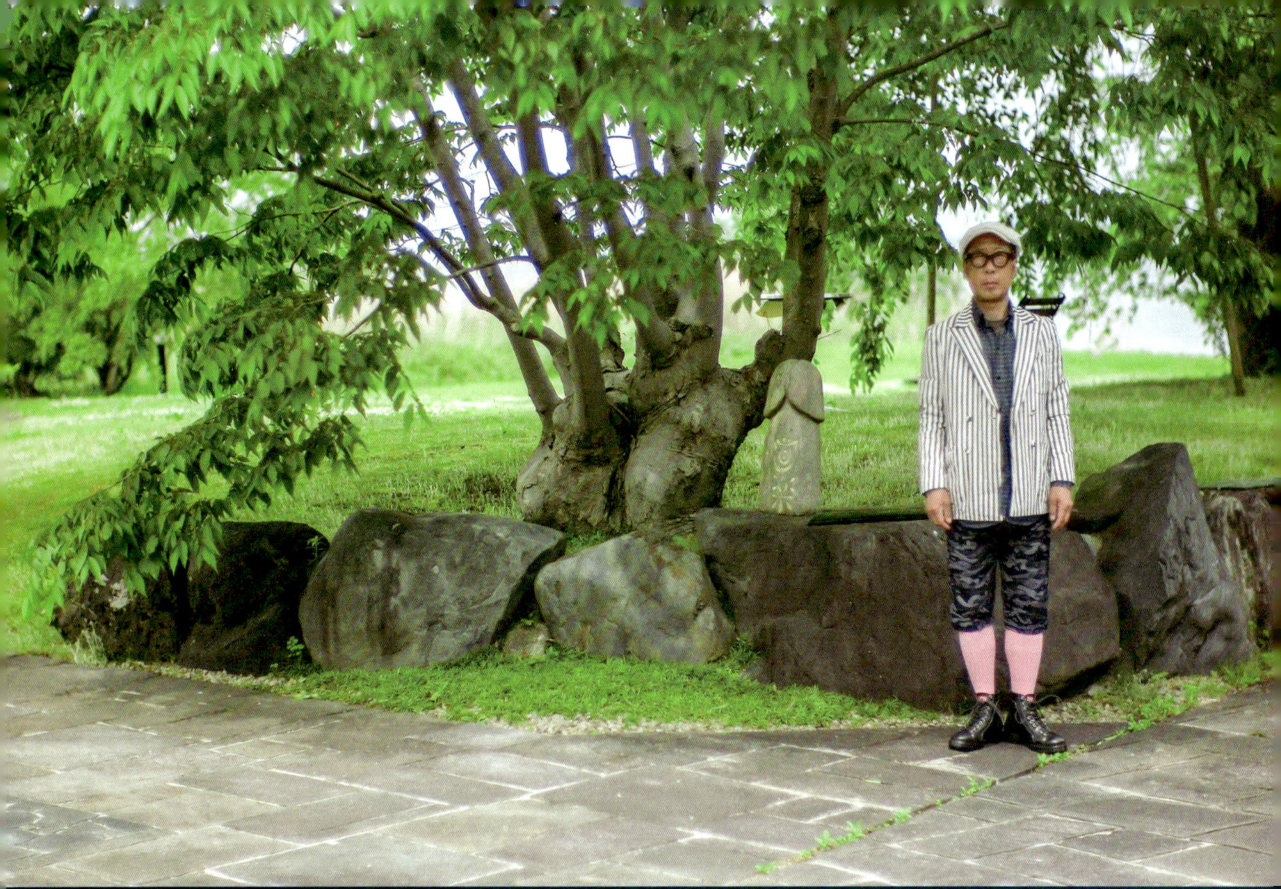

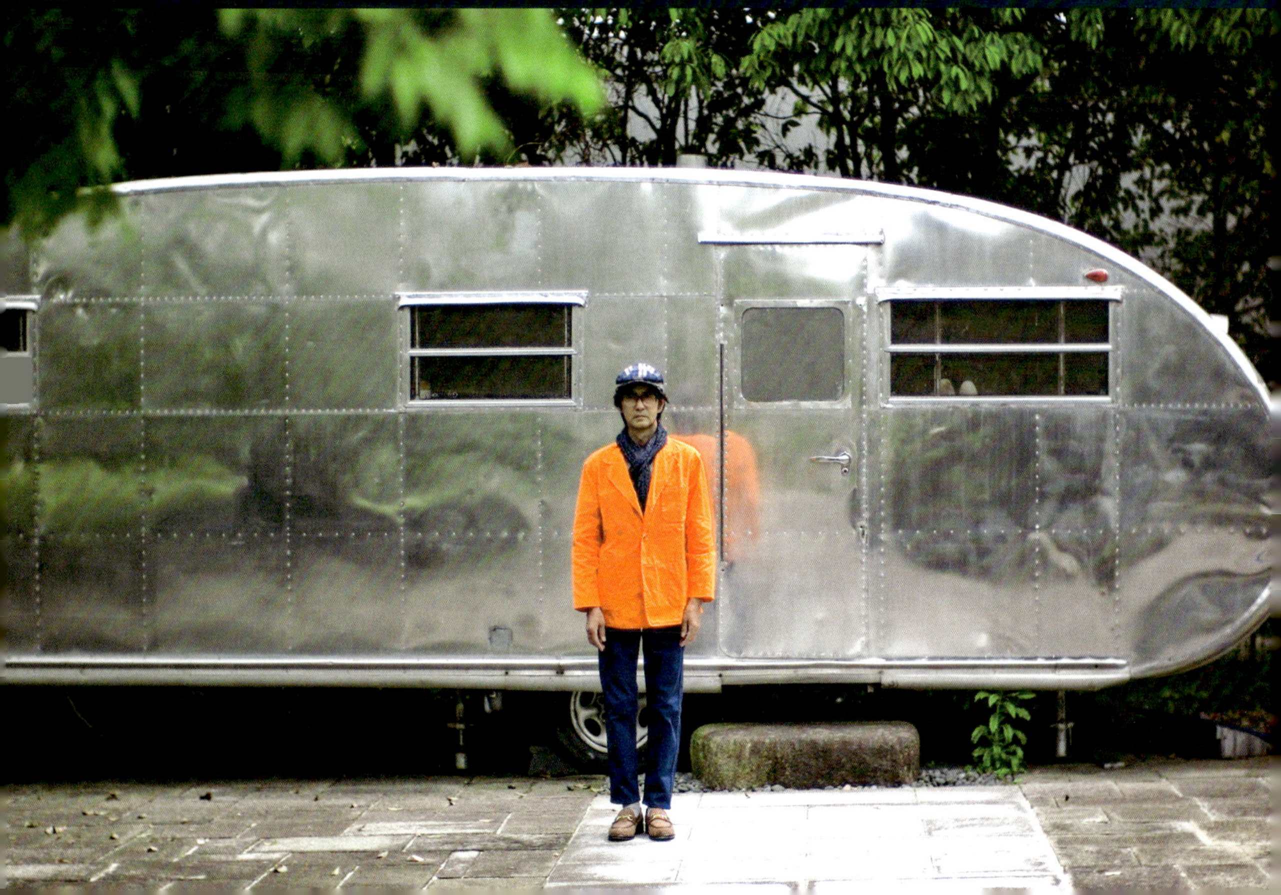

Denim Ultimate Catalog

〈 エターナル 〉
ETERNAL

http://www.maeno.co.jp

マエノ　TEL086-472-2542

2.5 YEARS

▶ **AGING SAMPLE**

あえて弱めのテンションで織り上げ、独自のざらつき感を持たせた14.5オンスのベーシックなミドルオンスデニムを使用。ヒゲやハチノスなどインディゴならではの濃淡が味わえるよう染色濃度など細部まで徹底したこだわりが覗える

穿きこみサンプル

穿きこんだモデル名	No.811
穿きこみ頻度	週3～5回ほど
洗濯の頻度	1～3カ月に1回
最初に洗ったのは	穿き始めて3カ月目

▶ **OTHER LINEUP**
No.892

ブランド設立20周年を記念して発表される（9月末予定）限定モデルは、同ブランドが得意とする加工技術を徹底的に集約させたあまりにスペシャルなストレートフィットモデル。5万1840円（W38、40は5万4000円）

1.クセのないセルビッチ幅はキレイめスタイルとも好相性。2.オリジナルのトップボタンを配したボタンフライはベーシックな5ボタン仕様。3.ヒップポケットには補強はもちろん、独特なアタリを見せる隠しリベット。4.ブランドイニシャルにあたるEtのネームを記したパッチはディアスキン

日本が誇るデニムのメッカ、岡山発の実力派。

ETERNAL_NO.811

世界に名だたるデニムの聖地・岡山に拠点を置き、熟練された職人によるリアルな加工＆リメイクにも定評のある名門。ブランド発足に先駆けて独自開発した旧式力織機を採用し、ヴィンテージと見紛うほどに濃淡のメリハリと美しい縦ムラを実現。バックポケットにはあえてステッチを入れず、パッチもまた控えめにまとめることで、純粋にプロダクトだけにフォーカスしているのがわかる。

基本データ
- プライス__2万1600円
- ウエストのサイズ展開__W28～34, 36, 38, 40
- ベースにしている年代__特になし
- ウォッシュ__ワンウォッシュ

生地
- 生地の重さ__14.5オンス
- 綾織__右綾織／防縮加工__なし
- 生地の生産地__岡山県
- コットンの種類__カリフォルニア産綿（米綿）100%
- 縦横の糸番手__タテ6番、ヨコ7番
- 生地のザラ感__強
- タテ落ちの種類__線のタテ落ち
- 色落ちのスピード__普通

染め
- ロープ染色。特濃染めで通常の倍の20回以上

縫製
- 縫製糸の特徴__6～30番手の綿糸を使いわけ、カラーはイエローとオレンジの別注色
- アウトシームの縫製__両耳の脇割
- 耳を使っている場所__アウトシーム、コインポケット
- 耳の幅__普通
- 耳の色__白地に赤のライン

ディテール
- ヒップパッチ__ディアスキンレザーパッチ
- ベルトループ__中盛り有りの5本
- フロントフライ__ボタンフライ（オリジナルボタン5個）
- リベットの種類__銅製（ET刻印有り）
- 隠しリベットの有無__有り
- スレーキの生地__綾織り生成りのコットン100%
- ピスネーム__レーヨン

e JEANS

〈 イージーンズ 〉

http://e-jeans.jp

e-JEANS TEL086-474-2916

4 YEARS

AGING SAMPLE

ベースが激しいダメージを意識して作られた加工モデルだけに、1年以上ハードに穿き続けても、大きな差異はない。しかし、これだけのダメージ加工にもかかわらずヘビーユースで大きな差異が出ないのは、作りがしっかりしている証だ

穿きこみサンプル	
穿きこんだモデル名	BIG BELLY (prussian broken)
穿きこみ期間	約1.5年／穿きこみ頻度__週4回ほど
洗濯の頻度	1週間に1回
最初に洗ったのは	穿き始めて2週間目

▶ NEW MODEL

1.バックポケットの上に小型のスリッドポケットが。2.12オンスというライトな生地ながらもセルビッジ付き。3.破れてはリペアを繰り返し、何十年も穿き続けたモデルを再現。当て布の量はデニム1本分に相当する。4.細かなところにフォーカスすると、穿き手のオリジナルのリペアもうかがえる

1108 STRAIGHT LEGS

デニム2本分を使った贅沢な加工モデル。

基本データ
- プライス__5万9400円
- ウエストのサイズ展開__W29～35
- ベースにしている年代__オリジナルのため、特になし
- ウォッシュ__ダメージリペア加工

生地
- 生地の重さ__12オンス
- 綾織__右綾織
- 防縮加工__あり
- 生地の生産地__岡山県倉敷市
- コットンの種類__スーピマコットン100%
- 縦横の糸番手__タテ8番、ヨコ8番
- 生地のザラ感__弱
- タテ落ちの種類__点落ち
- 色落ちのスピード__遅い

染め
- ロープ染色

縫製
- 縫製糸の特徴__20と30番手の綿糸を使いわけ、カラーはトーン違いで2色
- アウトシームの縫製__両耳の割り縫い
- 耳を使っている場所__アウトシーム、バックポケット
- 耳の幅__普通
- 耳の色__赤

ディテール
- ヒップパッチ__なし
- ベルトループ__中高
- フロントフライ__ドーナツ型
- リベットの種類__真鍮製刻なし
- 隠しリベットの有無__なし
- スレーキの生地__綾織り白のコットン100%
- ピスネーム__なし

世界に誇るデニムの産地、岡山県倉敷市児島で20年以上にわたりデニム文化を下支えしてきた知る人ぞ知るブランド。"引き算のデニム"を掲げ、たとえ派手な見た目であっても、見合えない細部にまでこだわり、パターンから生地、縫製に至るまで職人一人一人の思いが込められたジーンズ作りを目指す。激しい加工が入ったこのモデルもセルビッジデニムを使った贅沢な作りが真骨頂だ。

Denim Ultimate Catalog

〈 フリーレイジ 〉

FREE RAGE

http://www.freerage.jp

フリーレイジ　TEL075-323-7683

2 YEARS

▶ **AGING SAMPLE**

じっくりとエイジングを楽しめる15オンスのアメリカ産スーピマ混ナチュラルムラコットンを採用し、やや濃いめのインディゴが魅力。ワーク直系のトリプルステッチなどヘビーデューティなディテールワークも無骨さに拍車をかけている

穿きこみサンプル
穿きこんだモデル名__FR001
穿きこみ頻度__週1〜2回ほど／洗濯の頻度__週1回
最初に洗ったのは__穿き始めて1カ月目

▶ **OTHER LINEUP**

FR003

同じく15オンスのセルビッジデニムで設えたプッシュパンツは、'70年代に多く見られたカテゴリーを重厚なインディゴで表現し、よりタフな表情へとアップデート。タロンジップなどディテールはヴィンテージゆずり。1万8144円

1.セルビッジはベーシックな赤耳仕様。2.大戦モデルを思わせる月桂樹入りトップから続く無刻印のドーナツボタン。3.ポケット縁やバックヨークなど補強部はワークウエア由来のトリプルステッチを採用。4.スレーキもまた大戦中などに見られたコットンネル。チェック柄はランダムで使われる

実力派ファクトリー発のデイリーブランド。

FR001

京都に拠点を置くデニムの加工ファクトリーから派生したオリジナルウエアブランド。その経験とノウハウに裏打ちされたデニムラインは特に定評があり、定番のストレートからジョガータイプまで多くのラインナップを誇っている。ややヘビーウェイトな生地感が織りなす独自の色落ち、トリプルステッチやドーナツボタンといったヴィンテージ直系のディテールワークも見所と言える。

基本データ
プライス__1万7604円
ウエストのサイズ展開__W28〜36
ベースにしている年代__'70年代
ウォッシュ__ワンウォッシュ

生地
生地の重さ__15オンス
綾織__3/1の右綾織
防縮加工__なし
生地の生産地__岡山県
コットンの種類__アメリカ産スーピマ混ナチュラルムラ100%
縦横の糸番手__タテ6.3番、ヨコ6.5番
生地のザラ感__強め
タテ落ちの種類__線落ちもしくは点落ち
色落ちのスピード__やや遅い

染め
縦糸ロープ染色
インディゴ染め

縫製
縫製糸の特徴__20番手スパン糸
アウトシームの縫製__両耳の脇割
耳を使っている場所__アウトシーム、コインポケット
耳の幅__普通
耳の色__赤

ディテール
ヒップパッチ__牛ヌメ革
ベルトループ__中盛りなしの5本
フロントフライ__ドーナツ型刻印なし、真鍮製
リベットの種類__真鍮製刻印なし
隠しリベットの有無__なし
スレーキの生地__ネル(色はランダム)
ピスネーム__レーヨン

| N | O | P | Q | R | S | T | U | V | W | X | Y | Z |

〈 エフ・オー・ビー ファクトリー 〉

F.O.B FACTORY

http://www.fob-factory.jp

スタジオ・エクリュ　TEL086-474-3613

4 YEARS

AGING SAMPLE

濃淡がしっかり出るように計算された渾身のデニム生地は、旧式の力織機を使って織り上げられたもの。時間をかけてゆっくり色落ちしていくため一生モノ感覚で長く付き合うことができる。股上が浅く少しタイトで上品なシルエットも魅力

穿きこみサンプル

穿きこんだモデル名__F151 XX SELVEDGE 5P
穿きこみ頻度__週1日ほど／洗濯の頻度__2カ月に1回
最初に洗ったのは__穿き始めて1カ月

OTHER LINEUP

F1148 DENIM NARROW 5P

'70年代のブルーインディゴを再現した13.5オンスのセルビッジデニムを使用したモデル。青に近いピュアなカラーリングは、今では新鮮な印象に。絶妙な丈感のアンクルカットとハイテーパードシルエットもスタイリッシュ。1万6200円

1.デニムに負けず劣らずな美しい経年変化を見せてくれるレザーパッチ。2.バックポケットには複数の色の糸を使用。グレーのタブもアクセント。3.フロントボタンはアメリカのユニバーサル社製。使い込むと風合いが出る

F151 XX SELVEDGE 5P

児島発、アイビーやトラッドの着こなしにも対応。

基本データ
プライス__2万3100円
ウエストのサイズ展開__W28〜34, 36, 38, 40
ベースにしている年代__シルエットは'60年代ベースのオリジナル
ウォッシュ__ワンウォッシュ

生地
生地の重さ__14.75オンス
綾織__左綾織
防縮加工__なし
生地の生産地__岡山県井原市
コットンの種類__スーピマ(米棉)産棉100％
縦横の糸番手__タテ6番、ヨコ 8番手
生地のザラ感__普通
タテ落ちの種類__両方
色落ちのスピード__遅め

染め
ロープ染色

縫製
縫製糸の特徴__0, 6, 8, 20, 30番手のオリジナルの綿糸を使い分け,カラーは3色
アウトシームの縫製__非公開
耳を使っている場所__非公開
耳の幅__普通
耳の色__薄い赤色など

ディテール
ヒップパッチ__鹿革
フロントフライ__オリジナルブランド刻印ボタン
リベットの種類__真鍮製刻印あり
隠しリベットの有無__有
ピスネーム__緑レーヨン

ジャパンメイドにこだわり、国産デニムの聖地となり岡山の児島から発信されるブランド、F.O.Bファクトリー。そのデニムラインのフラッグシップモデルとして10年以上もリリースし続けているのが、F51。王道のモノ作りを目指し、児島の職人と一丸となり研究を重ねて生まれた傑作で、細身のストレートシルエットが特徴的。アメカジだけでなくアイビーやトラッドの着こなしにも対応する。

'40年代以前のリベットやインディゴの濃さ、'50年代のディテール、'60年代のタテ落ちといった具合に、様々な時代の特徴をミックスさせた作りとなっているフラットヘッドのジーンズ。とはいえヴィンテージの仕様だけを追いかけているのではなく、現代的な技術も積極的に取り入れているという柔軟さも持ち合わせている。そんな同ブランドのジーンズは2年前に大きな改革をしているという。そこで具体的な話を代表の小林氏に訊ねてみた。

「フラットヘッドのジーンズはじめすべての製品は、より良いモノづくりするため、少しずつマイナーチェンジを行ってきました。しかし今回はビッグマイナーチェンジともいえる大きな仕様変更を施しています。その代表的な部分はポケット。ステッチを二重にして糸を切れにくくしているんです。パッと見は一本に見えますが、実は同じピッチで二回縫うという手間を掛けているんです。より長く愛用してもらえるような仕様になりました」

小林氏自身の経験から生まれた変更点の裏側には、ブランドの価値観を高めつつ、ファンのためを想ったフラットヘッドらしいストーリーが隠されていた。

これまでも仕様変更を繰り返してはいるものの、迫力のあるタテ落ちをする生地や濃いインディゴ染色などアイデンティティはしっかりと守っているのがフラットヘッドらしい

ジーンズの大きな仕様変更に隠された
モノづくりの信念。

OLD MODEL
[旧モデル]

NEW MODEL
[現行モデル]

ステッチは1本で行う従来の仕様。隠しリベット部分ギリギリで縫うナローステッチは健在

これまでは飾りステッチも縫製糸のみで表現されていた。コアスパン糸を使用している

ステッチのピッチを合わせながら二回縫製している現行モデル。綿糸とコアスパン糸を使用

ネイビーのウルトラスウェードを使った装飾。アイコニックな雰囲気が高まった

座って擦れることで縫製糸が切れ、バックポケットが破損することがあった旧モデル

こちらも破損しがちだったフロントポケット。他ブランドのジーンズでも同様の悩みだった

これまではリペアで対応していたフロントポケットのステッチも2重に変更している

バックポケットと同様に強度を高めている。もちろん穿き込むとパッカリングが生まれる

Denim Ultimate Catalog

▶ **AGING SAMPLE**

染色の濃さは'40年代、縫製は'50年代、強いタテ落ちは'60年代といった具合に各時代の要素を取り入れたフラッグシップ。やや浅めに設定した股上と、タイトな腰まわりが美しいシルエットを生み出す。3万2000円

1.5 YEARS

▶ **AGING SAMPLE**

フラットヘッドらしいタテ落ちの存在感が強調されたエイジングが特徴。通常の濃いロープ染色を行っているため、メリハリの効いた色落ちとなる。放射状に広がるヒゲの入り方も雰囲気抜群！

穿きこみサンプル

穿きこんだモデル名	3005
穿きこみ頻度	約1年半／穿きこみ頻度 週6〜7回ほど
洗濯の頻度	1カ月に1回〜2回
最初に洗ったのは	穿き始めて1カ月目

1.点というよりは線で落ちるフラットヘッドの14.5オンス生地。2.オリジナルの鉄製ボタンは昔ながらの作りを踏襲している。3.ベルトループの中央を膨らませて縫製することで、ステッチを切れにくくさせている。4.ナローステッチと呼ばれる隠しリベットの脇を縫う縫製は、高い技術を必要とする

各年代の要素と現代的な技術の融合。

1108 STRAIGHT LEGS

ヴィンテージの要素を取り入れつつも、現代的な技術を取り入れて作られるフラットヘッドのジーンズ。サイジングにもオリジナリティを反映させ、すっきりとした独自の美しいシルエットを生み出している。前頁で紹介している通り、2年前から仕様を変更していてより高いクオリティになった。手間を惜しまないモノづくりは、いまや世界中にファンを抱えている。

基本データ
- プライス__3万2000円 ※40, 42, 44は3万4000円
- ウエストのサイズ展開__0W25〜34, 36, 38, 40, 42, 44
- ベースにしている年代__なし 生地は1940年代前半の染めの濃さに1960年代前半のタテ落ち感
- ウォッシュ__ボタンフライはリジット、ジッパーフライはワンウォッシュ

生地
- 生地の重さ__14.5オンス／綾織 右綾織
- 防縮加工__なし／地の生産地__岡山県
- コットンの種類__米綿
- 縦横の糸番手__タテ6番、ヨコ7番
- 生地のザラ感__普通／タテ落ちの種類__両方
- 色落ちのスピード__普通

染め
- ロープ染色

縫製
- 縫製糸の特徴__6番手, 20番手, 30番手のオリジナルの綿糸を使い分け
- アウトシームの縫製__両耳の割り縫いなど
- 耳を使っている場所__アウトシーム、コインポケット
- 耳の幅__細め
- 耳の色__オレンジ

ディテール
- ヒップパッチ__牛革
- ベルトループ__中盛り有
- フロントフライ__オリジナルボタン 鉄製
- リベットの種類__真鍮製刻印あり 通常より径の大きいタイプ
- 隠しリベットの有無__あり 鉄製胴メッキ
- スレーキの生地__綾織り生成りのコットン100% プリント入りヘビースレーキ
- ピスネーム__なし

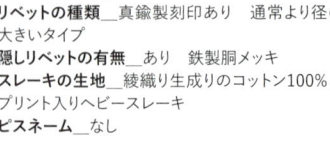

Denim Ultimate Catalog

THE FLAT HEAD

▶ **OTHER LINEUP**

3001Z

旧いディテールを踏襲しつつも現代的なシルエットを持つタイトストレートモデル。股上が浅く、弱いテーパードを掛けているのが特徴。ジッパーフライを採用しているのも特徴のひとつ。フラットヘッドらしい色落ちの14.5オンス生地は旧式のシャトル織機にて仕立てられている。3万2000円

▶ **OTHER LINEUP**

3002Z

上の3001Zよりもテーパードを強めたシルエットが特徴の3002Z。同じくジッパーフライで、美しい脚のラインを強調してくれる。ポケットの二重ステッチや、ウルトラスウェードを使った飾りステッチなど、新たな仕様が踏襲されているジーンズ。3万2000円

▶ **OTHER LINEUP**

3009Z

タイトストレートである3001と3005の中間的なモデル。すっきりとした腰まわりで裾は軽くテーパードしているのが特徴。バランスのとれた美しいシルエットとして定評がある一本。カジュアルにもキレイ目にも対応する汎用性の高さも魅力。3万2000円

Denim Ultimate Catalog

〈 ファンダメンタル 〉

FDMTL

http://www.fdmtl.com

キャチイトーキョー　TEL03-3713-5790

1 YEAR

▶ **AGING SAMPLE**

股上に若干のゆとりを持たせたクラシックストレートデニム。上糸には穿き込むほどに風合いの増す綿糸、下糸には強度のあるコアスパン糸を用い、また部位によって色や糸の太さも変えるなど、効率性を度外視した傑作

穿きこみサンプル

- 穿きこんだモデル名__ORIGIN DENIM RIGID
- 穿きこみ頻度__週4回ほど
- 洗濯の頻度__1カ月に1回
- 最初に洗ったのは__穿き始めて3カ月目

1.フロントはボタンフライを採用。その他、コインポケット裏のセルビッジなど、ヴィンテージデニムを踏襲したディティールが満載。
2.パッチはあえて内側に配置されている。
3.シンプルな1cm幅のセルビッジを採用。
4.ベルトループ下の取り外し可能のチャームベルは、ファンダメンタルのデニムの特徴のひとつ。こちらも経年変化を楽しめる

リメイク加工やパッチワークにも定評あり。

ORIGIN DENIM RIGID

世界に誇るジャパンメイドのデニムを中心に、細部まで作り込まれたアイテムを展開するファンダメンタル。リメイク加工やパッチワークを施したアイテムにも定評あり、海外からも注目を集めている。定番モデルのオリジン・デニム・リジッドは、上品な藍色の14ozのセルビッジデニムを使用。裾幅を調整し、パターンに一工夫入れることで、穿きやすく野暮ったさのないシルエットに仕上げている。

基本データ
- プライス__1万8360円
- ウエストのサイズ展開__W28、30、32、34、36
- ベースにしている年代__シルエットは1940年代
- ウォッシュ__リジット

生地
- 生地の重さ__14.0オンス／綾織　右綾織
- 防縮加工__有（サンフォ、スキュー）
- 生地の生産地__岡山県井原市
- コットンの種類__米国綿花をベースにナチュラルムラ糸をミックス
- 縦横の糸番手__タテ7番手、ヨコ6.5番手
- 生地のザラ感__強め
- タテ落ちの種類__線落ち
- 色落ちのスピード__遅い

染め
- インディゴ100%の染料でロープ染色

縫製
- 縫製糸の特徴__風合いを重視し、上糸は穿き込むにつれ経年変化する綿糸、下糸は強度の強いコアスパン糸を使用。番手は6、8、20、30番。色はイエローとオレンジの2色使い
- アウトシームの縫製__両耳の脇割
- 耳を使っている場所__アウトシーム、コインポケット
- 耳の幅__普通（1.0cm）
- 耳の色__赤色

ディテール
- ヒップパッチ__なし
- ベルトループ__中盛り有り
- フロントフライ__ツープロング（二本爪）オリジナルトップボタンとワンスターボタン
- リベットの種類__銅製UNIVERSAL刻印
- 隠しリベットの有無__あり
- スレーキの生地__綿ヘリンボンのクリーム　コットン100%
- ピスネーム__ポリエステル

▶ **NEW MODEL**

TRACE DENIM CS33

裾に向けてテーパードさせた細身のラインと、快適で心地よい履き心地を両立させたスリムフィットデニム。アタリ感、ヒゲ、リペアに用いたデニム生地、ステッチの糸の配色など、バランスの取れたリアルで繊細なエイジング加工が魅力。フロントはベーシックなファスナー仕様となっている。3万7800円

1.こちらも左ポケット口にキーホルダーループを装備。取り外し可能なチャームベルがセットされている。2.奥行きのある色落ちが楽しめる赤耳デニムを使用。セルビッジは主張し過ぎない1cm幅

▶ **OTHER LINEUP**

PATCHWORK COVERALL 2YR WASH

袖や肩などにパッチワークが施されたカバーオール。表情の異なる様々な素材や、色の異なるボタンの配置が特徴的。2年間着用したようなナチュラルなエイジング加工も魅力ながら、着用し続けることで生地ごとに異なる色落ちを楽しめる。3万2400円

▶ **OTHER LINEUP**

BORO PATCHWORK SHIRT RINSE

様々な素材をパッチワーク状に配置して組み立てたシャツ。インディゴ素材に、針数を細かく設定して丁寧に縫い上げられているため、着続けることで縫い目にもアタリが出てくる。自分だけの1枚を育てる感覚で、長く付き合っていきたい。2万4840円

Denim Ultimate Catalog

PROFILE
フルカウント代表
辻田幹晴さん

デニムを筆頭に、トータルアイテムを手掛けるフルカウントを1993年に創立。デニムをファッションとしてもギアとしても語れる、数少ない業界関係者としても崇拝する人も多い

〈 フルカウント 〉

FULLCOUNT

http://www.fullcount.co.jp

フルカウント東京　TEL03-6804-6541

ヴィンテージデニムの再現力において他の追随を許さないフルカウント。
生地や縫製といった"作り"の実力を語り尽くしてきたブランド代表の辻田氏が、
次に訴えかけたかったのが、"シルエット"としてのジーンズの魅力だった。

Text/H.Shibayama　芝山一　Photo/S.Nomachi　野町修平　K.Fujita　藤田晃史　Model/Laszlo

「これまで、作りに関してさんざん話してきたので、今回はシルエットについて語ろうと思います。ジーンズは、ワークウエアとしての起源があり、1940年代までは機能服でした。それが、戦争を跨いで'50年代に入り、ワークウエアからファッションとして徐々に全米に広がります。すると、それまでは強度や仕様に重きを置いていたジーンズが、パターンをかえて徐々にスタイリッシュに変化していきます。ただ、実はそれまでもデニムは、ワーカーに向けて穿き心地を重視して作られており、リーバイスの501XXは、股上の前後差を多めに取って、バックポケットがやや寄りについてい

るので、穿くと縦にドレープが入り、それによって屈曲した際に、尻や膝がうまく抜けて穿きやすいうえ、縦にストンと落ちるシルエットがジーンズ独特の魅力に繋がりました。フルカウントでは、そうしたシルエットの微細な強弱や、その後のファッションに影響を与えたモデルを再度練り直し、太めから細めまで、スタンダードな5品番を作るまでに、至ったのです」

左／今回のシルエットを語るうえで欠かせないスタンダードな5品番が並ぶ。試作や失敗を繰り返してたどり着いた究極のシルエット違いだ

王道の5ポケットヴィンテージ（下側）とフルカウントの0105（上側）の穿きこみ。まったく同じパターンと色落ち具合に驚愕だ

生地、縫製、
仕様は語り尽くした。
そろそろ、ジーンズの穿き味を決める
定番5品番のシルエットについて
話そうと思う。

0105

ジーンズ（0105）／2万4624円、スウェット（3720EX）／2万2680円、インナー（5222）／6264円（すべてフルカウント）、ブーツ／モデル私物

Denim Ultimate Catalog

ジーンズ(1101)／2万4624円、ウエスタンシャツ(4894HW)／2万3760円、インナー(5222)／6264円(すべてフルカウント)、ブーツ／モデル私物

▶ MODEL **1101**

FULLCOUNT

Denim Ultimate Catalog

1108

ジーンズ（1108）／2万4624円、ネルシャツ（4980EX-3）／2万3760円、インナー（5959）／6480円（すべてフルカウント）、ブーツ／モデル私物

ジーンズ（1109）／2万4624円、コート（2888）／2万7000円、ロックTシャツ／参考商品、ロングTシャツ（5964）／1万1880円、H.W.DOG別注ハット（6856）／1万9224円（すべてフルカウント）、ブーツモデル私物

▶ MODEL 1109

FULLCOUNT

1110

ジーンズ（1110）／2万4624円、アディクトクローズ別注ライダースジャケット（2896EX）／19万9800円、ロングTシャツ（5964）／1万1880円（すべてフルカウント）、スニーカー／モデル私物

Denim Ultimate Catalog

▶ **AGING SAMPLE**

濃淡のコントラスト、身体のラインに沿った自然なアタリと、激しい経年というよりは、淡く繊細な色落ちを楽しめる0105モデル。生地の風合いは非常に柔らかく、ヴィンテージで見られる"ヌメリ"も確認できる

穿きこみサンプル	
穿きこんだモデル名	0105 1953MODEL
穿きこみ頻度	週3〜4回ほど
洗濯の頻度	2カ月に1回
最初に洗ったのは	穿き始めて2カ月目

4 YEARS

1.バックポケットの位置は、'50年代の5ポケットタイプに倣い、ややサイドに寄っている。2.ゴートスキンのネームラベルは、褪色と着用の経年によりテカリのある飴色に変化している。3.ナチュラルに表れたアタリと、柔らかなコントラストがリアルなヒゲ。4.ヴィンテージ特有の見事な点落ちも確認できる

5ポケットモデルのスタンダードを貫いたモデル。

0105 1953MODEL

今ではちらほらと聞かれる"ジンバブエ産のコットン"を世界で最初にデニムに採用したフルカウント。代表の辻田氏が、生地、縫製、穿き心地のすべてを徹底的に研究したことによってたどり着いた珠玉の鉄板モデル。'50年代の5ポケットをベースにしながら、日本人の体形にもフィットするように、レングスの調整、テーパードの調整など、往時のジーンズの醍醐味を楽しめるように手を入れた。

基本データ
- プライス＿2万4624円
- ウエストのサイズ展開＿W27〜36, 38, 40
- ベースにしている年代＿シルエットは1940年代後半〜1950年代前半、生地は1940年代後半〜1950年代前半を参照
- ウォッシュ＿リジッド、ワンウォッシュ、加工

生地
- 生地の重さ＿13.7オンス
- 綾織＿右綾織／防縮加工＿なし
- 生地の生産地＿岡山県
- コットンの種類＿ジンバブエコットン 100%
- 縦横の糸番手＿タテ7番、ヨコ7番
- 生地のザラ感＿普通
- タテ落ちの種類＿点と線落ち
- 色落ちのスピード＿普通

染め
- ロープ染色

縫製
- 縫製糸の特徴＿0, 6, 8, 20, 30番手のオリジナルの綿糸を使いわけ、カラーは計5色
- アウトシームの縫製＿両耳の割り縫いなど
- 耳を使っている場所＿アウトシーム、コインポケット
- 耳の幅＿細め(0.7cm)
- 耳の色＿薄い赤色

ディテール
- ヒップパッチ＿ゴートスキン
- ベルトループ＿中盛り有の5本
- フロントフライ＿オリジナルボタン
- リベットの種類＿真鍮製刻印あり
- 隠しリベットの有無＿あり
- スレーキの生地＿綾織り生成りのコットン100%
- ピスネーム＿レーヨン

FULLCOUNT

▶ **NEW MODEL**

1109 NARROW STRAIGHT

フルカウントの定番モデルのなかで最も細身のストレートシルエット。腿から膝にかけて強くテーパードし、裾に向かってはストンと落ちるラインが魅力。腰周りもタイトに仕上げられているため、穿きこむとくっきりとしたヒゲを生むのが特徴。定番の13.7オンス生地を採用。2万4624円

▶ **NEW MODEL**

1101 MIDDLE STRAIGHT

0105モデルよりも細く、それでいて1108モデルよりも太いプレーンなシルエットが特徴。定番で唯一コア・ヤーン糸をバックヨークに採用しており、ジャストサイズで穿くことで、すっきりとしたバックスタイルを演出。テーパードも強めでスタイリッシュに穿きこなせる。2万4624円

▶ **NEW MODEL**

0105XX 1953 MODEL HEAVY OZ

フルカウントの定番モデルである0105モデルに、本来の13.7オンスではなく、15.5オンスのヘビーデニムを採用。特濃のインディゴを使っているため、穿きこむと激しい濃淡のコントラストが生まれる。シルエットが抜群ゆえ、重い生地でもリラックスして穿けるのが嬉しい。2万4624円

▶ **NEW MODEL**

1108HW40

フルカウントを代表する品番のなかで、もっともポピュラーで、スタイル問わず親しまれているモデル1108を40％ほどのインディゴを残したハンドウォッシュ加工タイプ。ヒゲやハチノスといったファンを唸らせる加工はもちろん、ネームパッチの退色感も実にリアル3万7584円

1.フロント生地のボタンフライ部分についた濃淡も、実にリアルな表情でアタリとして残っている。2.膝裏に刻まれたハチノス。毎日の屈曲によって生まれた穿きジワのリアルさは、とても加工とは思えない。3.ヴィンテージと見紛う汚れと飴色の風合いに変化したレザーパッチ

▶ **NEW MODEL**

1109HW80

細身の定番モデル1109を80％のインディゴを残して加工。穿きこんだ人の仕事ぶりや生活感を連想できる芸術作だ。フルカウントでは実際のヴィンテージをベースに、その人が歩んできたストーリーを構築してから加工デニムの表情作りに着手するという。ここからの経年変化も十分に楽しめるので、穿きこむ時間がない人にも好評。3万5424円

1.比較的色落ちしやすいフロント部分は、穿きこんでから約1年経ったころをイメージしてか、やや激しい褪色に。2.ハチノス部分はまだインディゴの濃い部分が残っている。3.生地のコントラストは濃く出ているが、ネームラベルはしっかりと飴色に変化している

FULLCOUNT

▶ **OTHER LINEUP**
1980 1108HW "RVS"
フルカウントを代表するスタンダード品番1108をベースに、ダメージ加工に当て布、サンドウォッシュなどを施し、ハードな使用感を演出したリメイクジーンズ。様々なトップスとも合わせやすい1本。3万5640円

▶ **OTHER LINEUP**
1981 0105HW "Brighton"
5ポケットのベーシックモデル、0105を数年穿き古した加工にしたうえ、ブリーチ処理でリアルな使用感をプラス。ハードワーカーを想定したようなストーリーを感じる1本。3万1320円

▶ **OTHER LINEUP**
1982 1101HW "Dartford"
フルカウントの定番モデルのなかでも、バックシルエットに定評がある1101モデルの加工タイプ。コントラストが激しいことに加え、黒ずみや褪色のランダム感が強く、リアルな使用感を演出する。3万5640円

▶ **OTHER LINEUP**
1983 1246HW "Harvest"
定番モデルに採用される13.7オンス生地を使ったブッシュパンツ。激しいダメージ加工を施し、タタキや当て布などを施して作品チックに仕立てた。シンプルなトップスと組み合わせても目立つこと間違いなし。4万3200円

| Denim Ultimate Catalog

〈 フルネルソン 〉
FULLNELSON

http://www.fullnelson.jp

フルネルソン　TEL03-3787-1005

2 YEARS

▶ AGING SAMPLE

「日本人が穿いても『リーサル・ウェポン』のメル・ギブソンや、ブルース・スプリングスティーンのように見えるように」というコンセプトで作られたモデル。縦落ちとは違う魅力を漂わす、点落ちの表情も自然で美しい

穿きこみサンプル

穿きこんだモデル名__5011
穿きこみ頻度__週6回ほど
洗濯の頻度__1カ月に1回
最初に洗ったのは__穿き始めて1カ月目

1.ベーシックな赤耳を配置。セルビッジはアウトシームだけでなく、コインポケット裏にも使用されている。2.ヴィンテージライクなボタンフライ。3.'80年代のモデルをベースにしているため、パッチはレザーではなく、あえて紙製を使用。レザーとは違う経年変化が魅力。4.ステッチの色はあえて単色にしてシンプルに仕上げている

バイクや映画をコンセプトに日本人向けモデルを発信。

5011

バイク、映画、音楽をコンセプトに、様々なアメカジアイテムを発信するフルネルソン。深みのあるブラックデニムや日本人ならではのブーツカットなど、こだわりのデニムを提案している。ロックスターやムービースターをテーマにしたアイテムもあり、定番モデルの5011は、映画『リーサル・ウェポン』のメル・ギブソンをイメージした1本。今年で17年目のロングセールスを記録中。

基本データ
プライス__1万7064円
ウエストのサイズ展開__W27〜36
ベースにしている年代__シルエットは'70年代後半〜'80年代前半、生地が'50年代後半〜'60年代前半を参照
ウォッシュ__ワンウォッシュ

生地
生地の重さ__15oz
綾織__右綾織／防縮加工__あり
生地の生産地__岡山県倉敷市
コットンの種類__アメリカ産綿100%
縦横の糸番手__タテ6番、ヨコ6番
生地のザラ感__普通
タテ落ちの種類__点落ち
色落ちのスピード__早め

染め
ロープ染色

縫製
縫製糸の特徴__30番手の糸を使い色は金茶の1色
アウトシームの縫製__両耳の割り縫いなど
耳を使っている場所__アウトシーム、コインポケット
耳の幅__普通
耳の色__赤

ディテール
ヒップパッチ__紙
ベルトループ__中盛り有
フロントフライ__刻印なし
リベットの種類__真鍮製
隠しリベットの有無__なし
スレーキの生地__綾織り生成りのコットン100%
ピスネーム__ポリエステル

▶ **NEW MODEL**

5150Z

「5011がロックなら、こちらはハードロック」と、ヴァン・ヘイレンをイメージして、5011をさらにタイトにしたモデル。日本人の体型に合わせたジャパンフィットを追求しており、実際に穿くとその美しいシルエットを体感できる。良心的なプライスも魅力。1万7064円

1.定番モデルの5011と同様のベーシックなセルビッジを採用。ステッチも単色にこだわったシンプルなディテールワーク。2.'80年代のモデルを意識した紙パッチ。穿き込むことで味わいが増していく

▶ **NEW MODEL**

5018

アメリカのドラマ『24』のシーズン5で、ジャック・バウアーが穿いているパンツをイメージした、独自のシューカットモデル。生地は13.5oz、縦7番、横6番のムラ糸を使用。ムラ感を出しているため、穿き込めばナチュラルな風合いが楽しめる。1万5984円

1.バックポケットの位置にもこだわり、穿いたときのシルエットが美しく見えるように仕上げられている。2.こちらも紙パッチを採用。単色でプリントされたブランド名とロゴがアクセントになっている

▶ **NEW MODEL**

デニムウエスタンシャツ

着丈が短くタイトな腰回りが特徴的なウエスタンシャツ。身頃は若干Aライン気味となり、美しいシルエットを実現。あえて身体にフィットさせることで動きやすさを追求する。同じシルエットでオリジナルのネルシャツもリリースされている。1万2744円

1.ウエスタンシャツらしい、上品かつクラシックなボタンの配置が魅力。手首のラインにもこだわっている。2.胸元のポケットはフラップ仕様。こちらもフルネルソンならではの独自のディテールワーク

Denim Ultimate Catalog

〈 ファインダーズ キーパーズ 〉
FINDERS KEEPERS

http://finderskeepers.ocnk.net

ファインダーズ キーパーズ　info@ finderskeepers.ocnk.net

▶ **AGING MODEL**

こちらは穿き込みでなく、独自のデストロイ加工を施したモデル。タイトなスキニーシルエットであるが、腰回りとふくらはぎ部分には適度なゆとりを持たせているため、過剰なタイト感は無く自然で美しいシルエットに。3万240円

▶ **OTHER LINEUP**

FK-TRUCKER JKT

あえてドロップショルダーにして、オーバーサイズで仕上げたトラッカージャケット。ヴィンテージとは一線を画したアイスブルーのインディゴデニムとクラッシュ加工で、なんとも今っぽい仕上がりになっている。3万4560円

1. フロントはジッパー仕様。股上は浅く設定され、腰穿きが基本となる。2. クラッシュ加工が施されるも、補強布でカバーしているので、耐久性は十分。3. バックポケットにはブランドのテープラベルが横に走る。4. ネームラベルが削げ落ち、そこだけインディゴが濃く残っている様子を再現している

東京らしさを体現するモノ作り。

FK-JUSTIN

レザーとデニムを基軸に、パターンやファブリックなどを徹底的にこだわり、ハイクオリティなプロダクトを展開する東京ブランド。こちらのFKジャスティンは、'80年代から'90年代の空気感を現代的なスキニーシルエットで再構築した力作。両膝や股部分にデストロイ加工を施しており、グランジ的な雰囲気に。あえて抑揚のないブルーカラーのデニムが、一周して新鮮に映るから不思議だ。

基本データ
- プライス__2万5920円
- ウエストのサイズ展開__W32〜38
- ベースにしている年代__なし。オリジナルスキニーシルエット
- ウォッシュ__ワンウォッシュ

生地
- 生地の重さ__13オンス
- 綾織__右綾織
- 防縮加工__あり
- 生地の生産地__岡山県倉敷市児島
- コットンの種類__98% ポリエステル2%
- 縦横の糸番手__タテ7番、ヨコ6番
- 生地のザラ感__普通
- タテ落ちの種類__両方
- 色落ちのスピード__早め

染め
- ロープ染色

縫製
- 縫製糸の特徴__20.30.50番手のポリエステル糸 紺色
- アウトシームの縫製__割り縫い
- 耳を使っている場所__なし
- 耳の幅__なし
- 耳の色__なし

ディテール
- ヒップパッチ__紙
- ベルトループ__中盛り無　5本
- フロントフライ__オリジナルボタン
- リベットの種類__真鍮黒色
- 隠しリベットの有無__なし
- スレーキの生地__綾織り生成りのコットン100%
- ピスネーム__レーヨン

〈 ゴールド 〉
GOLD
http://toyo-gold.com
TOYO ENTERPRISE（GOLD DIVISION） TEL.03-3632-2321

NEW MODEL

かつてアメリカンワーカーたちが作業時に穿いていたパンツをルーツとするデニムペインターパンツ。3本針のタフな縫製でありながら、通常のデニムよりも薄手のワンウォッシュ生地を使用し、さらりとした穿き心地を実現させている

▶ **OTHER LINEUP**
Lot No.GL41612 "12oz. DENIM 5POCKET PANTS"

12オンスのセルビッジデニムを使用した5ポケットデニムパンツ。1940年代のヴィンテージデニムのディテールをベースに、より無骨なシルエットへとアレンジしている。2万1384円

1.スレーキを外側に覗かせデザインアクセントとしたことで、擦れる箇所の補強の役割も果たす。2.バックポケットのスレーキも同様。3.負担のかかる箇所は、3本針の巻き縫いでタフな仕様に。4.イエローステッチで縫製された紙パッチ。クラシカルなデザインで、着用や擦れによって風合いを増していく

Lot No.GL41611
"12oz. DENIM PAINTER PANTS"

ヴィンテージの輝きを損なわず銘品をモダナイズ。

基本データ
- プライス__2万1384円
- ウエストのサイズ展開__S～XL（W30, 32, 34, 36）
- ベースにしている年代__1950年代のペインターパンツのディテールをベースに、より股上を深く、ワタリも太めにアレンジ。
- ウォッシュ__ワンウォッシュ

生地
- 生地の重さ__12オンス／綾織__右綾織
- 防縮加工__あり／生地の生産地__岡山県
- コットンの種類__綿100%
- 縦横の糸番手__タテ7番、ヨコ10番
- 生地のザラ感__普通／タテ落ちの種類__線落ち
- 色落ちのスピード__普通

染め
- ロープ染色
- 手染めなど

縫製
- 縫製糸の特徴__20、30番手の綿糸。バナナイエロー1色での縫製。3本針巻き縫い仕様
- アウトシームの縫製__両耳の割り縫い
- 耳を使っている場所__アウトシーム
- 耳の幅__普通
- 耳の色__赤耳

ディティール
- ヒップパッチ__紙パッチ
- ベルトループ__中盛り有
- フロントフライ__オリジナルトップボタン＋TALONジッパー
- リベットの種類__カンヌキ仕様
- 隠しリベットの有無__なし
- スレーキの生地__非公開
- ピスネーム__なし

1965年創業の東洋エンタープライズ社が長年培ってきたヴィンテージの復刻技術を生かしながら、パターンやマテリアルを現代的にアレンジ。ヴィンテージとして評価される黄金時代の銘品たちはどれも実用性に優れ、その輝きは今も色褪せない。このゴールドのペインターパンツは、旧きよきアメリカの質実剛健さを損なわず、現代的なワイドシルエットにモダナイズさせた温故知新な1本だ。

GOWEST
〈 ゴーウエスト 〉

http://www.gowest.jp
ジュズ　TEL03-6277-5573

2 YEARS

▶ **AGING SAMPLE**

硬めのザラついた生地を用いて児島の老舗工場にて縫製を施したこだわりの1本。腰回りは余裕を持たせながらも、緩やかなテーパードで膝下はすっきりさせたストレートラインが特徴。穿きこむうちに自分の身体に馴染んでいく

穿きこみサンプル
穿きこんだモデル名＿GWP1102 CLASSIC TAPERED PANTS
穿きこみ頻度＿週2回ほど／洗濯の頻度＿1.5カ月に1回
最初に洗ったのは＿穿く前に1回

▶ **OTHER LINEUP**

TOOLS PAINTER PANTS + APRON

スナップボタンで腰周りの好きなところに取り付けられるエプロンがセットになった機能的なペインターパンツ。生地は8ozワークデニムを採用しオールシーズンに対応。太めのシルエットでリラックスした穿き心地を実現。2万5920円

1.アウトシームにはスタンダードなセルビッジを配置。コインポケット裏にも使われる。2.オリジナルのボタンを使ったボタンフライ。使い込むことで味わいも増していく。3.コインポケットなどに使われているリベットは真鍮製。オリジナルの刻印も入っている。4.レザーパッチも経年変化を楽しめる

経年変化を追求する
"アート・オブ・ブルー"がテーマ。

GWP1102
CLASSIC TAPERED PANTS

"アート・オブ・ブルー"をテーマに、藍やインディゴ素材の経年変化を楽しむブランドとして1989年に誕生。ワークやミリタリー、スポーツアイテムの機能性やデザインをベースに、独自の視点を加えたアイテムは必見。定番モデルのGWP1102は、ほどよい太さと男らしい無骨さを残しつつ、穿き心地のよい美しいシルエットを追及した1本。もちろん色落ちの表情にも徹底的にこだわっている。

基本データ
プライス＿1万7280円
ウエストのサイズ展開＿28, 30, 32, 34, 36
ベースにしている年代＿シルエット生地ともに'70年台前後
ウォッシュ＿ワンウォッシュ

生地
生地の重さ＿14oz
綾織＿右綾織／防縮加工＿なし
生地の生産地＿岡山県井原市
コットンの種類＿アメリカとオーストラリアの混綿／綿100%
縦横の糸番手＿タテ6番、ヨコ6番
生地のザラ感＿弱
タテ落ちの種類＿両方
色落ちのスピード＿普通

染め
ロープ染色

縫製
縫製糸の特徴＿20, 30番手のスパン糸を使いわけ、カラーは計4色
アウトシームの縫製＿両耳の割り縫い
耳を使っている場所＿アウトシーム、コインポケット
耳の幅＿普通（1.7cm）
耳の色＿赤色

ディテール
ヒップパッチ＿カウレザー
ベルトループ＿中盛り有
フロントフライ＿オリジナルボタン
リベットの種類＿真鍮製刻印あり
隠しリベットの有無＿なし
スレーキの生地＿綾織り生成りのコットン100%
ピスネーム＿ポリエステル、レーヨン

〈 ジースターロウ 〉
G-STAR RAW

https://www.g-star.com/ja_jp

GMPC JAPAN　TEL03-5464-6061

AGING SAMPLE

生デニムを穿きこんで出る味わいも、G-STAR RAWの手にかかればヴィンテージの風合いを感じさせつつもよりファッショナブルな印象に。ヨーロッパのエッセンスが入った絶妙なシルエットと洗練されたデザインがお見事。

穿きこみサンプル
穿きこんだモデル名__3301 Slim Jeans
穿き込み頻度__非公開／洗濯の頻度__非公開
最初に洗ったのは__最初から洗っている

1. アウトシームはもちろん赤耳。2. ボタンフライにはドーナツボタンを使用。3. コインポケットには"RAW"の刺繍が。こう言ったさりげない演出がアイテムの完成度をグッと高めてくれる。4. バックポケットもオリジナリティー溢れるデザインを施すことでよりファッショナブルな印象に仕上げている

▶ **OTHER LINEUP**
3301 Deconstructed 3D Slim Jacket

現代のデニムスタイルのお手本ともいえるデニムジャケット。無駄のないデザインとウェスタンディテールをバランス良く組み合わせ、エイジング加工を施して仕上げている。デイリーに着まわすアイテムとして欠かせない一着。3万240円

3301 Slim Jeans

シンプルデザインと本物志向のディテール。

基本データ
プライス__1万9440円
ウエストのサイズ展開__W24〜36, 38, 40
ベースにしている年代__特になし
ウォッシュ__ノンウォッシュ

生地
生地の重さ__13オンス
綾織__右綾
防縮加工__あり
生地の生産地__非公開
コットンの種類__綿100%
縦横の糸番手__非公開
生地のザラ感__弱
タテ落ちの種類__線落ち
色落ちのスピード__早め

染め

縫製
縫製糸の特徴__非公開
アウトシームの縫製__非公開
耳を使っている場所__アウトシーム
耳の幅__普通
耳の色__赤

ディテール
ディテール__
ヒップパッチ__革
ベルトループ__シングルステッチ
フロントフライ__ドーナツボタン
リベットの種類__なし
隠しリベットの有無__なし

クラシックな5ポケットの3301は、G-Starのデニムの中でも、オーセンティックなディテールを持った王道の一本。ワークウエアからインスパイアされ、無駄をそぎ落としたシンプルデザイン、表情豊かなスラブ感と深いインディゴベースの色目が特徴のドライデニムを採用。本物志向のディテールはワードローブのマストアイテムだ。

GLEEM

〈 グリーム 〉

http://gleem.biz

グリーム　TEL03-6277-5157

AGING SAMPLE — 1 YEAR

'50年代のデニム特有の、擦れながら点と線で色落ちする生地を追求して辿り着いた、ジンバブエコットンの14.5ozオリジナル生地を使用。ヴィンテージテイストに溢れた、アタリ感のある美しい色落ちを実現している

穿きこみサンプル

穿きこんだモデル名	201
穿きこみ頻度	週4、5日
洗濯の頻度	4、5回穿いたら洗濯
最初に洗ったのは	穿き始めて1週間

1.ボタンフライに採用されるボタンやコインポケットに設置された銅製リベットも、すべて完全なオリジナル。2.しっかり穿き込んで刻まれた、立体的で美しいヒゲ。とても1年の使用と思えないほどの色落ち加減となっている。3.セルビッジは少し薄めの赤を採用。4.ジンバブエコットン特有のソフトな生地感は、穿き込むほど身体に馴染んでくる

20年以上も国産デニムを追求し続ける老舗ブランド。

1996年の設立以来、国産デニムにこだわり最高級のジーンズを追求するグリーム。裁断から縫製まで、全工程をデニムの聖地となる岡山県で行い、徹底した品質管理を行なっている。フラッグシップモデルとなる201は、'50年代初期のオールドXXを参考にしたレギュラーストレートジーンズ。ブランドのスタートと同時にリリースされ、デニムフリークを中心に20年以上も愛され続けている。

201

基本データ
- プライス__2万7864円
- ウエストのサイズ展開__W28〜34, 36, 38, 40, 42
- ベースにしている年代__1950年代初期
- ウォッシュ__リジッド

生地
- 生地の重さ__14.5オンス
- 綾織__右綾織／防縮加工__なし
- 生地の生産地__岡山
- コットンの種類__ジンバブエコットン／USコットン
- 縦横の糸番手__タテ6番、ヨコ6番
- 生地のザラ感__普通
- タテ落ちの種類__線と点の両方
- 色落ちのスピード__普通

染め
- ロープ染色

縫製
- 縫製糸の特徴__6, 8, 20, 30番の糸を使い分け
- アウトシームの縫製__両耳の脇割り
- 耳を使っている場所__アウトシーム、コインポケット
- 耳の幅__細め
- 耳の色__少し薄めの赤

ディティール
- ヒップパッチ__ゴートスキン
- ベルトループ__中盛り有
- フロントフライ__オリジナルボタン
- リベットの種類__銅製の刻印あり
- 隠しリベットの有無__あり
- スレーキの生地__綾織りのコットン
- ピスネーム__レーヨン

▶ **AGING SAMPLE**

超ローテンションで織り上げた13.5ozのオリジナルデニムを使用したスリムフィットモデル。風合いのある色落ちを楽しむことができ、インディゴの魅力を堪能できる。ワードローブとしてデイリーで着用できる普遍的なデザインも魅力

穿きこみサンプル

穿きこんだモデル名__208
穿きこみ頻度__週4、5日／洗濯の頻度__4、5回穿いたら洗濯
最初に洗ったのは__穿き始めて1週間

1.主張し過ぎないベーシックなセルビッジ。2.13.5ozのデニム生地ならではの柔らかい穿き心地。バックポケットは、中に入れるものによって様々な色落ちの表情が楽しめる。3.'60年代のスタイルを彷彿とさせるシルエットにマッチする、風合いの出た色落ち。4.オリジナルの刻印が入ったフロントのボタン。使い込むことで味のある経年変化も楽しめる。

208 '60年代のブロンクスの空気感をイメージした傑作。

基本データ	プライス__2万2464円
	ウエストのサイズ展開__W28〜34, 36
	ベースにしている年代__1950年代初期
	ウォッシュ__リジッド
生地	生地の重さ__14.5オンス
	綾織__右綾
	防縮加工__なし
	生地の生産地__岡山
	コットンの種類__米綿
	縦横の糸番手__タテ6番、ヨコ6番
	生地のザラ感__普通
	タテ落ちの種類__線と点の両方
	色落ちのスピード__普通
染め	ロープ染色
縫製	縫製糸の特徴__6, 8, 20, 30番の糸を使い分け
	アウトシームの縫製__両耳の脇割り
	耳を使っている場所__アウトシーム、コインポケット
	耳の幅__細め
	耳の色__少し薄めの赤
ディテール	ヒップパッチ__ゴートスキン
	ベルトループ__中盛り有
	フロントフライ__オリジナルボタン
	リベットの種類__銅製の刻印あり
	隠しリベットの有無__あり
	スレーキの生地__綾織りのコットン
	ピスネーム__レーヨン

ハイラインシリーズから登場した208は、'60年代のニューヨークのブロンクスを背景にイメージして企画されたモデル。新しく型紙を起こしたオリジナルシルエットで、スタイリッシュなスリムシルエットを生み出してる。ジーンズがワークウエアからファッションアイテムに以降した時代の空気を見事に再現しながらも、スタイルを選ばずに使えるスタンダードなアイテムに仕上げられている。

ブランドのアイデンティティから知るグリームのデニム。

PREMIUM LINE
プレミアムライン

202

フラッグシップモデルの201が'50年代初期をイメージしているのに対して、こちらの202は'60年代中期頃のジーンズを表現。USコットンを使用した13.5ozのデニムで、革パッチはゴートスキンを採用。2万7864円

203

第二次世界大戦時に作られていたとされるジーンズを、13.5ozのオリジナルデニムで当時のスペックに近付けた1本。トレードマークとなるリッジラインはブラックステッチを採用したシャドウデザインが特徴。2万7864円

204

ジーンズがワークツールだった'30年代のモデルをイメージしたオーセンティックな1本。ベルトループにはライトオンスデニムを用い、バックシンチは2本針の物を使用するなど、当時のディテールを再現。2万8944円

218

14ozのサンフォライズドデニムを採用したブーツカットモデル。美しいシルエットが魅力だが、ゴートスキンのパッチや、42タロンのフロントジッパーなど、グリームらしいディテールワークも必見。2万3544円

GLEEM

HIGH LINE
ハイライン

206
'50年代の西海岸で穿かれていたジーンズをイメージ。ハイラインシリーズのために専用で作られた13.5ozのオリジナルデニムを採用し、独自の風合いを醸し出している。ハイライン専用のレザーパッチもポイント。2万2464円

209
こちらは'70年代のホリスターランチを背景にイメージして企画された、スタイリッシュなモデル。比較的浅めに作られた股上と、しっかりとしたテーパードが入ったタイトなシルエットが特徴となっている。2万2464円

STANDARD MODEL
スタンダードモデル

210
リーズナブルなプライスを追求したグリームのエントリーモデル。14ozのオリジナルデニムを使用し、縫製糸はコアヤーン糸を採用。'50年代のサンディエゴをイメージした伝統的なレギュラーストレート。1万7064円

211
210と同じく比較的入手しやすいエントリーモデルで、'60年代のブロンクス界隈を意識したスタイリッシュなスリムストレート。リーズナブルながら美しい色落ちやラフな着用感を楽しめるためコスパが高い。1万7064円

GYPSY&SONS

〈 ジプシーアンドサンズ 〉

http://gypsy-sons.jp

ASDIC TEL0586-45-0625

▶ AGING SAMPLE

デニムジャケットとこのデニムパンツは同じ生地。そのためウォッシュUSED加工と実際に穿きこんだ際の色落ち違いもはっきりと表れている。太ももやお尻のところから端部にかけての見事な藍色のグラデーションはもはや芸術的な美しさ

穿きこみサンプル

穿きこんだモデル名	KEELMAN DENIM PANTS
穿き込み頻度	週1、2回／洗濯の頻度 週1、2回
最初に洗ったのは	最初から洗っている

▶ OTHER LINEUP

GYPSY&SONS DENIM JACKET

基本は王道の1stモデルがベース。当時のボテっとした太いシルエットを現代風のシルエットにアレンジすることで洗練された印象に。ウォッシュUSED加工の独特な風合いも魅力的なプロダクトだ。3万240円

1.薄いオレンジ色をした耳。2.ウエストにはサスペンダーボタンが附属する。3.ベルトループの中をシンチバックが通ったユニークなデザイン。ボタンで留める2段階調節仕様。4.バックポケットはムキ出しのリベットが付く

1800年代末期の石炭船のワーカーをイメージ。

1800年代の末期、イギリスのTINY川で石炭を運んでいたワーカー達をキールマンと呼んでいた時代、その頃のワークウェアのデザインを踏襲して作ったGYPSY&SONS。こちらはワークウェアが確立される前のディテールを落とし込んだデザインが魅力で、前立てを補強したコンティニュアスフライ、バックヨークの作りや、シンチバック、コインポケットなどユニークなディテールが満載。

KEELMAN DENIM PANTS

基本データ
- プライス__1万9000円
- ウエスト幅__W28, 30, 32

生地
- 生地の重さ__13.5オンス
- 綾織__右綾織／防縮加工__あり
- 生地の生産地__岡山県倉敷市
- コットンの種類__メンフィスデニム（アメリカ メンフィス産綿花使用）
- 縦横の糸番手__タテ7番 ヨコ7番
- 耳の色__オレンジ
- タテ落ちの種類__両方
- 色落ちのスピード__遅め

染め
- ロープ染色

縫製
- 縫製糸の特徴__30番手の綿糸とコア糸を使いわけ、カラーは4色
- アウトシームの縫製__管縫い
- 耳を使っている場所__パンツの脇とコインポケット
- 耳の幅__普通
- 耳の色__薄いオレンジ色

ディテール
- ヒップパッチ__綿
- フロントフライ__オリジナルボタン ドーナツボタンなど
- リベットの種類__真鍮製刻印 なし
- 隠しリベットの有無__あり
- スレーキの生地__ヘリンボーン
- ピスネーム__レーヨンコットンなど
- バックシンチ__ボタンで調整

| N | O | P | Q | R | S | T | U | V | W | X | Y | Z |

Denim Ultimate Catalog

〈 グラフゼロ 〉
graphzero

http://www.graphzero.com

グラフゼロ　TEL086-441-9056

1 YEARS

▶ **AGING SAMPLE**

旧式力織機で織られた、生機のオリジナルのセルビッジデニムを使用した定番モデル。少しタイトで普遍的なストレートシルエットは、穿き込むほど足に馴染んでくる。さらに僅か1年ほどの着用で、ここまで美しい色落ちを実現。

穿きこみサンプル

穿きこんだモデル名＿＿graphzero 16oz selvagedenim -straight-
穿きこみ頻度＿＿毎日／洗濯の頻度＿＿3ヵ月に1回
最初に洗ったのは＿＿穿き始めて3ヵ月

▶ **OTHER LINEUP**

HERRINGBONE STRAIGHT JEANS

左右交互の綾織で織られたヘリンボンのセルビッジデニムを採用。縦のうねりが色落ちとして現れるのが特徴で、穿き込むことでソフトな穿き心地も楽しめる。オレンジセルビッジの2本ラインなど定番のディテールも踏襲。1万9000円

1.アタリが出やすい独自の生地感が際立つ。2.時間をかけて織られた生地ならではの深みの色落ちとシワが魅力。3.バックポケットではグラフの縦軸と横軸をチェーンステッチで表現。存在感のある6番糸を使用。4.パッチは、これから描かれるものという意味を込めてヨーロッパの油絵の画材を使用

graphzero 16oz selvagedenim −straight−

綿花や染料まで独自に厳選。

基本データ
- プライス＿＿右綾：1万8500円、1万9500円(38インチ)
- ウエストのサイズ展開＿＿W27〜36、38
- ベースにしている年代＿＿生地は1940年代後半
- ウォッシュ＿＿ワンウォッシュ

生地
- 生地の重さ＿＿16オンス
- 綾織＿＿右綾
- 防縮加工＿＿なし
- 生地の生産地＿＿岡山県井原市
- コットンの種類＿＿米棉100%
- 縦横の糸番手＿＿タテ5.4番、ヨコ5.4番
- 生地のザラ感＿＿強
- タテ落ちの種類＿＿点落ち
- 色落ちのスピード＿＿早め

染め
- ロープ染色

縫製
- 縫製糸の特徴＿＿0、6、8、20、30番手の綿糸、イエロー、オレンジ
- アウトシームの縫製＿＿両耳の割り縫い
- 耳を使っている場所＿＿アウトシーム、コインポケット、持ち出し
- 耳の幅＿＿やや細め(2.0mm)
- 耳の色＿＿オレンジ

ディテール
- ヒップパッチ＿＿キャンバス(油絵)
- ベルトループ＿＿中盛り有
- フロントフライ＿＿オリジナル刻印ドーナツボタンなど
- リベットの種類＿＿銅製刻印あり
- 隠しリベットの有無＿＿有
- スレーキの生地＿＿オリジナルミシンスレーキ(コットン100%)
- ピスネーム＿＿レーヨン

国産デニムの発祥地、倉敷の児島で2004年にスタートしたグラフゼロ。「既成の概念に囚われず、ゼロから始める本物へのこだわり」をテーマに、素材を構成する綿花や染料まで独自に厳選している。定番モデルの16ozセルビッジデニムも、素材や染色の吟味はもちろん、織機の細かい設定まで徹底的にこだわり、時間をかけて織られた逸品。そのため最高の色落ちや穿き心地を体感できる。

HOSU

〈 ホス 〉

www.hosu.jp

HOSU.NAKAMEGURO　TEL03-5428-8239

11 YEARS

▶ **AGING SAMPLE**

スタンダードモデルである226はシルエットラインが美しいレギュラーストレートは、縫い強度が高いゆえアタリもしっかりと出る。リペアを繰り返し11年穿きこんだ渾身のモデルは、同ブランドの加工モデルのサンプルにもなっている

穿きこみサンプル
穿きこんだモデル名＿226-0000
穿きこみ頻度＿週2回ほど／洗濯の頻度＿20回に1回
最初に洗ったのは＿穿き始めて2カ月目

▶ **OTHER LINEUP**

185-0000

14オンスのセルビッジデニムを使用した九分丈テーパードモデル。太もも周りにボリュームを取っていて、ひざ下から裾にかけて緩やかにテーパードする抜群のシルエット。ソックスをチラ見せして穿きこなしたい。1万9440円

1.水色×シルバー、ピンク×シルバーのアシンメトリーなセルビッジは、中目黒の目黒川と桜からイメージ。2.大戦モデル仕様の月桂樹フロントボタン。3.破れた箇所はしっかりとリペアをあしらった。ほつれた綿糸ステッチも味わい。4.穿きこんで紙パッチも存在感抜群。皺が年季を感じさせる

日本ならではの情緒をセルビッジに込めた。

226-0000 Regular Straight

確固たるスタンダードがある5ポケットデニムの中でも、ブランドの独自性を巧みに落とし込んだデザインに定評のあるホス。それは例えば四季折々の感性をセルビッジの色に込めたディテールワークにも表れている。デニムの経年変化へのこだわりが強い同ブランドは、スタッフが穿き込んだ色落ちサンプルをモチーフに加工モデルを製作する。こちらのモデルもその珠玉の1本である。

基本データ
プライス＿2万5920円
ウエストのサイズ展開＿W34, 36, 38, 40
ベースにしている年代＿1960年代
ウォッシュ＿リジッド

生地
生地の重さ＿13.5オンス
綾織＿右綾織
防縮加工＿あり
生地の生産地＿岡山県
コットンの種類＿アメリカ産
縦横の糸番手＿タテ7番、ヨコ8番
生地のザラ感＿弱め
タテ落ちの種類＿線落ち
色落ちのスピード＿普通

染め
ロープ染色

縫製
縫製糸の特徴＿6, 20, 30, 50番手のコアヤーンを使用。カラーはゴールド、カラシ、ブラック、生成りの計4色
耳の幅＿9mm
耳の色＿水色×シルバー、ピンク×シルバー

ディテール
ヒップパッチ＿紙パッチ
ベルトループ＿中特盛りありの5本
フロントフライ＿ワンスター
リベットの種類＿真鍮製刻印なし 他2種類使用
隠しリベットの有無＿ー
スレーキの生地＿綾織り生成りコットン
ピスネーム＿レーヨン

〈 ヒステリックグラマー 〉

HYSTERIC GLAMOUR

http://www.hystericglamour.jp

ヒステリックグラマー　TEL03-3478-8471

▶ **WASH MODEL**

こちらは穿き込みではなく、ヒステリックグラマー独自のスペシャル加工で仕上げたスリムストレートモデル。ツヤ感が出るシルケット加工を施したデニムに、毛羽感を抑える仕上げを加えることで、見事に'60年代の色落ちを再現した

▶ **OTHER LINEUP**

SLASH KNEE PROCESSING BAND AID PRINTED DENIM SLIM PANTS

両膝にスラッシュニー加工を施したスリムシルエットのデニムパンツ。12.5ozのオーストラリア綿と米綿をブレンドしたオリジナルのセルビッジデニムを使用。また子供用のバンドエイドの転写プリントがなんともユニーク。4万1040円

1.ポケット口には小型のピラミット型スタッズが施されている。2.タテ落ち感の強いエイジングは、1960年代のヴィンテージをイメージしている。3.バックポケットにはタバコを入れていたようなアタリが出ていて、リアリティが増している。4.オリジナルのレザーパッチにはアイコンがプリント

HYS SPECIAL PROCESSING DENIM SLIM STRAIGHT PANTS

細かな技術で'60sの風合いを再現。

基本データ
- プライス__3万240円
- ウエストのサイズ展開__不明
- ベースにしている年代__1960年代
- ウォッシュ__加工

生地
- 生地の重さ__12.5オンス
- 綾織__右綾織
- 防縮加工__あり
- 生地の生産地__オーストラリア綿とアメリカ綿のブレンド
- コットンの種類__ジンバブエコットン100%
- 縦横の糸番手__タテ7番、ヨコ7番
- 生地のザラ感__弱
- タテ落ちの種類__線落ち
- 色落ちのスピード__早め

染め
- ロープ染色

縫製
- 縫製糸の特徴__10,30,50番手のコア糸、スパン糸を使い分ける。カラーは計8色
- アウトシームの縫製__両耳の割り縫い
- 耳を使っている場所__アウトシーム、コインポケット
- 耳の幅__細め(0.8cm)
- 耳の色__赤

ディティール
- ヒップパッチ__牛革
- ベルトループ__中盛りあり
- フロントフライ__オリジナルボタン
- リベットの種類__真鍮製刻印あり
- 隠しリベットの有無__あり
- スレーキの生地__綾織り生成りのコットン100%
- ピスネーム__なし

ロックやアート、サブカルチャーなどをウエアに落とし込むというアプローチの第一人者であるヒステリックグラマー。定番のデニムは、ここらしい美しいスリムストレートのシルエットと上質な生地感を両立している。濃淡を抑えてタテ落ち感を強く出した1960年代のテイストを再現。12.5オンスのオールドブルーセルビッジデニムは、シルケット加工と毛羽感を抑える加工でリアリティを出した。

HELLER'S CAFE

〈 ヘラーズカフェ 〉

http://www.hellerscafe.jp

ウエアハウス東京店 TEL03-5457-7899　ウエアハウス大阪店 TEL06-6312-7789
ウエアハウス北堀江店 TEL06-6534-7889　ウエアハウス名古屋店 TEL052-261-7889

▶ ONE WASH

世界でも有数のヴィンテージディーラーであるラリー・マッコイン氏のコレクションを再現したヘラーズカフェ。その代表的なモデルがこのHC-2。5ポケットジーンズの前身ともいうべき19世紀の"ウェストオーバーオール"と呼ばれた時代のユニークなディテールを余すところなく落としこみ、すべて本縫いで仕上げられているのが特徴。2万4840円

HC-2 NONPAREIL WAIST OVERALL

1.ボタンフライ部分の生地はコンティニュアンスフライと呼ばれる一枚仕立ての仕様。2.擦れやすい股部分は補強布が当てられリベット留めにてより頑丈な仕様に。3.独特の形状を持つコインポケット。ポケット口の縫製もデザインされているのが特徴。4.バックのポケット口もアーチ状をしていてデザイン性の高い仕様に。5.もちろんクラシカルなバックルバックも装備している

▶ OTHER LINEUP
HC-036 NONPAREIL BROWSE

1851年に西海岸で創業した幻のワークウエアブランド「ノンパレイル（無比の物、逸品の意味）」に由来するシリーズのデニムジャケット。ジーンズと同じくユニークなポケット形状やステッチは装飾と機能性を併せ持った秀逸なディテール。3万4560円

▶ OTHER LINEUP
HC-1924Z 1920's ZIPPERFLY JEANS

1924年に世界で初めて登場したといわれるジッパーフライを備えたジーンズがモチーフ。旧いワークパンツながら太すぎないシルエットを持ち、きれいに穿ける。デニムは経7番、緯10番のミドルオンスデニムを使用。2万5920円

▶ OTHER LINEUP
HC-1 NONPAREIL WAIST OVERALL(DUCK)

デニム生地のワークパンツが台頭し始める19世紀頃のダック生地のワークパンツのノンパレイルシリーズ。ポケットのカッティングや本縫いで仕上げられる仕様など、高い技術によって作られている。経年変化も楽しみな1本。2万8620円

Denim Ultimate Catalog

〈 アイアンハート 〉

IRON HEART

http://www.ironheart.jp

アイアンハートザワークス　TEL042-696-3470

ヘビーオンスデニムのパイオニアであるアイアンハート。
バイクに乗る時に穿くことを想定した21オンスデニムからスタートし、
現在は穿き心地や色落ちの表情の違うさまざまなオンスの生地をラインアップしている。

Text/Lightning 編集部　Photo/K.Okamoto 岡本浩太郎　T.Momo 百々智広
M.Morichika 森近真　H.Arimori 有森弘忠

▶ **STANDARD**

634S-14

アイアンハートでは最もライトな14オンスセルビッチデニムを使用。生地はアメリカのジーンズ黎明期、19世紀のゴールドラッシュの頃に作られていた、鉱山での仕事にも耐えうる強度をもった14オンス生地をモデルとして作った。2万3760円

▶ **STANDARD**

634S-18

スタンダードの21オンスよりもライトに仕上げた18オンスセルビッチを採用。柔らかい穿き心地ながら、糸の打ち込みが多く目が詰まった、21オンス以上のヘビーオンスデニムにも負けないほどしっかりした生地に仕上がっている。2万3760円

▶ **STANDARD**

634S-19L

毛焼きや防縮、ねじれ防止加工をしていない左綾の19オンスの生デニムを使用。穿き込むことで、左綾独特のヴィンテージジーンズのようなねじれや強いタテ落ちが楽しめる。糸の打ち込みが多くしっかりした生地はアイアンハートならでは。2万3760円

1平方ヤードあたりの生地の重さを表す記号を「oz（オンス）」と呼ぶ。この数値が大きければ大きいほど重量感があり、厚みのある生地ということになる。ジーンズに使うデニム生地は11〜14オンスほどが一般的だが、近年これをはるかに越えるヘビーオンスデニムが各ブランドからリリースされ、20オンスを越えるというものもはや珍しくない。そんなヘビーオンスデニムをいち早く採用し、バイク乗りに向けた質実剛健なデニムを作り続けてきたのがアイアンハートだ。

ヴィンテージレプリカが高い人気を誇っていた時代においてアイアンハートの21オンスデニムは時代に逆行するもので、そこまで厚い生地をジーンズに使うのはナンセンスだと思われることもあったというが、厚みのある生地は、耐久性も高く、バイク乗りを中心にユーザーを増やしていった。そのムーブメントに海外のジャパニーズデニムファンも注目し、現在では、日本国内に留まらず、アメリカ、ヨーロッパ、アジアと、その販路を広げ、多くのファンを獲得している。

現在アイアンハートのジーンズは、スタンダードな21オンスに加え、14、18、19、21/23、25とオンスごとのモデルを作り、好みの厚さや硬さ、色落ちの表情の違いなどから選ぶことができるようにラインアップを増やしている。ただし厚手ではあるものの、穿き心地はすこぶるいい。その背景には21オンスを作り続けてきたことで培った生地作りの技術があるのだ。

好みの穿き心地で選べるヘビーオンスデニム。

▶ **STANDARD**

634S

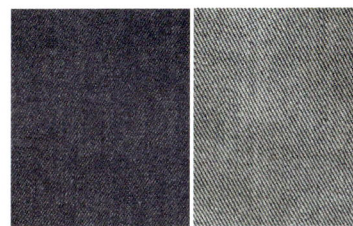

アイアンハートの定番である21オンスセルビッチデニムを使用したストレートジーンズ。創業時から幾度となく生地の改良を重ねてたどり着いたスタンダードモデル。ヘビーでありながら初期から柔らかく穿きやすいのが特徴。2万5920円

▶ **STANDARD**

634SR

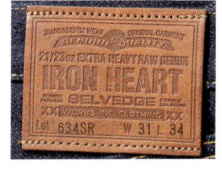

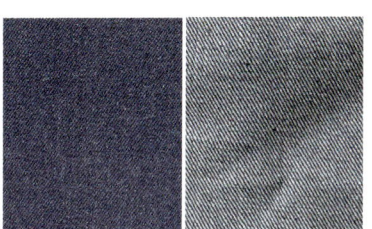

購入したばかりの生デニムの状態では21オンスだが、洗濯をすることで、繊維の目がより詰まっていき、23オンス相当に変化していくという生地を採用。生デニム特有の伸縮や色落ちが特徴で、育てる楽しみが味わえる一本。3万240円

▶ **STANDARD**

634-XHS

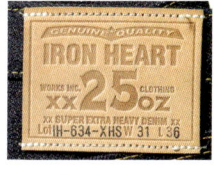

21オンスデニムよりも太い糸で織ったアイアンハート最厚手の25オンスデニムを使用。厚さと重量感はありながらも、実は21オンスデニムよりも柔らかい風合いで、ゴワつきも押さえられているのが特徴の数値以上に穿きやすい一本。3万2400円

バイクに乗ることを考え、基準にしたのは21オンス。

1.ベルトの擦れや、ウォレットチェーンを引っかけるなど使用によって負担がかかりやすいベルトループは下側を腰帯に縫い込むことによって強度を高めている。2.4ミリ厚の牛革を使用した革パッチは、ベルトを通せるようになっていて、腰まわりのホールド感を高めている。3.昔ながらの織機を使って織り上げられるセルビッチデニムは赤耳仕様

4.スレーキに使われているコットンも厚手で強度の高いものが採用されている。5.バックポケットのステッチはブランドのアイコンでもある"21"をイメージしたもの。またポケットのサイドには社名である「ワークス」の頭文字である"W"を刺繍

　アイアンハートのジーンズはバイクに乗る時に身に着けることが前提になっている。10代のころからあらゆるバイクに乗ってきた代表・原木さんは自らのブランドを立ち上げに際し、バイク乗りのためのジーンズとはどんなものかを研究していった。
　「そもそもジーンズは労働者の作業着として生まれた服です。だからそれぞれの作業に適した生地や作りである必要がある。例えばゴールドラッシュの時代は鉱山の石と対峙するため、厚手で強度のある14オンスデニムが使われていた。農作業でジーンズが使われるようになると、今度は動きやすさを重視され、10オンスの生地を使うようになると、その作業に合わせた仕様になっているんです。バイクに乗るという場面も同じように、転倒しても身体を守ってくれる強靭さと、バイクに跨った時に肌触りがよく、窮屈さを感じない穿き心地のよさが必要になってくる。それらを満たしているのが21オンスの生地だったんです。だからそれをバイク乗りのスタンダードにしようという気持ちからスタートしたんです」
　とはいえ、ただ単純にヘビーオンスにするだけでは、穿き心地のよさは実現しない。そこで、生地を織る際、通常はより太く硬く撚った糸を縦横1本ずつで織っていくのだが、アイアンハートの21オンスデニムは経糸に対して緯糸に中太の糸を2本使って織ることで、生地の厚みは確保しながら、硬くなりすぎず、しなやかな肌触りとなるように工夫されている。
　「今は25オンスまでのよりヘビーな生地や、逆に昔の生地を再現した14、18、19オンスといったライトな生地まで、オンスごとのラインナップを増やしています。こうした流れも21オンスという土台があり、それをアレンジすることから生地づくりが始まっているし、バイク乗り向けというこだわりも変えることはありません」
　その言葉通りアイアンハートの21オンスデニムは、もはやバイク乗りに欠かせないギアになっている。

PROFILE
ワークス代表
原木真一さん

ジーンズを中心としたアパレル業界で20年ほど働いた後にワークスを創業。オリジナルの21オンスデニムを使ったジーンズブランド、アイアンハートをスタートさせた。創業当初から「バイク乗りのためのウエア」を作るという信念を貫き通す

Denim Ultimate Catalog

IRON HEART

バイクに乗った時にどんな体勢をとっているのか？ 風や突然の雨での水の浸入は？ 万が一転倒してしまった時に身体を守るだけの強度はあるのか？ といったバイク乗りならではの目線でアイアンハートのデニムは作られる

強靭さと穿き心地の良さを両立させたデニム。

バイクに乗っている時、最もカッコいい裾の長さになるように、実際にバイクに跨ってステップの位置などを確認することでライディング中にどれぐらい裾がまくり上げられるかを想定。裾上げの長さを決めていく

アイアンハートで購入したジーンズはすべて裾上げは無料で行う。さらに生地が破れたり、縫いがほつれてしまった場合のリペアも無料。1本を長く穿いてほしいと考える原木さんならではのサービスだ

Denim Ultimate Catalog

▶ **AGING SAMPLE**

ヒゲやハチノスなどが太く出て、ヘビーオンスデニムならではの濃淡がはっきりとした色落ちとなる。強く撚った太い糸で織られている生地は、インディゴが芯までしっかりと入っているため、一般的なデニムに比べて色落ちに時間がかかる

穿きこみサンプル

穿きこんだモデル名	634S
穿きこみ頻度	週4回ほど／洗濯の頻度 1カ月に1回
最初に洗ったのは	穿き始めて2カ月目

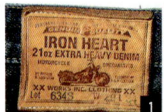   

1. デニムだけでなく革パッチの経年変化も楽しめる。 2. ウォレットやジッポーなどによるポケットのアタリもはっきり出る。 3. 濃淡がはっきりとしたヒゲの色落ち。アイアンハートのデニムは基本ボタンフライとなっていて、一部のモデルのみジッパーを採用。 4. しっかりした生地なので、リペアすればかなり長い間穿き続けることができる

じっくりと味を出していく21オンスセルビッチデニム。

634S

アイアンハートの5ポケットジーンズはブーツカット（461）、スリムストレート（666）、レギュラーストレート（634）の3種。この型番の最後に付く「S」はセルビッチを意味する。シルエットはヴィンテージを復刻するわけではなく、ヴィンテージのいいところを取り入れた、オリジナルの形になっている。強靭でありながら、味わいのある色落ちとなっていくことが期待できる一本だ

基本データ
- プライス__2万5920円
- ウエストのサイズ展開__W28〜34, W36, W38, W40
- ベースにしている年代__なし
- ウォッシュ__ワンウォッシュ

生地
- 生地の重さ__21オンス
- 綾織__右綾
- 防縮加工__あり
- 生地の生産地__岡山県井原市
- コットンの種類__非公開
- 縦横の糸番手__非公開
- 生地のザラ感__普通
- タテ落ちの種類__両方
- 色落ちのスピード__遅め

染め
- ロープ染色

縫製
- 縫製糸の特徴__6, 8, 20, 30番手のコア糸。イエローと金茶の2色使い
- アウトシームの縫製__両耳の割り縫い
- 耳を使っている場所__アウトシーム、コインポケット
- 耳の幅__普通
- 耳の色__赤色(2本使い)

ディテール
- ヒップパッチ__牛革、極厚4mm
- ベルトループ__中盛り有
- フロントフライ__オリジナルボタン(下座も刻印あり)
- リベットの種類__銅 刻印あり(下座も刻印あり)
- 隠しリベットの有無__あり(下座は刻印あり)
- スレーキの生地__厚手の綾織り生成りコットン100%
- ピスネーム__Wカン止め

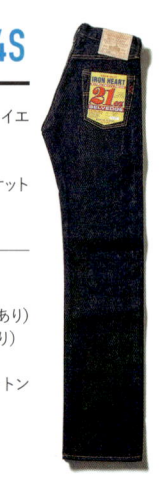

IRON HEART

461S

穿いた時のシルエットと脇のライン、さらにバイクにまたがった時のシルエットを重視して、セルビッチデニムをあえて耳使いせずに仕上げた21オンスブーツカットライン。エンジニアブーツなどに合わせて穿くのに最適な一本となっている。2万5920円

666S-21

海外で先行して発売し、高い人気を博したスリムストレートジーンズを日本仕様としてリリース。ヘビーなジーンズをタイトに着こなしたい人にオススメだ。レギュラーストレート"634S"同様、サイドは赤耳仕様となっている。2万5920円

9634Z

通常ブラックデニムは生地を染色するが、アイアンハートのブラックデニム「黒鎧」シリーズは、生地ではなく糸の段階で染色し、経糸と緯糸を色合いを変えたうえで21オンスデニムと同じ織機で織りあげるので、深みのあるブラックの生地に仕上がっている。シルエットは634と同じスタンダードなストレートとなっている。2万3760円

〈 ジャパン ブルー ジーンズ 〉

JAPAN BLUE JEANS

http://www.japanbluejeans.com

問い合わせ／ジャパンブルージーンズ児島店　TEL086-486-2004

生地メーカーとしてのプライドが作り上げた渾身のジーンズブランド それがジャパンブルージーンズの始まり。日本製の生地のクオリティの高さを 証明するために世界に向けて発信するインターナショナルなブランドだ。

Text/T.Itakura　板倉環　Photo/S.Saito　斎藤優

Denim Ultimate Catalog

JAPAN BLUE JEANS

生地作りの鍵は綿にあり
良質な綿を研究し作り上げた至高のデニム。

「ジーンズ作り＝生地作り」。ジャパンブルージーンズの信念はここにある。岡山県児島で生地メーカーとして長年デニム業界に携わっていた経験、そしてノウハウを糧とし、2011年、満を持してデビューしたジャパンブルージーンズ。これまでに何千、何万もの生地を目にし、触れてきた彼らにとって良質なデニム生地を見分けるのはそう難しいことではないだろう。しかし反対に、いまやここ日本で粗悪なジャパンメイドのジーンズを見つけることのほうが難しいと言われるほど日本の生地のクオリティの高さが世界中で認められている。海外の生地に比べ、日本の生地のクオリティが圧倒的に高いと評価される理由も根本から知り尽くしている。ならば究極のジーンズを作ることが可能なはずだ。ジャパンブルージーンズが導きだした答えは、原材料であるコットンが良質なジーンズを作る鍵を握っているということ。良質な綿を配合から研究開発し、それぞれの綿の良さを最大限に引き出したオリジナルの生地を作ることに成功。生地メーカーならではのプライドをかけて作られたといっても良いだろう。生地の適材適所。いわゆるシルエットやデザイン、加工によって適したオンスや特色ある生地を使用して1本のジーンズを作り上げる。生地メーカーとしての強みを十二分に活用した生地の開発。これこそ、究極のデニム作りであるはずだ。もちろん、ジーンズを組み上げるには、縫製、加工などのプロセスも重要だ。ジャパンブルージーンズでは、ヴィンテージのミシンを駆使し、ヴィンテージの風合いを損ねることなく丁寧に作り上げている。それほどまでに人を虜にさせるのがジーンズなのだ。

ジャパンブルージーンズがこれまでに手掛けてきた究極のジーンズの数々。生地はもちろん、縫製、加工に至るまで妥協することなく作り上げた1本は海外でも高評価だ

ジャパンブルーグループの旧社屋は、現在、希少な旧式力織機が10台ほど並べられ、デニム作りの設備が完備され、日々稼働している。また隣接する倉庫にはオリジナルで作られた生地のストックが置かれている

児島からデニムを通じて世界へ発信する。

　生地メーカーを出発点とするジャパンブルージーンズの本拠地は岡山県児島。ここ数年でジーンズの街として知られるようになったが、もともとふるくから学生服や作業服の生産が盛んな街として知られ、分業化された生地、縫製、加工など専門工場が多く服飾産業へのポテンシャルが高い街だ。一時期、生産背景が中国などのアジアを筆頭に海外に移っていき衰退の一途を辿ったものの、現在は再び息を吹き返しつつある。MADE IN KOJIMA のジーンズが世界に向けて大きく発信することでジャパンデニムのクオリティの高さを立証するものとなる。いまや世界の児島ブランドと言っても過言ではないデニム業界。ジャパンブルージーンズはジーンズ作りにおいて一切の妥協を許すことはない。ジャパンメイドの素晴らしさ、クオリティの高さをこれからも見せつけていくことだろう。アメリカ生まれの1本のジーンズが日本のひとつの街を活性化させる。デニムを通じて世界へ羽ばたく、そんな夢のような話が現実に目の前で起こっているのだ。

JR児島駅からほど近く、商店街跡地のジーンズストリート内にあるジャパンブルーのショップ。工場だけでなく旧い街並が残るこの街には、昭和の家屋が多く残される。その日本家屋の外観を活かし、内装をリノベーションし造られた児島店は、昔懐かしい温かみのある空間となっている

DATA
JAPAN BLUE JEANS
児島店
岡山県倉敷市児島味野1-14-10
TEL086-486-2004
10時～19時　無休

JAPAN BLUE JEANS

1本ずつ丁寧な手作業で作られるジーンズ。

▶ **AGING SAMPLE**

2 YEARS

USテキサス綿で織られたヴィンテージセルビッジデニム生地を採用。細みのテーパードシルエットであるため身体のラインに沿ったエイジングが見られる。ヒップ周り、ポケット口、腿、膝裏などヴィンテージさながら

穿きこみサンプル

モデル名__JB0401 14.8oz
　　　　　USコットンセルヴィッジテーパード
頻度__週2～3回
洗濯__半年に1回
最初に洗ったのは__穿き始めて6か月

1. フロントはボタンフライで美しいヒゲのほかにボタンのアタリも趣がある 2. カウレザーを使用したシンプルなレザーパッチにはブランドロゴが刻印される 3. 色落ちしやすい腿部分。ヴィンテージセルビッジ生地らしいエイジング 4. 膝裏に見られるハチノス

ブランド創業時から作り続けている定番生地。

1108 STRAIGHT LEGS

生地を形成する綿の違いでデニムを楽しむことができるジャパンブルージーンズ。現在、6種の生地をメインに採用しており、そのなかでもブランド創設時から作り続けている14.8オンスのアメリカテキサス綿を使用した生地は、コシのある素材感が特徴的で不動の定番生地として愛されている。シルエットは膝から裾にかけて緩やかにテーパードが施され、すっきりとした脚に見えることから人気。

基本データ
プライス__1万3824円
ウエスト__W28～34, 36, 38
ベースにしている年代__特になし
ウォッシュ__ワンウォッシュ

生地
生地重さ__14.8オンス
綾織__右綾織
防縮__あり
生地の生産地__倉敷市児島
コットン__アメリカ・テキサス産100％
縦横番手__6番手×6番手
ザラ感__普通
経て落ち種類__線落ち
色落ちスピード__早め

染め
ロープ染色

縫製
縫製特徴__20, 30番の糸を使用。コアスパンを使用し強度をもたせている
アウトシームの縫製__両耳の割縫い
耳使っている場所__アウトシーム、コインポケット
耳の幅__普通1.8cm
耳の色__薄いピンク

ディティール
ヒップパッチ__カウレザー
ベルトループ__細めで中盛り無し
フロントフライ__オリジナルドーナツボタン
リベット__真鍮製刻印あり
隠しリベット__なし
スレキの生地__綾織生成のコットン100%__オリジナルプリントあり
ピスネーム__なし

JAPAN BLUE JEANS

▶ **OTHER LINEUP**
B7700 BR(Bruno)
「最も原種に近い綿」と称されるコートジボワール産のコットンを使用した13.5オンスのデニム生地を採用。素朴な風合いとナチュラルなエイジングが魅力のジーンズ。肌馴染みも良くコットンの柔らかな風合いを愉しむことができる。2万2680円

▶ **OTHER LINEUP**
JBJK1063
コートジボワール綿を使用したインディゴ生地。フロントに2つのフラップポケットが付けられたクラシカルなデザインだが、身頃をタイトに着丈をやや長めにモダナイズし、サイドにはハンドウォーマーポケットも装備。2万1600円

▶ **OTHER LINEUP**
JB7700 ID
太すぎず、細すぎない絶妙なバランスがとれたレギュラーフィットジーンズ。コーディネイトを問わない定番シルエットとして幅広く活躍する。素朴な生地の風合いと柔らかさが肌に馴染みよく穿くたびに身体へと馴染む。1万5120円

〈 ジェラード 〉
JELADO

http://jelado.ocnk.net/

ジェラード恵比寿店　TEL03-3464-0557

2 YEARS

▶ AGING SAMPLE

デニムウエアがタウンユースに浸透し始めた'50年代のモデルを再現。その当時主流だった股上深め、太めのシルエットに設定。縫製糸はスパン糸ではなく綿糸を使用し、10番手と20番手の2種類を各所で使い分けている

穿きこみサンプル

穿きこんだモデル名	55DENIM
穿きこみ頻度	週2回ほど
洗濯の頻度	2カ月に1回
最初に洗ったのは	穿き始めて3カ月目

1.ヴィンテージの雰囲気を損なわないやや薄めの赤耳を使用。綿糸を使用しているので使いこむと色褪せていく。2.やや太めのシルエットならではの、ひざ裏のさり気ないハチの巣。3.洗い込んで風合いが増した革パッチ。1950年代前半までは革のラベルが採用されていた。4.ゆとりのあるストレートシルエットならではの自然なヒゲやアタリが魅力

デニムが華やいだ'50年代に原点回帰する。

55DENIM

アーリーセンチュリー時代のアメリカにスポットが何かと当たることが多い昨今。そんな時代だからこそジェラードは誰もが通って来た'50年代をもう一度提案する。ジーンズが完成された年と言われる1955年モデルをベースとした王道ストレートデニム。アメリカの若者の間でロックンロールが流行した時代、そして労働者がこぞって穿いていたジーンズを真っ向から製作している。

基本データ
- プライス__2万1384円
- ウエストのサイズ展開__W28〜34, 36, 38, 40
- ベースにしている年代__シルエット、生地ともに'50年代
- ウォッシュ__リジッド

生地
- 生地の重さ__約14オンス
- 綾織__右綾織
- 防縮加工__なし
- 生地の生産地__岡山県倉敷市
- コットンの種類__米綿100%
- 縦横の糸番手__タテ6番、ヨコ7番
- 生地のザラ感__弱テンション　ザラ感強め
- タテ落ちの種類__点と線の両方
- 色落ちのスピード__普通

染め
- ロープ染色

縫製
- 縫製糸の特徴__10、20番手の綿糸を使いわけ、カラーは計2色
- 耳の幅__普通1.8cm
- 耳の色__薄い赤色など

ディテール
- ヒップパッチ__牛革
- フロントフライ__オリジナルボタン
- リベットの種類__なし
- 隠しリベットの有無__―
- スレーキの生地__―
- ピスネーム__レーヨン

OTHER LINEUP

66 Denim V/F

ジェラード初の66モデルだが、ポケットの形やシルエットなどは'60年代以前のモデルがモチーフ。縫製糸は66モデルさながらオレンジのステッチで縫い上げ、バックヨーク、股繰り、サイドシームの負担のかかる箇所は太い同色を使用。3万3480円

OTHER LINEUP

5557 Denim Jacket

ジェラード初の3rdタイプジージャンは、ヴィンテージを踏襲しながら現代的なサイジングにアレンジ。野暮ったくなりがちな腕まわりをすっきりとさせた。ファブリックは'40年代のデニムをモチーフとし、色落ちの経年変化も期待できる。2万9160円

OTHER LINEUP

66 Shorts V/F

ジェラードヴィンテージコレクションの66ショーツ。66デニムと同様のファブリックと縫製仕様だが、そのままカットするのではなくパターンからショーツに仕立てたこだわりよう。ワタリをすっきりさせ見た目のシルエットも抜群。2万5920円

JOHNBULL
〈 ジョンブル 〉

http://www.johnbull.co.jp
ジョンブルカスタマーセンター　TEL050-3000-1038

3 YEARS

▶ **AGING SAMPLE**

ピュアインディゴを100％使用し、青味の中に少し赤みをのぞかせる独自のブルーに仕上げた定番モデル。ロープ染色では難しいとされてきた染めムラも実現。その染めを活かすため、2種類の糸形状の縦糸をミックスしている

穿きこみサンプル

穿きこんだモデル名__AUTHENTIC TIGHT STRAIGHT JEANS
穿きこみ頻度__週1回ほど／洗濯の頻度__1カ月に1回
最初に洗ったのは__穿き始めて1カ月目

▶ **OTHER LINEUP**
WORK OVERALLS

'20年代～'30年代のオーバーオール草創期のミニマムなデザインをベースに仕上げた、クラシックなワークテイストが魅力。肩にかかる負荷を考慮し、ライトオンスデニムを使用することで快適な着心地を実現している。3万2400円

1.赤よりも自然で落ち着いた雰囲気を醸し出す、濃いピンク色のセルビッジを使用。2.フロントは、トップのドーナツボタンのみ月桂樹＆ワンスターとなっている。3.コインポケット裏にもセルビッジを配置。銅製のリベットにも刻印入り。4.イタリアンカウレザーのレザーパッチは高級感も漂う

リアリティとクオリティをベースに新しい価値を表現。

AUTHENTIC TIGHT STRAIGHT JEANS

リアリティとクオリティを意識したものつくりをベースに、ジーンズ・ワーク・ミリタリー・ドレスの新しい価値を表現するジョンブル。今季のメンズコレクションのテーマは『プロトタイプ』。普遍的な"男の基本服"を見直し、ワードローブとして本来あるべき姿の再構築と、コンテンポラリーなデフォルメを試みている。定番デニムもオーセンティックなディテールと美しい色落ちを追求している。

基本データ
プライス__1万7280円
ウエストのサイズ展開__W27～34, 36
ベースにしている年代__1960年代後半
ウォッシュ__ワンウォッシュ、ユーズド、ブリーチ、ダメージ

生地
生地の重さ__13.5oz
綾織__右綾
防縮加工__なし
生地の生産地__広島
コットンの種類__米綿ミックス
縦横の糸番手__タテ7番、ヨコ7番
生地のザラ感__弱
タテ落ちの種類__線落ち
色落ちのスピード__早め

染め
ロープ染色

縫製
縫製糸の特徴__表に出る部分は6, 8, 20, 30番のコアヤーン糸を使用。色はイエロー、オレンジ、金茶。裏には濃いグレーのスパン糸を使用。
アウトシームの縫製__両耳の割り縫い
耳を使っている場所__アウトシーム、コインポケット
耳の幅__普通
耳の色__濃いピンク色

ディテール
ヒップパッチ__イタリアンカウレザー
ベルトループ__中盛り有
フロントフライ__トップボタンはドーナツ型月桂樹＆ワンスターの黒、他は刻印なしのドーナツ型黒
リベットの種類__銅製刻印あり
隠しリベットの有無__無
スレーキの生地__綾織り生成りのコットン100％
ピスネーム__なし

| N | O | P | Q | R | S | T | U | V | W | X | Y | Z |

Denim Ultimate Catalog

〈 カミナリ 〉
KAMINARI

http://www.tedman.co.jp

問い合わせ／エフ商会　TEL03-5383-2511

8 MOUTH

AGING SAMPLE

リジッドから穿き込んで。ようやく全体的に色落ちしてきて、お尻部分や膝など摩れる部分にメリハリが現れ、ポケット周りや縫製部分に当たりが出始めるなど、だんだん風合いが出始めたたところで、これからがさらに楽しみな段階

穿きこみサンプル
穿き込んだモデル名＿＿KMP-002TS
穿きこみ頻度＿＿週1,2回ほど／洗濯の頻度＿＿1カ月に1回
最初に洗ったのは＿＿穿き始めて1か月目

1.ボタンフライ仕様のフロント。オリジナルのボタンはあえて色をランダムにすることでアクセントを効かせている。2.こちらも経年変化が楽しめる牛革パッチ。3.このモデル最大のポイントでもあるバックプリント。デニムでは非常に難しいといわれる抜染プリントを採用。独特のかすれたような色落ちがいい感じ。4.こだわりのセルビッヂデニム使用

▶ **OTHER LINEUP**
TDKBC-100
テッドマンとカミナリのスペシャルコラボデニム。13.5ozのセルビッジ防縮、よじれ防止加工済みのデニム生地を採用。フロントはファスナーを使用。ブーツカットならではの美脚効果もある1本。1万8900円

KMP-002TS

プリントの色落ちも楽しめる。

基本データ	プライス＿＿1万8900円
	ウエストのサイズ展開＿＿W31, 32, 33, 34, 35, 36
	ベースにしている年代＿＿非公開
	ウォッシュ＿＿リジッド
生地	生地の重さ＿＿13.5oz
	綾織＿＿右綾織
	防縮加工＿＿あり
	生地の生産地＿＿広島
	コットンの種類＿＿アメリカ産綿番
	縦横の糸番手＿＿タテ7番、ヨコ7番
	生地のザラ感＿＿普通
	タテ落ちの種類＿＿線落ち
	色落ちのスピード＿＿普通
染め	合成インディゴ染め

縫製	縫製糸の特徴＿＿20番糸と30番糸
	アウトシームの縫製＿＿割り縫い
	耳を使っている場所＿＿アウトシーム、コインポケット
	耳の幅＿＿普通
	耳の色＿＿赤
ディテール	ヒップパッチ＿＿牛革
	ベルトループ＿＿中
	フロントフライ＿＿オリジナルロゴ入りドーナッツボタン
	リベットの種類＿＿銅刻印有
	隠しリベットの有無＿＿あり
	スレーキの生地＿＿コットン100%
	ピスネーム＿＿レーヨン

2005年誕生のカミナリ。'11年からはテッドマンなどで知られるエフ商会が「旧きよき昭和モダン」をコンセプトに独自の世界を展開。こちらは13.5ozのオリジナルセルビッジデニム生地を採用したリジッドデニム。軽くテーパードが入ったスッキリしたシルエット。バックポケットのデザインはデニムでは非常に難しいといわれる抜染プリントを採用。独特の色落ちを見せる

Text/M.Terano　寺野正樹　Photo/K.Okamoto　岡本浩太郎

KAMIKAZE ATTACK

〈 カミカゼアタック 〉

http://www.kamikaze-attack.com

カミカゼアタック　TEL086-441-2304

2 YEARS

▶ **AGING SAMPLE**

フロント周りのデニム特有のヒゲや膝裏のハチノスなど、ヴィンテージに負けない濃淡のコントラストが迫力のあるエイジング。自然に付着したペンキ跡やポケット部分のアタリなどリアリティのあるダメージが雰囲気良し

穿きこみサンプル
穿きこんだモデル名__カミカゼストレート
穿きこみ頻度__週3回ほど
洗濯の頻度__3カ月に2回ほど
最初に洗ったのは__穿き始めて3カ月目

1.ブランドロゴとグラフィックが刻印されたレザーパッチ　2.旧式力織機で織られることによって生まれるセルビッジ。サイドシーム部分に特有のアタリが現れるのも良し　3.ブランドロゴが刻印されたオリジナルのトップボタン。そのほかはドーナツボタンが採用される　4.濃淡のコントラストがはっきりしたフロント部分のエイジングも美しい

カミカゼアタックの歴史は、このモデルから始まった。

KAMIKAZE STRAIGHT

世界的に知られる岡山県児島を拠点として、ジーンズメーカーとして1995年に設立したカミカゼアタックの第1号ジーンズ。16オンスのヘビーな生機デニムを使用し、武骨な太めシルエットがヴィンテージの意匠を継承する。不純物の含まれない100%ピュアインディゴにこだわり、美しく染まったインディゴブルーは、穿くたびに異なる表情を見せ、愛着の湧くジーンズとして成長してくれる。

基本データ
プライス__1万5984円（W42は1万8584円）
ウエストのサイズ展開__W32〜42インチ（2インチ刻み）
ベースにしている年代__1950年代後半
ウォッシュ__リジッド、ワンウォッシュ

生地
生地の重さ__16オンス
綾織__右綾織
防縮加工__なし
生地の生産地__広島県福山市
コットンの種類__アメリカ産　綿100%
縦横の糸番手__タテ6番、ヨコ6番
生地のザラ感__普通だが経糸が強め
タテ落ちの種類__点落ち
色落ちのスピード__普通

染め
ピュアインディゴ100%

縫製
縫製糸の特徴__上20、下30番のコア、カラーは金茶
アウトシームの縫製__脇割り
耳を使っている場所__アウトシーム、コインポケット
耳の幅__普通
耳の色__青

ディティール
ヒップパッチ__牛革　シュリンク無し
ベルトループ__中盛りあり
フロントフライ__トップボタンオリジナル
リベットの種類__銅製　刻印なし
隠しリベットの有無__なし
スレーキの生地__綾織り生成のコットン100%
ピスネーム__なし

▶ **AGING SAMPLE**

HOME RUN KAMIKAZE

防縮を軽減させるサインフォライズド加工が施された15.3オンスのセルビッジデニムを採用したホームランカミカゼ。生地は岡山県井原市で織られた濃紺のデニムに、縫製は世界的に名を馳せる児島製。熟練した職人たちによって手掛けられたすっきりしたタイトシルエットが魅力だ。1万7820円

ブランドロゴがプリントされたスレーキ。隠れたディテールにもカミカゼアタックらしい遊び心が見られる

▶ **OTHER LINEUP**

MACH KAMIKAZE

超長綿で知られるジンバブエコットンを使用した14.21オンスのオリジナルサンフォライズドデニムを採用したマッハカミカゼ。ヒップ、腿周りは、ややゆったりとしたフィット感で、膝下から裾にかけて緩やかなテーパードが施されており、キレイめな大人のスタイルとも相性が良い。1万7820円

1.コインポケットには斜めに配されたセルビッジを使用し、アクセントとなっている 2.バックポケットには飾りステッチのないシンプルなスタイルだが、左ポケットにセルビッジが付けられアイキャッチとなる

KAMIKAZE ATTACK
SHIRTS COLLECTION —2017 SUMMER—

▶ **LONG SLEEVE**

暑い国で着てそうなシャツ
涼しげなリネン素材を使って仕上げたバンドカラーシャツ。通気性が高く、シャリ感のある肌触りが心地よい。1万5120円

カンヌシャツ 北野Ⅰ型
ミニシアター系の劇場が似合いそうな、ほどよく上品なストライプシャツ。インディゴ染色のため経年変化も楽しめる。1万5120円

カンヌシャツ 北野Ⅱ型
柄違いのストライプをアシンメトリーに使ったカンヌシャツのバンドカラータイプ。やわらかな質感で夏にぴったり。1万5120円

暑さに負けない屈強な漢(オトコ)のシャツはオーバーサイズが鉄則。

夏らしい素材感のシャツは、オーバーサイズでワイルドに着こなしたい。腕を無造作に捲って、胸元のボタンは2つ目まで空ける。中にＴシャツを着るなんて言語道断、胸毛が少しだけチラつくくらいが丁度イイ。ワークパンツの無骨な雰囲気も効果倍増だ。(シャツ／暑い国で着てそうなシャツ1万5120円、ウォバッシュパンツ／Ｇメンセット'17 Kusano刑事1万9440円)

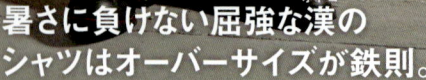

Denim Ultimate Catalog

KAMIKAZE ATTACK

流行に流され続ける世の中に唾を吐き、超一流の自己満足の提供を目標に、質実剛健なモノ作りで我が道を行く。その姿勢こそがカミカゼアタックの唯一無二のオリジナリティである。こだわりのデニム作りは先述の通り、その熱量で作られるアイテムはもちろんデニムだけじゃない。ここでは、夏を男らしく乗りきるためのシャツのラインナップを紹介しよう。

オリジナリティと言っても、何も奇をてらっているわけじゃない。あくまでも根底にあるのは自分たちが着たい服を作ること。快適に過ごすための機能性や経年変化を考慮した素材にこだわったアイテムは、世の流れに翻弄されることなく、男のあるべき姿を提案する。万人ウケは求めてない、もしあなたが男らしさを追求する不良オヤジなら、彼らの姿勢に共感できるはずだ。

SHORT SLEEVE

武道が好きそうな人が着てそうなシャツ

刺し子のような風合いの肉厚なコットンをインディゴで染め上げたオープンカラーシャツ。凹凸のある色落ちが楽しめる。1万6740円

軽作業シャツ（主任タイプ）

コットンとリネンを高密度で織り上げたタフなシャツは、ドライな質感と自然なシワ感で夏らしい涼し気な装いに。1万3608円

軽作業シャツ（班長代理）

淡いグレーの色味が、上の生成りストライプより若干ラフな雰囲気の班長代理モデル。働く男にハマる無骨なデザイン。1万3608円

インディゴ染めのシャツは漢の生き様を物語る。

愛車を眺めながら煙草に火を灯す。そんな場面が似合う漢になりたい。着こむことでエイジングするインディゴ染めのシャツは試練を乗り越えて成長する漢の生き様と一緒。デニムとブーツ、着こなしは究極にシンプルでいい、あとは己とシャツを磨き上げるだけだ。（シャツ／武道が好きそうな人が着てそうなシャツ1万6740円、デニム／カミカゼストレート［着用サンプル］1万5984円）

問い合わせ／カミカゼアタック　TEL086-441-2304　http://www.kamikaze-attack.com

〈 カトー 〉

KATO`

http://kato-aaa.jp

チームキット　TEL075-223-3005

3 YEARS

▶ **AGING SAMPLE**

立体裁断による独自のフィッティングとヴィンテージ由来のディテールを高次元で融合させ、デビュー以来、根強い人気を誇るスタンダードモデル。膝位置のダーツにかけて美麗なヒゲと3Dならではの柔らかな色落ちが特徴的

穿きこみサンプル	
穿きこんだモデル名	P03AOW
穿きこみ頻度__週3回ほど／洗濯の頻度__1カ月に1回	
最初に洗ったのは__不明	

1.直線部に採用されたセルビッジは朱赤。2.コインポケット位置には使い捨てライターが収まるように設計されたコンパクトサイズのポケットを配置。3.いわゆるヒップポケットはなく、太腿の丸みに沿ってラウンドポケットを採用。4.膝下にはダーツを備え、独自の色落ち感を楽しむことができる

▶ **OTHER LINEUP**

KP303DOW

ジンバブエ産サンアルバー綿糸を使用し、緩やかなテーパードを掛けたナローストレート。隠しカン止め、隠しリベット、オリジナルのタックボタンなど、随所に同ブランドならではのこだわりが見て取れる。2万4840円

立体裁断という新解釈が最たるアドバンテージ。

P03AOW

長年にわたり世界のファッションシーンにおいてデニムを中心にして活躍してきたデザイナー、加藤博氏が1999年に設立。当初からクライミングパンツを思わせる立体裁断をジーンズに取り入れ、シーンに大きな影響を与えてきた。設立当初から展開される［P03AOW］は、そんな同ブランドのアイデアと技術力が凝縮されたスタンダード3Dモデル。美麗な曲線美が魅力の1本である。

基本データ	
プライス	2万2680円
ウエストのサイズ展開	W26〜32, 34, 36
ベースにしている年代	特になし
ウォッシュ	ワンウォッシュ

生地	
生地の重さ	13.5オンス
綾織__右綾織／防縮加工__なし	
生地の生産地	岡山県井原市
コットンの種類	ジンバブエ産サンアルバー100%
縦横の糸番手	タテ6.5番、ヨコ6.5番
生地のザラ感	普通
タテ落ちの種類	線
色落ちのスピード	普通

染め	ロープ染色

縫製	
縫製糸の特徴	20, 30番手コアヤーン使いわけ、オレンジ2色／ネイビー1色
アウトシームの縫製	両耳脇割り縫い
耳を使っている場所	アウトシーム
耳の幅	普通（0.3cm）
耳の色	朱赤

ディテール	
ヒップパッチ	ゴートスキン
ベルトループ	8mm巾、中盛り有
フロントフライ	ロングポストのタックボタン
リベットの種類	非公開
隠しリベットの有無	なし
スレーキの生地	綾織り生成りのコットン100%
ピスネーム	紙

〈 キングオーウエア 〉
KING-O-WEAR

http://kingowear.shop-pro.jp
58 WORKS　TEL03-5794-3958

1 YEAR

AGING SAMPLE

'80年代の岡山産13.5オンスデニムのデットストックを使用したブランドを代表する5ポケットデニム。生地は'50年を意識したセルビッジデニム。'60年代の911Bピケパンツのシルエットを参考に、すっきりと大人っぽく仕上げている

穿きこみサンプル
穿きこんだモデル名＿＿KOW001
穿きこみ頻度＿＿週2回ほど／洗濯の頻度＿＿1カ月に1回
最初に洗ったのは＿＿穿き始めて1カ月目

OTHER LINEUP
KOW001
ブランドの定番モデルとなるKOW001、5ポケットデニムパンツをヴィンテージ加工した1本。激しい色落ちではなくプレーンな雰囲気が大人っぽく、膝裏のヒゲやポケット部分のアタリなどはすべて熟練の職人の手作業だ。2万3760円

1.あえてかなり細くした1cm幅のセルビッジ。2.フロントボタンは、当時生産効率のアップを目指したと思われる市販の月桂樹タイプを使用。3.ポケットの淵は中盛りされ、程よくアタリが表れている。4.特に負荷がかかり破れやすいポケットスレーキは、耐久性のあるヘリンボーン素材を使用

KOW001
1960年代ピケパンツを参考にすっきりシルエットに。

基本データ
プライス＿＿1万5660円
ウエストのサイズ展開＿＿W30～34, 36
ベースにしている年代＿＿シルエットは1960年代前半のピケパンツ、生地は1950年代風のセルビッジデニム
ウォッシュ＿＿ワンウォッシュ

生地
生地の重さ＿＿14.5オンス
綾織＿＿左綾織
防縮加工＿＿なし。タンブラー乾燥済み
生地の生産地＿＿岡山県
コットンの種類＿＿米産綿100%
縦横の糸番手＿＿タテ6番、ヨコ6番
生地のザラ感＿＿強め
タテ落ちの種類＿＿点落ち
色落ちのスピード＿＿普通

染め＿＿ロープ染色

縫製
縫製糸の特徴＿＿30、20、8番手のオリジナルの綿糸を使いわけ、カラーは計3色
耳の幅＿＿細め（1cm）あえてかなり細くしている
耳の色＿＿通常のレッドライン

ディティール
パッチ＿＿オリジナルレーヨンタグ
フロントフライ＿＿ジップ
リベットの種類＿＿真鍮製刻印なし　UFO型
スレーキの生地＿＿コットン
ピスネーム＿＿なし

1920年代、米東部NYのフォックスナップ社のアウターウエアブランドとして誕生したキングオーウエア。USネイビー、アーミーに納入し、またメジャーなデパートメントにも展開するなどヴィンテージ好きの間では上質なウールメーカーとして知られる。そんな一度消滅してしまったブランドのデニムウエアが、岡山産のデッドストック生地、ジャパンメイドでデニムウエアが蘇る。

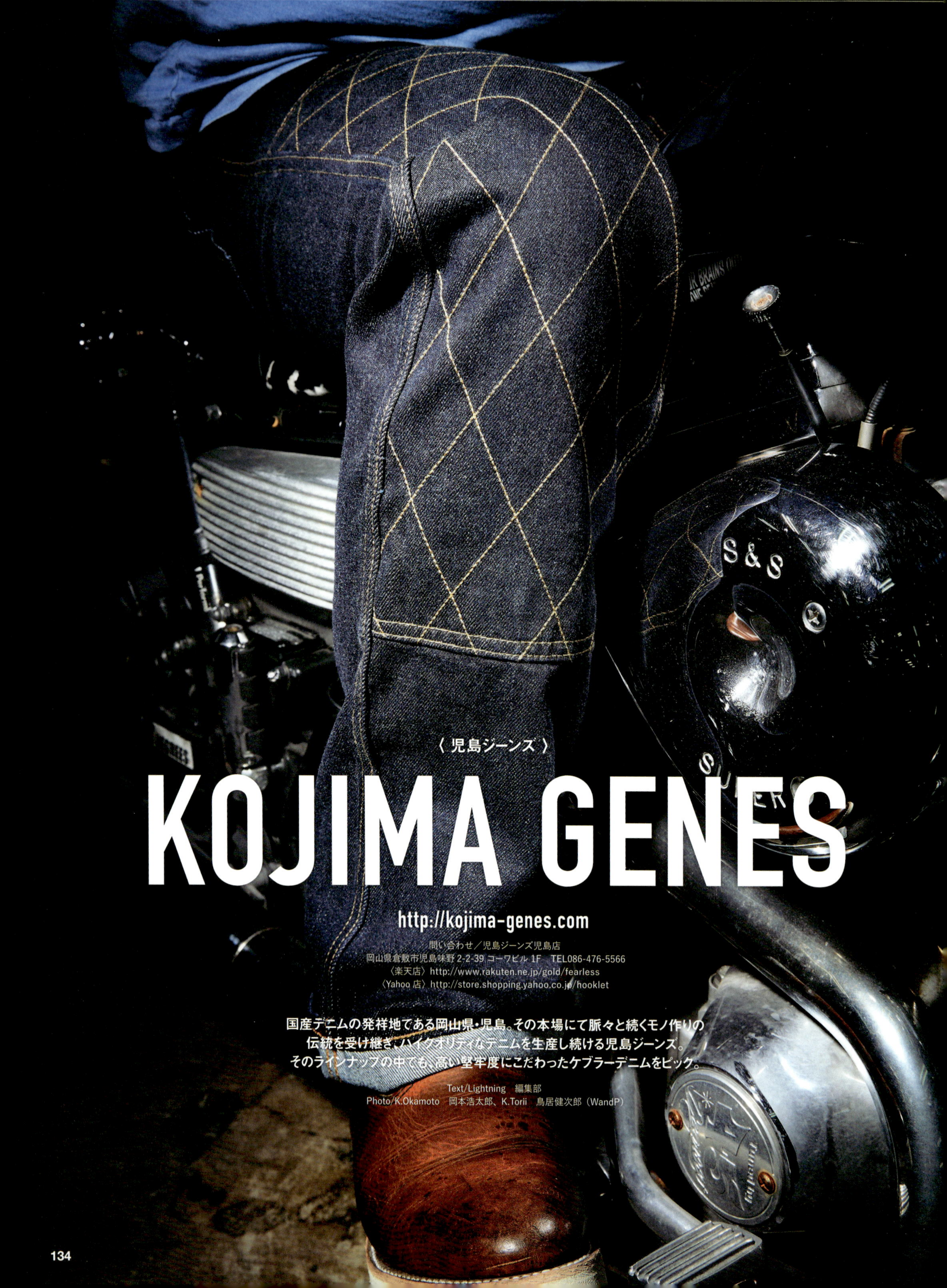

Denim Ultimate Catalog

〈児島ジーンズ〉

KOJIMA GENES

http://kojima-genes.com

問い合わせ／児島ジーンズ児島店
岡山県倉敷市児島味野 2-2-39 コーワビル 1F　TEL086-476-5566
〈楽天店〉http://www.rakuten.ne.jp/gold/fearless
〈Yahoo 店〉http://store.shopping.yahoo.co.jp/hooklet

国産デニムの発祥地である岡山県・児島。その本場にて脈々と続くモノ作りの
伝統を受け継ぎ、ハイクオリティなデニムを生産し続ける児島ジーンズ。
そのラインナップの中でも、高い堅牢度にこだわったケブラーデニムをピック。

Text/Lightning　編集部
Photo/K.Okamoto　岡本浩太郎、K.Torii　鳥居健次郎（WandP）

RNB-1017 "AGING SAMPLE"

2年間穿きこんだエイジングサンプル。長期間穿きこんだにも関わらず、生地破れなどの
ダメージはまったく見受けられない。タフな生地感は破れなどのリスクを軽減してくれる

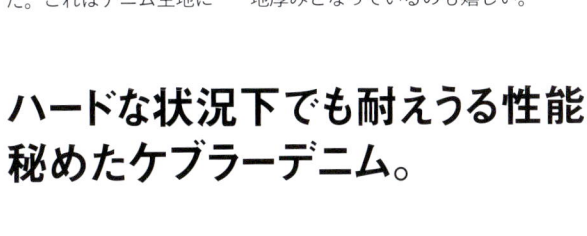

RNB-1017
13oz KEVLAR W-KNEE STRAIGHT

13オンスという生地の厚みは、軽量かつごわつきの少ない履き心地が味わえる。ダイヤモンドステッチが施されたダブルニー仕様となっており、ワークスタイルからバイカースタイルまで幅広く対応する1本だ。1万7280円

　日本を代表するデニムの産地が、岡山県倉敷市児島。その場所で日本国内はもとより、世界でも通用するトップレベルのモノ作りを行なうのが児島ジーンズだ。欧文表記のブランド名にある"GENES"（遺伝子）の言葉通り、デニムの産地である児島にて脈々と受け継がれる、職人が培った技術や伝統を受け継ぎ、高品質なデニムを作り続けている。

　その児島ジーンズが世に送り出した、次世代ともいうべきプロダクツがケブラーデニムシリーズだ。これはデニム生地に高機能素材「ケブラー」を織り込み、従来のジーンズを遥かにしのぐ高強度を実現させたもの。

　このケブラーという素材は、高機能な化学繊維の開発を行う「デュポン社」が開発した繊維で、軍・警察などのミルスペックプロダクツのみならず、宇宙服などの分野などでも使用される高堅牢繊維だ。同じ重量の鋼鉄に比べ約5倍の強度があり、熱や摩擦、切創などにも強いこのケブラーを、デニムの横糸に用いて織上げていて、バイクツーリングなどハードな使用にも耐えうる堅牢性を持たせている。また生地に強度があるため生地厚みを必要とせず、動きやすさなど考え13オンスという実用的な生地厚みとなっているのも嬉しい。

ハードな状況下でも耐えうる性能を秘めたケブラーデニム。

Denim Ultimate Catalog

穿きこむほどに自分だけの"藍色"へと経年変化。
INDIGO KEVLAR DENIM

デニムの醍醐味は、着用するほど生地に刻まれる美しい藍の色落ち。
しなやかな穿き心地ながら堅牢性の高い13オンスのケブラーデニムでも自分らしい
エイジングの味わいを楽しめる。その至極のラインアップをご覧あれ。

▶ INDIGO_1
RNB-551
13oz KEVLAR
DENIM JACKET 3rd TYPE

肩ヨーク部分やエルボー部分をダイヤモンドステッチで補強したサードデザインのデニムジャケット。13オンスというミディアムウエイトのケブラーデニム生地は、抜群の着心地を提供してくれる。2万1600円

▶ INDIGO_2
RNB-1124
13oz KEVLAR
W-KNEE D-POCKET

シートを傷つけないカンヌキ留めやヒップにデザインされたタンデムベルト、そして太ももに革素材のDポケットなど、ライダーススタイルのケブラージーンズ。まさにバイクファンのためのモデルだ。2万520円

▶ INDIGO_3
RNB-1160
KEVLER MONKEY
COMBO PANTS

5ポケットをベースに、股下部分をブラックケブラーデニムで大胆に切り替えたモンキーコンボパンツ。エイジングが進めば、インディゴとブラックのそれぞれトーンが異なる色落ちが楽しめる。1万6200円

KOJIMA GENES

墨黒から灰色へとエイジングする独自の風合いが魅力。

BLACK KEVLAR DENIM

高強度かつ高耐熱を誇る高堅牢繊維のケブラーを横糸に用いた、ケブラーデニムのブラックバージョン。縦糸には硫化染料を使った墨黒色のロープ染色(芯白)を施しており、インディゴとは一味異なる、墨黒から灰色への色落ちが楽しめる。

▶ BLACK_1
RNB-551BK
13.5oz BLACK KEVLAR
DENIM JACKET 3rd

端正な表情となったブラックケブラーのデニムジャケット。補強用のダイヤモンドステッチも同色で施しており、バイカーはもちろんタウンユースでも使える、高いファッション性や実用性が魅力的。2万3760円

▶ BLACK_2
RNB-1188WK
13.5oz BLACK KEVLAR
W-KNEE STRAIGHT

負担が掛かりやすいヒザ部分の生地を二重にし、ダイヤモンドステッチを落とし込んだブラックケブラーのダブルニーストレート。デザイン性と耐久性を合わせ持った、重厚感のあるデザインが特徴だ。2万520円

▶ BLACK_3
RNB-1188R
13.5oz BLACK KEVLAR
STRAIGHT

シンプルに着こなせる定番のストレートデニムをブラックケブラーデニムで構築。太すぎず細すぎない美しいシルエットなので、シーンを選ばず穿ける。もしもの時に頼れる1本としてオススメしたい。1万5120円

Denim Ultimate Catalog

1.5 YEARS

▶ **AGING SAMPLE**

ほぼ毎日着用することでヴィンテージデニム同様の、美しい色落ちとなった。特に股下部分のヒゲや膝裏に現れるハチノスと呼ばれるアタリは、しっかりと浮き出ている。エイジングを味わいたいデニムファンには、まさにうってつけだ

穿きこみサンプル

穿きこんだモデル名__RNB-1004M
穿きこみ頻度__週5回ほど／洗濯の頻度__3カ月に1回
最初に洗ったのは__穿き始めて3カ月

 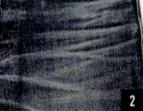  

1.革パッチはウエストを縫製する糸をそのまま途切れること無く、一筆縫いとなっている。旧きよき時代のヴィンテージデニム同様の手法だ。2.旧デニム織機で織られたザラ感のあるデニム表面。だからこそ美しいアタリが生まれる。3.オリジナルの刻印が施された大小のフロントボタン。4.旧織機で織られた証であるセルビッチ。ホツレ防止のステッチは青を採用

旧デニム織機から生まれる
ヴィンテージライクな定番モデル。

RNB-1004M
18oz VINTAGE REGULAR STRAIGHT

児島ジーンズ創業時から人気を誇るのが、この18オンスのヴィンテージレギュラーストレート。昔ながらの旧デニム織機を用いて織り上げられた、ヴィンテージライクな仕上がりのヘビーオンスデニムを採用する。縦糸にムラ糸を多用し、強めのテンションで織ることで張りのある生地感に仕上がっており、このことで美しい縦落ちや絶妙の濃淡のあるアタリを楽しむことができるのが特徴なのだ。

基本データ
プライス__1万6200円
ウエストのサイズ展開__W30〜34, 36, 38, 40, 42
ベースにしている年代__1950年代
ウォッシュ__リジッド

生地
生地の重さ__18オンス
綾織__右綾織
防縮加工__あり
生地の生産地__岡山県倉敷市
コットンの種類__米綿100%
縦横の糸番手__タテ5番、ヨコ5番
生地のザラ感__強
タテ落ちの種類__点落ち
色落ちのスピード__普通

染め
ロープ染色

縫製
縫製糸の特徴__40番手〜6番手のコアヤーンを使い分け、各部により運針数を変えている
アウトシームの縫製__両耳の割り縫い
耳を使っている場所__アウトシーム、コインポケット
耳の幅__普通(1.6cm)
耳の色__青耳

ディテール
ヒップパッチ__カウハイド・一筆縫い
ベルトループ__中盛り有、バンザイループ
フロントフライ__オリジナルのボタンフライ
リベットの種類__真鍮製刻印あり
隠しリベットの有無__あり
スレーキの生地__綾織り生成りのコットン100%
ピスネーム__なし

KOJIMA GENES

▶ **NEW MODEL**

RNB-102R
15oz SELVEDGE / REGULAR STRAIGHT

国産15オンスのセルビッチデニムを使用した、ボタンフライのレギュラーストレートモデル。帯のVステッチや中盛リループに1本縫いといった、本格的なヴィンテージジーンズのディテールを持つ。手頃な価格ながら、味わい深い色落ちが楽しめる人気モデルだ。1万260円

1.5 YEARS

▶ **AGING SAMPLE**

適度な硬さを持つ15オンスのデニム生地は、着用者の動きのクセを鏡のように反映し、穿きこむほど絶妙な濃淡のあるアタリが浮き出てくる。また型崩れもしにくいので、長きに渡り穿きこめる

◀ **NEW MODEL**

RNB-1119
23oz PAINTER PANTS

縦横共に3番手という太い糸番手を使った、ヘビーデューティーな23オンスのデニム生地のペインターパンツは、1980年代のワークパンツがベースとなっている。これによりファッションウエアとしてだけでなく、ワークやバイカーズウエアとしても活用できる。1万8360円

2 YEARS

▶ **AGING SAMPLE**

極厚が故に縫製が困難な23オンスの右綾織デニム生地は、太い糸番手で織られているため生地表面がフラットになっており、エイジングした際の色落ちは、美しく流れるような線落ちが特徴だ

KURO

〈 クロ 〉

http://kurodenim.com/

KURO GINZA　TEL03-6274-6257

2 YEARS

▶ **AGING SAMPLE**

KUROが展開するスタンダードなストレートスリムモデル。極上のシルエットは、ヒップ周りと股上の深さは足を長く見せるよう黄金比に設定。日本屈指のデニム生地メーカーで織ったファブリックを使用しており、色落ちもご覧の通り

穿きこみサンプル

穿きこんだモデル名__GRAPHITE
穿きこみ頻度__週2回ほど／**洗濯の頻度**__3カ月に1回
最初に洗ったのは__穿き始めて5カ月目

▶ **OTHER LINEUP**

GIOCATORE 12oz. Tapered (Ginza Special Edtion)

KURO GINZAの限定モデル。腿周りにゆとり、膝下から強めのテーパードがかかったシルエットは、フォーマルなスラックスを思わせる。バックポケットには隠しリベット、細幅のステッチが都会的なデニムスタイルを演出。3万2400円

1.セルビッジは王道の赤耳。2.トップボタンは月桂樹、その他はドーナツボタンを使用した対戦モデル仕様。3.ヒップポケットに赤耳をあしらった独創的なデザイン。色褪せて朱色に経年した風合いが抜群。4.立体シェービングによるヒゲ加工は岡山ならではの職人技。ヴィンテージに肉薄した迫力

世界が認めた、最高のシルエットと色落ち。

GRAPHITE

世界最高峰のデニムの聖地として知られる岡山・児島産のブランドの中でも、海外から最大級の評価を受けるKURO。シルエットの美しさは言うに及ばず、細部に宿る卓越したデザイン、そして児島の職人による加工技術の高さは圧巻だ。もちろん吉河織物製や日本綿布製デニムなどのファブリックを使ったデニムだけに、リジッドから穿きこんだ際のエイジングも目を見張るものがある。

基本データ
プライス__1万5120円
ウエストのサイズ展開__W28～38
ベースにしている年代__シルエットは1970年代
ウォッシュ__ワンウォッシュ

生地
生地の重さ__13オンス
綾織__右綾織
防縮加工__あり
生地の生産地__岡山県井原市
コットンの種類__米綿100%
縦横の糸番手__タテ6番、ヨコ7番
生地のザラ感__普通
タテ落ちの種類__縦落ち少々
色落ちのスピード__早め

染め__ロープ染色

縫製
縫製糸の特徴__コアスパンをオリジナルの混紡で作成
耳を使っている場所__アウトシーム、ヒップポケット
耳の幅__普通
耳の色__赤色

ディテール
パッチ__シープスキン
フロントフライ__月桂樹ボタン
リベットの種類__裏の足に刻印あり
ピスネーム__なし

〈 エル・エル・ビーン 〉
L.L.BEAN

http://www.llbean.co.jp

エル・エル・ビーン カスタマーサービスセンター　TEL0120-81-2200

AGING MODEL

定番アイテムを現代的にアップデートさせたシグネチャーのジーンズ。高品質で知られるコーンミルズ社のデニム生地を採用したモデルで、ストレッチ性もあるため動きやすく快適。こちらはウォッシュ加工を施した1本。濃淡モデルもあり。

▶ **OTHER LINEUP**
BOOTHBAY TOTE

日常使いはもちろん、小旅行にも対応するサイズ感のトートバッグ。ベーシックなデザインながら、ジッパートップやオーガナイザー機能、タブレットスリーブが付いたコンパートメントなど、タウンユースに向けた機能を搭載。9612円

1.コインポケットには、さりげなくロゴ刺繍が施されている。2.フロントはジッパー仕様で、トップにはオリジナルボタンを採用。3.綿99％、ポリウレタン1％の割合で作られたストレッチデニムは動きに合わせて伸縮するが、味のある色落ちも楽しめる。4.パッチデザインは極シンプルに仕上げられている

SIGNATURE FIVE-POCKET JEANS
SLIM STRAIGHT STRETCH

ストレッチ性デニムは
アクティブシーンにも対応。

基本データ
- プライス__1万1880円
- ウエストのサイズ展開__W30〜38
- ベースにしている年代__2014年
- ウォッシュ__ウォッシュ加工

生地
- 生地の重さ__12.2oz
- 綾織__ー
- 防縮加工__ー
- 生地の生産地__アメリカ
- コットンの種類__ガーメントウォッシュデニム
- 縦横の糸番手__ー
- 生地のザラ感__ー
- タテ落ちの種類__ー
- 色落ちのスピード__ー

染め
- ロープ染色

縫製
- 縫製糸の特徴__ー
- アウトシームの縫製__ー
- 耳を使っている場所__なし
- 耳の幅__なし
- 耳の色__なし

ディティール
- ヒップパッチ__レザー
- ベルトループ__普通
- フロントフライ__アンティークプレス YKK ジッパー
- リベットの種類__ー
- 隠しリベットの有無__なし
- スレーキの生地__なし
- ピスネーム__なし

1912年にアメリカのメイン州で誕生した老舗アウトドアメーカー。100年以上を誇る長い歴史の中で、様々なデニムアイテムもリリースされてきたが、現在人気が高いモデルがシグネチャー・シリーズ。味わいのあるウォッシュ加工が施されたスリム・ストレートは、タイトなシルエットながらストレッチが効いているため、アクティブシーンにも対応可能。街からフィールドまで幅広く活躍する。

LEVI'S® VINTAGE CLOTHING

〈 リーバイス® ビンテージ クロージング 〉

http://levi.jp

リーバイ・ストラウス ジャパン　TEL 0120-099501

2 YEARS

▶ **AGING SAMPLE**

ジーンズの完成型と呼ぶに相応しいのリーバイス® 1955年製モデルの復刻。この時代の仕様を体現するアンチフィットなヒップまわりや、ゆとりのあるボックスシルエットの脚を再現。ギャラ入り紙パッチも抜かりなく

穿きこみサンプル

穿きこんだモデル名	501® XX 1955 MODEL
穿きこみ頻度	週2〜3回ほど
洗濯の頻度	2カ月に1回
最初に洗ったのは	穿き始めて3カ月目

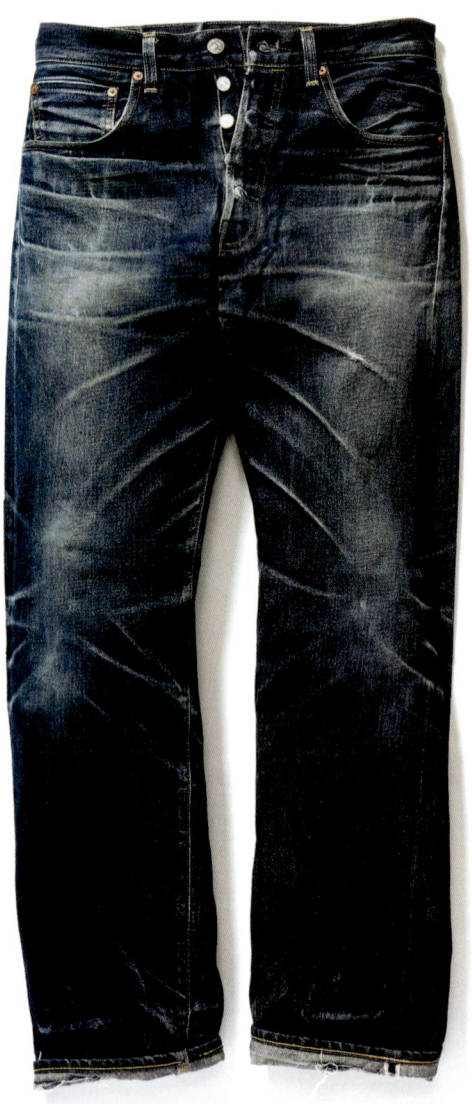

1.ファブリックはコーンデニムのセルビッジデニム。2.ギャラ入り紙パッチ。1955年モデルは革パッチが廃止され、紙へと移行した時期だった。未防縮なので洗い込むとご覧の皺感となる。3.2本針式アーキュエットステッチは色褪せて抜群の風合い。レッドタブはこの時期から両面刺しゅうに。4.オリジナル刻印のタックボタン。ボタンのアタリもくっきりとでている

歴史を背負っているからこそ醸し出す説得力。

501® XX 1955 MODEL

5ポケットデニムのオリジネーターであるリーバイス®の過去のアーカイブにスポットを当て、復刻するLVC。本家ならではの素材、ディテールの再現力は凄まじいものがあり、卓越したリアルユーズド加工などはもはや本物のヴィンテージと見紛うほどのクオリティを実現。デニムは穿きこんだ時にこそ真価が分かる。そして歴史を背負っているからこそ、色落ちにも一層説得力が生まれるのだろう。

基本データ
- プライス＿＿3万2400円(税込み)
- ウエストのサイズ展開＿＿W28〜34, 36, 38
- ベースにしている年代＿＿シルエットは1955年モデルの501®
- ウォッシュ＿＿リジッド

生地
- 生地の重さ＿＿13.7オンス(未洗い、縮み前)
- 綾織＿＿右綾織
- 防縮加工＿＿なし
- 生地の生産地＿＿アメリカ　コーンミルズ社製
- コットンの種類＿＿綿100％
- 生地のザラ感＿＿普通
- タテ落ちの種類＿＿線と点落ちの両方
- 色落ちのスピード＿＿普通

染め
- ロープ染色

縫製
- 縫製糸の特徴＿＿金茶とオフホワイトの2色使い
- 耳の幅＿＿普通
- 耳の色＿＿濃い赤色

ディテール
- パッチ＿＿紙パッチ(1955年から501®は紙パッチへ変更)
- フロントフライ＿＿オリジナルボタン
- リベットの種類＿＿真鍮製刻印あり
- ピスネーム＿＿コットン
- バックシンチ＿＿なし

▶ **OTHER LINEUP**

1933 501® ジーンズ RIGID

シンチベルト付きの1933年モデルは旧きよきワークウエアがファッションへと移行する過渡期。初めてベルトループが加わったが、シンチベルトとサスペンダーボタンは残された。この当時、若者はシンチベルトをカットする一方、オールドファンはサスペンダーで吊って穿いていた。
3万2400円

▶ **OTHER LINEUP**

1976 501® ジーンズ RIGID

大きく変革のあった1976年の501。レッドタブはビッグEから小文字のeを使ったスモールeに変更され、ヒップポケットの補強はバータック仕様となった。'70年代はやや股上が浅くすっきりとしたシルエットに。3万2400円

▶ **OTHER LINEUP**

606™

ウエスト位置で履き、さらにスリムにフィットするテーパードレッグとなった独創的なスリムフィットジーンズは、'60年代後半に登場し若者を中心に圧倒的な支持を得た。ビッグEのオレンジタブが目印となる1本。2万2680円

〈リー〉
Lee

http://www.lee-japan.jp

リー・ジャパン　TEL03-5604-8948

> ▶ **AGING MODEL**
>
> Back to Basicをコンセプトにしたリーのスタンダードライン「AMERICAN RIDERS」のヒゲ加工モデル。14.4オンスのヘビーオンスは質実剛健ながら、ギリシャ/ウガンダ産綿100%オーガニックコットンの滑らかさが病みつきになる

> ▶ **OTHER LINEUP**
>
> **Lee Riders 101Z 52's Model**
>
> リーのアイデンティティとも言える、世界で初めてジッパーフライを搭載した1952年モデル。センター赤タグラベルに、裾は前後見頃合わせ部分に二本針二重環縫いを採用。ポケット裏のユニオンチケットは時代を物語る。1万9440円

1.ギリシャ/ウガンダ産綿はオーガニックコットン。それを証明する記述が、スレーキにプリントされている。2.リーライダースの刻印フロントボタン。3.立体シェービングを駆使したヒゲ加工は、現代技術の賜物。4.リー最大の特徴である左綾織りのデニム。これにより独特の色落ちが生まれるのだ

リーカウボーイを受け継ぐ左綾の銘品モデル。

Lee AMERICAN RIDERS 101z

従来のワークウエアから脱し新しい時代を切り拓いたのが1920年代に登場したリーカウボーイ。その後継モデルとなるのがジッパーフライを配した101Zライダースだ。かつてはジェームズ・ディーンが公私ともに愛用し、現在でも「アメリカンライダース」シリーズとして受け継がれている。その質実剛健なディテール、スタイリッシュなシルエットは100年近く経っても変わることはない。

基本データ	
プライス	1万2960円（ワンウォッシュ）、1万5120円（ヒゲ加工）
ウエストのサイズ展開	W28〜36
ベースにしている年代	ディテール:1960年代の101-Z、シルエット:レギュラーストレート
ウォッシュ	ワンウォッシュ、ヒゲ加工

生地	
生地の重さ	14.4オンス
綾織	3/1左綾織
防縮加工	あり
生地の生産地	岡山県井原市
コットンの種類	ギリシャ/ウガンダ産綿100%（非遺伝子組み換えオーガニック綿）
縦横の糸番手	タテ7番、ヨコ6番
生地のザラ感	少ない
タテ落ちの種類	線と点の両方（やや強め）
色落ちのスピード	遅め

染め	
	ロープ染色

縫製	
縫製糸の特徴	6、20、30番手のオリジナルのコアヤーンを使い分け、カラーはイエロー2色、ベージュ、ブラックの計4色
耳の幅	耳なし
耳の色	耳なし

ディテール	
パッチ	Lee焼印入りカウレザー
フロントフライ	Lee刻印入り真鍮製タックボタン、Lee刻印入りファスナー
リベットの種類	Lee刻印入り真鍮製
ビスネーム	ベースはコットン、文字部分のみレーヨン

〈 ミスターフリーダム × シュガーケーン 〉

MISTER FREEDOM × SUGAR CANE

http://www.misterfreedom.com

東洋エンタープライズ　TEL.03-3632-2321

1.5 YEARS

AGING SAMPLE

デザイナー、クリストフ氏が穿きこんだCALIFORNIANシリーズの色落ちサンプルは、1970年代がベースのスリムモデル。12.5オンスのコーンデニムを使用。※こちらのモデルは下の新作モデルとは生地が異なります

穿きこみサンプル

穿きこんだモデル名＿＿CALIFORNIAN Lot.74
穿きこみ頻度＿＿週1〜2回ほど
洗濯の頻度＿＿3カ月に1回
最初に洗ったのは＿＿穿き始めて6カ月目

▶ OTHER LINEUP

Conductor Slacks, Malibu denim

流行に左右されないスタンダードなウェアを米国製にこだわり展開するMFSC "The Sportsman" シリーズの新作。旧きよきヨーロピアントラウザースがベースで、コシのあるザラ感の強い生地も魅力。3万2184円

CALIFORNIAN Lot.64 BUCKLE BACK, sugar cane fiber "301 Okinawa", made in USA

基本データ
プライス＿＿3万2184円
ウエストのサイズ展開＿＿W28〜34, 36, 38
ベースにしている年代＿＿シルエットは1960年代、ディテールは1940年代、生地はsugar cane fiber denim "301 Okinawa"
ウォッシュ＿＿リジッド、ワンウォッシュ

生地
生地の重さ＿＿14オンス
綾織＿＿左綾織
防縮加工＿＿なし／生地の生産地＿＿日本
コットンの種類＿＿sugar cane fiber denim "301 Okinawa"（綿50%、砂糖黍50%）
縦横の糸番手＿＿非公開／生地のザラ感＿＿強め
タテ落ちの種類＿＿点と線の両方
色落ちのスピード＿＿遅め

染め
ロープ染色、琉球藍とインディゴをブレンド

縫製
縫製糸の特徴＿＿太さやカラーの異なる12種の綿糸使い分けて縫製
アウトシームの縫製＿＿両耳の割り縫い
耳を使っている場所＿＿アウトシーム
耳の幅＿＿細め
耳の色＿＿生成り／緑

ディテール
パッチ＿＿カウハイドレザー
ベルトループ＿＿中盛りなし
フロントフライ＿＿酸化した風合いのオリジナルボタン
リベットの種類＿＿銅製刻印なし
隠しリベット＿＿なし
ピスネーム＿＿なし
バックシンチ＿＿あり

ヴィンテージを知り尽くした デザイナー渾身の1本。

ミスターフリーダムとシュガーケーンのコラボレーションブランド、MFSC。同ブランドのスタンダードデニムが米国製5ポケットの "CALIFORNIAN" だ。'17年秋冬の新作はサトウキビの繊維とコットンを混紡したオリジナルの14オンスデニム "301 Okinawa" を採用。袋地にNOS（デッドストック）のストライプ生地を使用し、細身のストレートシルエットに仕上げた。

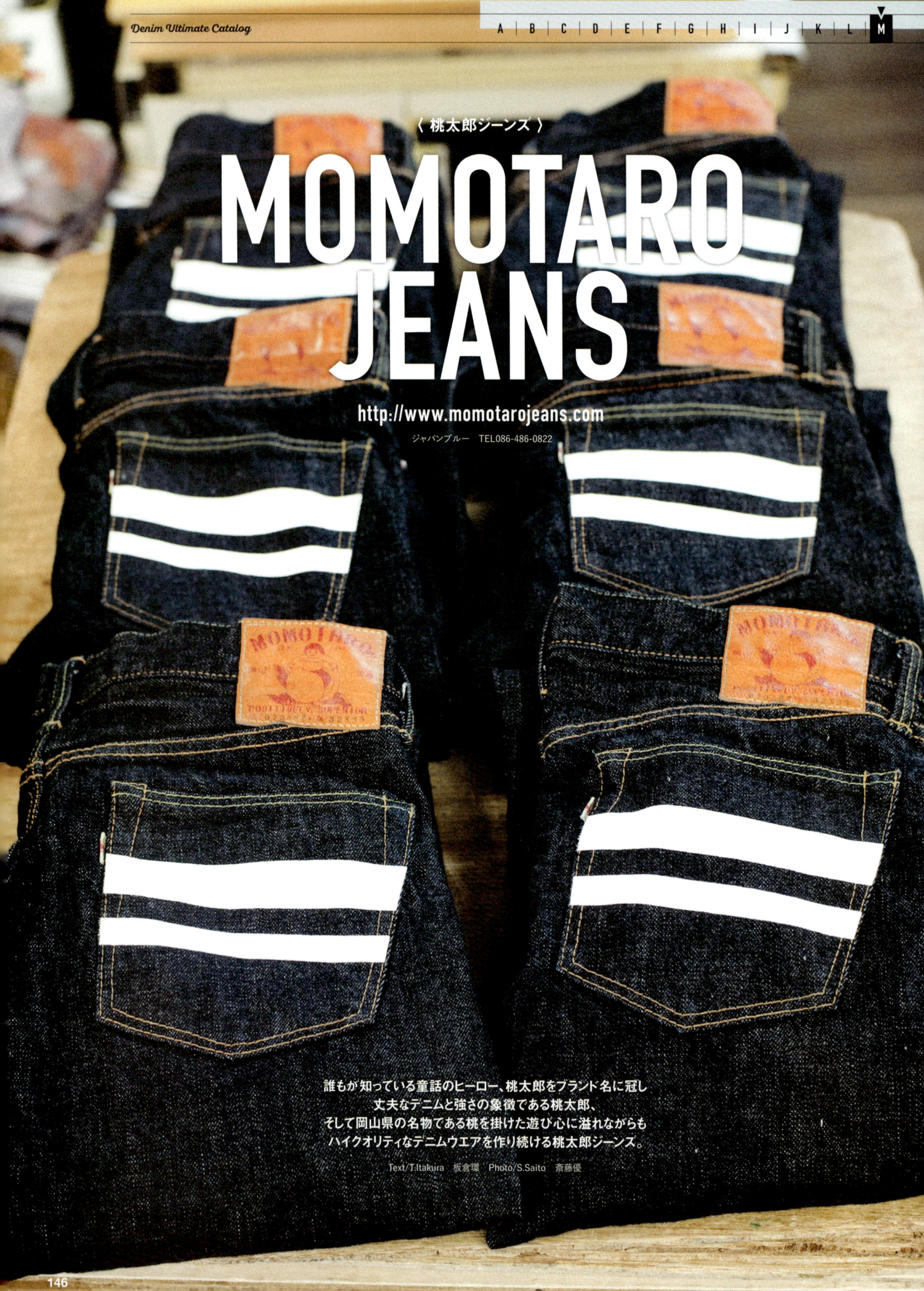

〈桃太郎ジーンズ〉

MOMOTARO JEANS

http://www.momotarojeans.com

ジャパンブルー　TEL086-486-0822

誰もが知っている童話のヒーロー、桃太郎をブランド名に冠し
丈夫なデニムと強さの象徴である桃太郎、
そして岡山県の名物である桃を掛けた遊び心に溢れながらも
ハイクオリティなデニムウエアを作り続ける桃太郎ジーンズ。

Text/T.Itakura　板倉環　Photo/S.Saito　斎藤優

岡山県児島を本拠地として、2006年に初めてオリジナルの国産ジーンズを手掛けた桃太郎ジーンズ。遊び心溢れるデザインやアイテムなど、コミカルな印象とは打って変わって、岡山発のジーンズメーカーとしてクオリティの高いアイテムに定評がある。桃太郎ジーンズを知るうえで、まず始めに知っておきたいのはオリジナルの生地であること。それはジーンズメーカーであれば当然のことのように思えるが、もともと岡山県児島で生地、染めの専門メーカーとして名の知れた母体が作ったファクトリーブランドであるため生地開発には余念がない。むしろ自信がないなんてことはあり得ない。いわば生地を知り尽くしたスペシャリストたちによって作り上げられたのが桃太郎ジーンズなのだ。そのクオリティの高さは、たびたびメディアでも紹介され、世界でも注目を浴び、岡山を代表するジーンズメーカーとなっている。また、桃太郎ジーンズを直営店、もしくはオンラインショップで購入した場合のみ、10年間の修理保証を承るギャランティーが付けられることからクオリティに絶対の自信があるといえる。デニム作りにおいて本気、そして純国産の意地を感じさせてくれる1本のジーンズ。見た目とのギャップに多くのファンは魅せられてしまうのだ。実力が伴う大人の遊び心が理解できる玄人好みのジーンズといっても決して過言ではないだろう。

クオリティの高さを求めるからこそ純国産にこだわる。

桃太郎ジーンズの象徴でもあるバックポケットのペンキプリント。太さの異なる二本線がシルクスクリーンにより、丁寧にプリントされる。二本と日本を掛けた駄洒落でもあり、ジーンズのアイキャッチとなる。生地は旧式力織機で織られたセルビッジ仕様

直営店だけで出会える ファン必見のジーンズ。

ショップには、サイズやシルエットの異なる桃太郎ジーンズが棚にズラリと並べられ、定番ジーンズが人気であることを物語る

店内奥にはヴィンテージのチェーンステッチミシンとして知られているユニオンスペシャルが置かれ、裾上げなどで稼働している

店内の壁面にはモデルによって異なるデザインのフラッシャー付きジーンズが飾られる。これだけ並ぶと迫力がある

　現在、東京、岡山、広島の計4店舗で直営店を営業する桃太郎ジーンズ。ショップには店舗限定のアイテムだけでなく、バックポケットのペンキのカラーを選ぶことができたり、ジーンズを購入すると10年保証のギャランティがもらえたりと良いこと尽くし。もちろんショップには桃太郎ジーンズのフルラインアップが置かれている。

　さらに注目すべきは岡山児島店では世界で立った1本のオーダーメイドジーンズが作れるという。それも生地から作り上げるのだが、旧式力織機よりも遥かに時間も労力もかかる手織りによってデニム生地を作り使用したもの。またデニム生地に使用される糸は、本藍手染めによるものでクオリティも20万円弱のプライスもプレミアムな究極の逸品だ。しかも、オーダーして出来上がるまでに、現在約2年待ちというのも驚きだ。ジーンズのクオリティはもちろん本来の価値を解っている人だけに向けたサービスだ。

DATA
桃太郎ジーンズ児島味野本店
岡山県倉敷市児島味野1-12-17　TEL086-472-1301　10時〜19時　無休

Denim Ultimate Catalog

MOMOTARO JEANS

世界で1台しかない独自にカスタムされた手織り機を使用して手織りで織られるデニム生地。1反作るのに1週間以上時間が要するのだという。糸は天然藍の手染め仕様。そこまでもプレミアムだ

AGING SAMPLE

2 YEARS

長年に穿き込んだシーンズは濃淡がはっきりとしたエイジングがヴィンテージさながら。バックポケットにプリントされた2本線もデニムの色落ちとともにプリントが剥がれてきているのも雰囲気良しな1本だ

穿きこみサンプル	
穿きこんだモデル名	0705SP
穿きこみ頻度	ほぼ毎日
洗濯の頻度	1ヶ月に1.2回ほど
最初に洗ったのは	穿き始めて6ヶ月目

1.ジーンズ1本ずつ手作業でシルクスクリーンプリントされた思たろうジーンズを象徴する2本線 2.リアルに穿き込んだことによって立体的なヒゲと呼ばれる経年変化が美しい 3.フロントはブランドロゴが刻印されたオリジナルボタンを装備したボタンフライ仕様 4.スレーキにはジャカード織りで家紋柄を表現したオリジナル生地を使用した

15.7oz特濃タイトストレート（モデル名）

高級綿ジンバブエコットンの肌触り。

基本データ
- プライス__2万3760円（W28-W34、36）、2万5920円（W38、40、42）
- ウエストのサイズ展開__W28〜34、36、38、40、42インチ
- ウォッシュ__ワンウォッシュ

生地
- 生地の重さ__15.7オンス
- 綾織__右綾織
- 防縮加工__あり
- 生地の生産地__岡山県井原市
- コットンの種類__ジンバブエコットン100%
- 縦横の糸番手__タテ6番、ヨコ6番のムラ糸
- 生地のザラ感__普通
- タテ落ちの種類__線落ち、点落ち混合
- 色落ちのスピード__遅め

染め
- ロープ染色
- 手染めなど

縫製
- 縫製糸の特徴__6、8、20、30番手の綿糸を使いわけ、カラーは計4色
- アウトシームの縫製__両耳の割り縫い
- 耳を使っている場所__アウトシーム、コインポケット
- 耳の幅__普通
- 耳の色__ピンク/白/ピンク

ディテール
- ヒップパッチ__シープスキン
- ベルトループ__中盛りあり
- フロントフライ__オリジナルボタン
- リベットの種類__銅製 オリジナル刻印あり
- 隠しリベットの有無__あり
- スレーキの生地__綾織り生成のコットン100%
- ピスネーム__レーヨン

超長綿で知られるジンバブエコットンを糸の原料にさらに特濃で染め上げたインディゴ糸を使用した細みの定番ジーンズ。すっきりとしたシルエットとやや股上を浅くデザインすることでジーンズ本来の武骨さを軽減し、よりファッション性の高い1本へと仕上げている。さらに随所に見られるヴィンテージディテール、穿くごとに表れるエイジングは、古着ファンも楽しませてくれる納得の出来映え。

MOMOTARO JEANS

▶ **OTHER LINEUP**
Original Jacquard Shorts

アロハシャツ同様オリジナルのインディゴジャカード生地を使用したベイカーショーツ。レングスは長くもなく短過ぎない膝丈ほどの絶妙な長さが良し。フロントはファスナーでの開閉式で生地も軽量であるためサマーシーズンに大いに活躍してくれるだろう。1万4040円

▶ **OTHER LINEUP**
Peach Jacquard S/S Aloha Shirts

オリジナルジャカードのアロハシャツ。大きな波の中をどんぶらこと流れる桃を織りで表現した和テイストのデザイン。インディゴ糸を使用したファブリックを採用しているため、着込むたびに表れる薄手のシャツならではの経年変化も楽しむことができる。1万4040円

▶ **OTHER LINEUP**
Indigo Dobby Shorts

インディゴ染めしたドビー素材を使用したチノディテールのショートパンツ。ドビー織りによって生地の表面に細かな凹凸が見られ、さらにウォッシュ加工を施すことで立体的な生地にランダムなあたりが出ているのが特徴。清涼感のある色、素材が魅力。1万5120円

▶ **OTHER LINEUP**
Original Wabash Bush Shorts

オリジナルウォバッシュ生地を採用したブッシュショーツ。フロントに付けられたフラップ付きのスクエアポケットがデザインの大きな特徴。さらにドットで形成されるストライプ柄をよく見ると桃柄が等間隔で潜んでいる遊び心満載のショートパンツだ。1万7280円

Denim Ultimate Catalog

〈女神織DENIMS 〜めがみおりデニムス〜〉

MEGAMIORI DENIMES

http://www.megami-denim.com

VIS STORE-TOKYO　TEL03-3478-6335

▶ **AGING MODEL**

股上がやや浅いスリムシルエットが特徴。加工モデルながらインディゴの濃さをしっかりと残しているのが特徴。ダメージ加工を施したうえで、各部位が軟弱にならないように、タタキや当て布を施して、しっかりとリペア

▶ **OTHER LINEUP**

FATIMA

こちらもインディゴの濃さを残しながらも、長年穿きこんだ風合いを表現したモデル。随所に黒ずみを入れて、長く洗濯していない風合いを表現。ダメージ部分は内側から白と黒で当て布を施し、雰囲気のあるリペアに。3万5640円

 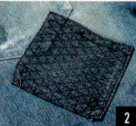  

1.イーグルが羽根を広げて羽ばたくネームパッチ。2.バックポケット下には、キルティングの生地でダメージ部分が強固にリペアされている。3.腿などの擦れた部分はタタキで、ヒッコリーや生成りなどのファブリックを使うなど、雰囲気のある処理が魅力。4.補強部分も当て布でリアルなリペアが施される

ジャパンメイドならでの職人技が光る。

EOS

ヴィンテージのバイヤーとして経験を積んできたデザイナーと、生粋のデニム職人がタッグを組み生まれた珠玉のブランド。天女がまとう羽衣のような着心地を意識し、それを日本ならではのクオリティで製作している。加工はすべて職人が手作業によってひとつひとつのデニムを仕上げているので、画一的なモデルは存在しない。このEOSも、ダメージとリペアを意識した独特な作りが魅力的だ。

基本データ
- プライス__3万7800円
- ウエストのサイズ展開__W30, 32, 34, 36
- ベースにしている年代__特になし
- ウォッシュ__加工

生地
- 生地の重さ__15オンス
- 綾織__右綾織
- 防縮加工__あり
- 生地の生産地__岡山県井原市
- コットンの種類__アメリカ産綿100%
- 縦横の糸番手__タテ6.5番、ヨコ6.5番
- 生地のザラ感__強め
- タテ落ちの種類__短く霜降模様にタテに落ちます
- 色落ちのスピード__遅め(濃色のため)

染め
- インディゴ染め

縫製
- 縫製糸の特徴__強度と絶妙な色(綿糸は色数が少ない)を求めてスパン糸を使用
- アウトシームの縫製__割り縫い
- 耳を使っている場所__なし
- 耳の幅__なし
- 耳の色__ばし

ディテール
- ヒップパッチ__綿生地
- ベルトループ__中盛り無
- フロントフライ__ジッパー
- リベットの種類__真鍮製刻印なし
- 隠しリベットの有無__なし
- スレーキの生地__綾織り生成りのコットン100%
- ピスネーム__染めに強いポリ資材

〈 モーター 〉
MOTOR

http://www.motostyle.jp

モトスタイルストア　TEL03-6447-1613

3 YEARS

AGING SAMPLE

ベルトループが取り付けられた最初のモデルを再現したディテールが魅力。股上がやや深く太めのワークシルエットはそのままに、全体的に武骨に仕上げられている。革ラベルは洗濯や乾燥でも硬化し過ぎない鹿革を採用。

穿きこみサンプル

穿きこんだモデル名	MOTOR 22's STYLE BUCKLE BACK 13.5 OZ DENIM PANTS
穿きこみ頻度	週2回ほど
洗濯の頻度	1カ月に1回
最初に洗ったのは	穿き始めて1カ月目

1. 股とバックポケットのリベットは、オリジナルを意識した抜き打ちリベット仕様。
2. 1922年モデルの特徴であるバックルバックとサスペンダーボタンを配置。
3. セルビッジは薄い黄色を採用。縫製はチェーンステッチの巻き縫い等、ミシンのピッチもアメリカンインチサイズに統一している。
4. サスペンダーボタンは、存在感のある鉄製のドーナツボタンを採用する

MOTOR 22's STYLE BUCKLE BACK 13.5 OZ DENIM PANTS

基本データ
- プライス__2万7000円
- ウエストのサイズ展開__W30〜34, 36
- ベースにしている年代__1922年
- ウォッシュ__ワンウォッシュ

生地
- 生地の重さ__14.5oz
- 綾織__右綾
- 防縮加工__あり
- 生地の生産地__テネシー州メンフィス地方
- コットンの種類__単一綿（ブレンドしていない綿）
- 縦横の糸番手__タテ6番、ヨコ7番
- 生地のザラ感__強
- タテ落ちの種類__両方
- 色落ちのスピード__普通

染め
- ロープ染色

縫製
- 縫製糸の特徴__チェーンステッチの巻き縫い等、ミシンのピッチもアメリカンインチサイズに統一
- アウトシームの縫製__両耳の割り縫い
- 耳を使っている場所__アウトシーム、コインポケット
- 耳の幅__普通
- 耳の色__薄い黄色など

ディティール
- ヒップパッチ__ディアスキン
- ベルトループ__中盛り有
- フロントフライ__ドーナツボタン
- リベットの種類__真鍮刻印なし
- 隠しリベットの有無__なし
- スレーキの生地__綾織り生成りのコットン100%
- ピスネーム__なし

本池秀夫氏のインスピレーションの源泉を提示。

レザーアーティストの本池秀夫氏が現在に至るまでに影響を受けた、様々なインスピレーションの源泉をストレートに提示するラインを展開するモーター。現在リリース中のモデル、22'sスタイルは、本池氏が所有する1922年の王道デニムをベースにした1本。素材、縫製、糸、パターンなどオリジナルを徹底的に検証しながらも、独自の解釈を加えることによって生まれた傑作となっている。

M.V.P.

〈 エム・ヴィ・ピー 〉

http://shop.a-1clothing.com

A-1 クロージング　TEL03-6427-7943

1.薄いレッドを用いたセルビッジデニムは、フルカウントの十八番であるジンバブエコットン。2.バックポケットにはレーヨン製のピスネームが付いている。3.膝裏はクッキリとハチノスが出ている。リジットから穿き込んでも、こうは簡単にならない。4.レザーパッチには、ゴートスキンを使っている

AGING SAMPLE

数年間穿き込んだような迫力のあるエイジングとなっているが、こちらはエイジング加工を施した新作モデル。生産はフルカウントが担当しており、旧きよき時代のワークウエアのような濃淡のある色落ちは、もっとも得意とするところ

穿きこみサンプル
穿きこんだモデル名__1108A-1
穿きこみ頻度__未回答／洗濯の頻度__未回答
最初に洗ったのは__未回答

OTHER LINEUP
1108A-1

こちらはクラッシュ加工やリペアを施した存在感たっぷりのダメージモデル。全体的に色落ちしているので、穿いては洗っての繰り返しを経たような風合い。見た目はヴィンテージライクだが、シルエットはほどよく現代的だ。3万6720円

ヴィンテージとストリートの融合。

有名ヴィンテージショップのバイヤーや人気ブランドのディレクターなどを経て、現在は原宿にあるA-1クロージングの代表を務める真柄氏。大のヴィンテージワークウエア好きであると同時に、DJとしても活躍する。こちらのデニムは、スニーカー好きの真柄氏らしいテーパードシルエットで、生産を担当したのが、フルカウント。腰回りはゆったりしているので、テーパードが際立っている。

1108A-1

基本データ
プライス__2万5920円
ウエストのサイズ展開__W31, 33, 35
ベースにしている年代__特になし
ウォッシュ__リジッド、加工

生地
生地の重さ__13.7オンス
綾織__右綾織
防縮加工__なし
生地の生産地__岡山県倉敷市
コットンの種類__ジンバブエ産綿100%
縦横の糸番手__非公開
生地のザラ感__普通
タテ落ちの種類__点落ち、もしくは両方
色落ちのスピード__遅め

染め
ロープ染色

縫製
アウトシームの縫製__両耳の割り縫い
耳を使っている場所__アウトシーム、コインポケット
耳の幅__細め
耳の色__薄い赤色

ディテール
ヒップパッチ__ゴートスキン
ベルトループ__中盛り有
フロントフライ__オリジナルボタン(フルカウント)
リベットの種類__真鍮製刻印あり
隠しリベットの有無__あり
スレーキの生地__コットン
ピスネーム__レーヨン

NIGEL CABOURN

〈 ナイジェル・ケーボン 〉

http://www.cabourn.jp

ナイジェル・ケーボン アーミー・ジム フラッグシップストア　TEL03-3770-2186

3 YEARS

AGING SAMPLE

6〜8番手の糸をランダムに使ったオリジナルデニムは、インド藍を使っているので、特有の黒みがかったブルーに。独特の凹凸感による色落ちに加えて、緯糸にベージュを使っているため、なんとも深みのあるエイジングになっている

穿きこみサンプル
- 穿きこんだモデル名__45POCKET JEAN
- 穿きこみ頻度__ほぼ毎日(4 POCKET JEANと交互で)
- 洗濯の頻度__2〜3カ月に1回／最初に洗ったのは__購入日

OTHER LINEUP

4 POCKET JEAN

バックルバックに、バックポケットがひとつという1890年代のワークウエア然としたデニムパンツを再現したモデル。5ポケットモデルと同じく6〜8番手の糸をランダムに使った12ozオリジナルデニムを使用している。3万1320円

1.1930年代ごろの5ポケットデニムを意識してバックシンチを備える。2.バックポケットは下側がラウンド形状した、当時ストアブランドにあったようなデザイン。3.ヴィンテージ加工が施されたフロントボタン。4.ヘビーコットンツイルによるスレーキも独特だ

5POCKET JEAN

機能美に溢れる無骨なデニムを展開。

基本データ
- プライス__3万1320円
- ウエストのサイズ展開__28, 30, 32, 34, 36
- ベースにしている年代__前身頃:60年代 後身頃:20年代
- ウォッシュ__ワンウォッシュ

生地
- 生地の重さ__12オンス
- 綾織__右綾織
- 防縮加工__なし
- 生地の生産地__日本
- 縦横の糸番手__経糸:6, 7, 8番のアトランダム
- 生地のザラ感__超強め
- タテ落ちの種類／スピード__経糸の番手をアトランダムにかけていることにより、タテ落ちしやすいが、先に点落ちがはじまる

染め
インド藍を使用しているので、黒みがかったブルーに染まっている。また、緯糸にベージュの先染めの糸を打っていることによって、組成での豊かな表情に加えて、カラー面でも積層的な広がりが付与されている。

縫製
- 縫製糸の特徴__綿糸
- アウトシームの縫製__両耳脇割り
- 耳を使っている場所__アウトシーム
- 耳の幅__普通
- 耳の色__赤耳

世界屈指のミリタリーのスペシャリストとして知られるナイジェル・ケーボン。トレンドに左右されず、タイムレスでエイジレスなプロダクトを常に作り続けている。それはデニムにおいても同様で、定番としてリリースしているのは、5ポケットと4ポケットの2型展開。オリジナルデニムが特徴的で、あえて経糸に番手の異なる6、7、8番の糸をランダムに混ぜ、大戦時の生地感を再現した。

nudie jeans

〈 ヌーディージーンズ 〉

http://www.nudiejeans.com

ヒーローインターナショナル　TEL06-6267-3100

5 YEARS

▶ **AGING SAMPLE**

膝から裾に掛けてテーパードしていくスリムフィットだけに、膝裏のアタリが顕著に出ているのがわかる。週6回のペースで5年ほど穿き込んだため、全体的にリペアを加えており、ヴィンテージ顔負けのエイジングになっている

穿きこみサンプル

穿きこんだモデル名__Grim Tim
穿きこみ頻度__週6回ほど／洗濯の頻度__不明
最初に洗ったのは__穿き始めて1年目

▶ **OTHER LINEUP**
DUDE DUN

あえて青味の強いUSA製ナチュラルインディゴデニムを用いているのが新鮮。こちらのモデルはヒップやモモ周りは比較的ゆったりしていて、裾にかけて緩やかにテーパードしていく新シルエット。独特なエイジングに期待。6万480円

1.バックポケットにはアイコンになっているステッチワークが入っている。2.フロントはボタンフライになっている。3.ダメージのあるコインポケット部分は、なんとも魅力的なエイジングに。随所に丁寧なリペアが施されているのも好印象。4.レザーパッチは、頭文字のNをモチーフにしたデザイン

モダンとヴィンテージの見事な調和。

GRIM TIM

スウェーデン発の人気デニムブランドであるヌーディージーンズは、日々の生活の中にジーンズがあるという感覚を大切にしている。古着とは一線を画するモダンなシルエットでありながらも、旧きよき時代のテイストが漂う絶妙なバランスが魅力。このエイジングサンプルを見てもらえれば、言いたいことがわかるはず。オーガニックコットン100％のカイハラデニムを使っている

基本データ	プライス__3万7800円
	ウエストのサイズ展開__W24～34, 36, 38
	ベースにしている年代__なし
	ウォッシュ__リジッド

生地	生地の重さ__13.5オンス
	綾織__右綾織
	防縮加工__あり
	生地の生産地__広島県
	コットンの種類__オーガニックコットン100％
	縦横の糸番手__非公開
	生地のザラ感__強
	タテ落ちの種類__線落ち
	色落ちのスピード__早め

染め	ロープ染色

縫製	縫製糸の特徴__非公開
	アウトシームの縫製__両耳オレンジセルヴィッチ
	耳を使っている場所__アウトシーム、コインポケット
	耳の幅__普通
	耳の色__オレンジ

ディテール	ヒップパッチ__牛革など
	ベルトループ__ー
	フロントフライ__オリジナルボタン
	リベットの種類__シルバートリム刻印あり
	隠しリベットの有無__なし
	スレーキの生地__綾織り生成りのコットン100％
	ピスネーム__レーヨン

〈 オールドジョー 〉
OLD JOE

http://oldjoe.jp
OLD JOE FLAGSHIP STORE　TEL03-5738-7292

5 YEARS

AGING SAMPLE

1930年代のムラ感を再現しながらも、オリジナルの風合いに仕上げた10ozのインディゴデニムを使用。5年ほど穿き混んでいるが、インディゴが濃く残っている部分があり、戦前のヴィンテージのような濃淡のあるエイジングに

穿きこみサンプル	
穿きこんだモデル名	BUCKLE BACK STRAIGHT JEAN "990"
穿きこみ頻度	週3回ほど／洗濯の頻度　3カ月に1回
最初に洗ったのは	穿き始めて3カ月目

▶ **OTHER LINEUP**
FIVE POCKET TAPERED JEANS "980"

定番のテーパードシルエットの5ポケットパンツに、あえてヴィンテージ感の少ないアイスブルーにエイジングするデニム生地を使用。膝にスラッシュ加工を入れるなど、オールドジョーの表現の幅広さがわかる仕上がり。4万5360円

1.パッカリングの出たバックポケット。短めのバックヨークとの距離感がなんとも個性的である。2.股下にはリベットが付いており、第2次世界大戦を機にほとんどのメーカーが省略した。3.この時の使用では、ブラウンのスレーキだが現在は生成りを使用

BUCKLE BACK STRAIGHT JEAN "990"

タイムレスで完成されたプロダクト。

基本データ
- プライス　2万3760円
- ウエストのサイズ展開　W28〜36
- ベースにしている年代　シルエットは1950年代中盤
- ウォッシュ　リジッド

生地
- 生地の重さ　10オンス
- 綾織　右綾織
- 防縮加工　あり
- 生地の生産地　広島県福山市
- コットンの種類　アメリカ綿100%
- 縦横の糸番手　
- 生地のザラ感　普通
- タテ落ちの種類　線
- 色落ちのスピード　普通

染め
- ロープ染色

縫製
- 縫製糸の特徴　綿糸
- アウトシームの縫製　両耳の割り
- 耳を使っている場所　アウトシーム、コインポケット
- 耳の幅　細め
- 耳の色　生成り

ディテール
- ヒップパッチ　カウレザー
- ベルトループ　中盛り有
- フロントフライ　オリジナルボタン
- リベットの種類　真鍮製刻印あり
- 隠しリベットの有無　あり
- スレーキの生地　綾織り生成りのコットン100%
- ピスネーム　レーヨン　コットンなど

オールドジョーは、アーリーセンチュリーのプリミティブなものから、ミッドセンチュリーのモダンデザインまで、様々な時代や国のアーカイブをベースに、独自のパターンで再構築する。このバックルバックが特徴の5ポケットパンツは、股下リベットなどのクラシックな要素が随所に織り交ぜられ、またジーンズがワークウエアであった時代のテイストを強く残している。太めのストレート。

〈 オールドクロウ 〉
OLD CROW

http://www.glad-hand.com

グラッドハンド コア　TEL03-6438-9499

▶ **AGING SAMPLE**

ボビー氏が所有しているヴィンテージのデニムパンツに近づけるために、色落ちだけでなく、リペアや経年の汚れまでも再現したハイレベルな加工に驚く。独特な凹凸感のある14オンスのセルビッジデニム。ヒゲやハチノスもリアル

1.スレーキには、オールドクロウのロゴがスタンプされていて、加工によってヴィンテージのような風合いに。2.ホームベース型のバックポケットはかなり高めの位置に取り付けられている。3.トップボタンはオリジナルで真鍮製ネオバボタンを使っている。4.縮んだレザーパッチは牛革を使用

▶ **OTHER LINEUP**

OLD PAINTER DENIM PANTS

バックシンチやサスペンダーボタン、古臭さが残る紙パッチなど1940年代以前のディテールを駆使したペインターデニムパンツ。タフなインディゴデニムをワークウエアらしいオレンジのトリプルステッチで仕上げている。2万8944円

今季より始動した注目コラボブランド。

OLD RODDER-DENIM PANTS

アメリカのホットロッドカルチャーの牽引役のひとりであるオールドクロウスピードショップのボビー・グリーン氏とグラッドハンドの幸田氏によるコラボブランド。ボビー氏が所有するヴィンテージをベースに、グラッドハンドの高い技術力で再構築される。ファーストシーズンとなった今季の中でも評判が高いのが、こちらの加工デニム。ベースとなったヴィンテージの汚れまで再現。

基本データ	プライス__リジット2万6784円、ユーズド加工6万2640円
	ウエストのサイズ展開__S, M, L, XL
	ベースにしている年代__特になし
	ウォッシュ__リジッド、加工

生地	生地の重さ__14オンス
	綾織__右綾織／防縮加工__あり
	生地の生産地__広島県福山市
	コットンの種類__アメリカ綿、オーストラリア綿のブレンド
	縦横の糸番手__縦7番×横7.4番
	生地のザラ感__普通
	タテ落ちの種類__点落ち
	色落ちのスピード__普通

染め	ロープ染色

縫製	縫製糸の特徴__20番コアヤーン、金茶
	アウトシームの縫製__脇:両耳の割り縫い、内股:ロック片倒しステッチ止め
	耳を使っている場所__脇
	耳の幅__細め
	耳の色__赤

ディテール	ヒップパッチ__牛革
	ベルトループ__5本
	フロントフライ__オリジナル真鍮製ドーナツ型タックボタン
	隠しリベットの有無__有り
	スレーキの生地__コットンダック地
	ピスネーム__なし

〈 オムニゴッド 〉
OMNIGOD
http://www.omnigod.jp

ドミンゴ TEL.03-5474-7579

4 YEARS

▶ **AGING SAMPLE**

国産14オンスセルビッジデニムを使用したスタンダードモデル。隠しリベットなど'50年代頃のディテールを採用しながらも、あえて特定の年代やモデルに特化することなく、デイリーユースに最適なフィッティングを実現している

穿きこみサンプル
- 穿きこんだモデル名__50-091A　5Pスタンダードストレート
- 穿きこみ頻度__週3回ほど／洗濯の頻度__1カ月に4回
- 最初に洗ったのは__穿き始めて1カ月目

▶ **OTHER LINEUP**

58-103A

主力となるジーンズ同様、旧式力織機で織り上げたオリジナル14オンスデニムをベースに、いわゆるサードタイプをベースに、肩幅や身幅にゆとりを持たせ、着丈を短めに設定することでモダンにアレンジしている。2万3760円

4　3　2　1

1.セルビッジは珍しいオレンジでコインポケットにも採用。2.前開きは程良い股上設定が魅力のボタンフライ仕様。3.モデル自体、特定の年代に倣ったものでははいが、'50年代まで見られた隠しリベットを採用。4.履き込みサンプルにはオレンジのピスネームが付くが、現行品では撤廃されている

50-091A

古参ファクトリーの人気レーベル。

基本データ
- プライス__1万7280円
- ※36、38インチは1万8360円
- ウエストのサイズ展開__W28〜34, 36, 38
- ベースにしている年代__特になし
- ウォッシュ__ワンウォッシュ

生地
- 生地の重さ__14オンス
- 綾織__右
- 防縮加工__なし
- 生地の生産地__岡山
- コットンの種類__米国産綿100%
- 縦横の糸番手__タテ7番、ヨコ6.5番
- 生地のザラ感__強
- タテ落ちの種類__短い縦落ち
- 色落ちのスピード__少し早め

染め
- ロープ染色

縫製
- 縫製糸の特徴__6, 8, 20, 30番点をコアスパン糸を中心に使い分け
- アウトシームの縫製__両耳の脇割り
- 耳を使っている場所__アウトシーム、コインポケット
- 耳の幅__細め(1.5cm)
- 耳の色__オレンジ

ディティール
- ヒップパッチ__革パッチ
- ベルトループ__5本中盛り
- フロントフライ__オリジナルボタン
- リベットの種類__銅製オリジナル打ち抜きタイプ
- 隠しリベットの有無__あり
- スレーキの生地__生成りコットン100%
- ピスネーム__無し

1946年、内田被服工場としてデニムのメッカ岡山でスタートしたドミンゴのハウスレーベル。'90年代からその地の利を活かし、本格セルビッジデニムを用いたアイテムを多数展開。スタンダードモデルとなる[50-091A]は、近年リニューアルが図られ、かつては熱処理していた表面の毛羽立ちをあえて風合いとして活かし、よりナチュラルな趣きへと進化させている。

ORSLOW
〈 オアスロウ 〉

http://www.orslow.jp

ベースデニムプロダクツ　TEL0798-74-8106

1.セルビッジはほぼ消えかかった薄いピンク。2.膝の抜け感、サイドシームのアタリもナチュラル。3.ナチュラルな色落ちがオアスロウの真骨頂。何度も洗い込むことで風合いが増す。4.日本地図をあしらったデザインの紙パッチはジャパンメイドの誇り。'60年代のブルーデニムには紙パッチがよく似合う

2 YEARS

AGING SAMPLE

ワンウォッシュをかけた13.7オンスのセルビッジデニムは、穿きはじめから身体に馴染み、ネップ感のある生地感は穿きこむほどに経年変化が楽しめる。シルエットは太過ぎず細すぎず。心地よい穿きやすさとクラフトイズムが融合した銘品

穿きこみサンプル
- 穿きこんだモデル名__STANDARD DENIM 105
- 穿きこみ頻度__週3回ほど／洗濯の頻度__2週間に1回
- 最初に洗ったのは__穿き始めて2週間後

OTHER LINEUP
30's Overall

ヴィンテージウエアに精通したオアスロウならではの1930年代モチーフのオーバーオール。ハイバック式に時代を醸し出す月桂樹ボタン仕様。薄手の9オンスセルビッジデニムや軽やかなブルーは、男女ともに楽しめる。2万4840円

蘊蓄よりも大事なことは、穿いたときの顔つき。

流行に左右されず、デニムの本来あるべき姿を追求するオアスロウ。デザイナーの仲津氏は元々岡山・児島でキャリアを積んだ腕利き。そこで培った技術やノウハウを活かしたクラフトマインドは当たり前のことで、それ以上に大事なのは「穿きこんだときの顔つき」だと言う。ゆっくりと進みながら自分らしさを追求する、ブランド名に冠した想いをスタンダードデニムから感じとりたい。

STANDARD DENIM 105

基本データ
- プライス__2万1384円
- ウエストのサイズ展開__W28〜35
- ベースにしている年代__シルエットは1960年代前半、生地は1960年代初期
- ウォッシュ__ワンウォッシュ

生地
- 生地の重さ__13.7オンス
- 綾織__右綾織
- 防縮加工__なし
- 生地生産地__広島県福山市
- コットンの種類__MIX
- 生地のザラ感__強い
- タテ落ちの種類__線と点落ちの両方
- 色落ちのスピード__普通

染め
- ロープ染色

縫製
- 縫製糸の特徴__20、30、8、6番手、綿糸、コア糸使い分け
- アウトシームの縫製__両耳の割り縫い
- 耳を使っている場所__アウトシーム
- 耳の幅__細め
- 耳の色__薄いピンク

ディティール
- パッチ__紙
- フロントフライ__オリジナルボタン
- リベットの種類__真鍮製刻印あり
- スレーキの生地__コットン
- ピスネーム__レーヨン

〈 オルゲイユ 〉
ORGUEIL

http://www.orgueil.jp

マリジュアン表参道店　TEL03-5774-6479

1 YEARS

▶ AGING SAMPLE

茶綿の横糸を使い、丁寧にシャトル織機で織り上げた13.0ozの生地を採用。インディゴのブルーと茶綿のブラウンがミックスした深みのある色合いが、クラシックなワークテイストにマッチしている。立体感のある美しい色落ちも魅力

穿きこみサンプル

穿きこんだモデル名__OR-1011 Five Pocket Jeans
穿きこみ頻度__週5〜6回ほど／洗濯の頻度__2カ月に1回
最初に洗ったのは__穿き始めて1カ月目

▶ **OTHER LINEUP**

OR-1001 Tailor Jeans

1900年代初頭のトラウザーデザインをモチーフに、ワークテイストに仕上げた1本。手作業で縫い付けられた天然のナットボタンや、セルビッチが見える仕様のコインポケットなど、オーセンティックなディテールが際立つ。2万9160円

1.サビ加工が施されたドーナツボタンや、ベルト帯の高い位置にセットされたコインポケットなど、細部までこだわりが満載。2.適度なアタリ感があり、自然な表情を見せるヒゲと色落ち。3.タフな雰囲気を漂わせたカウハイドの焼印レザーパッチ。4.バックポケットにはサイズネームに挟み込まれている

OR-1011 Five Pocket Jeans
20世紀初頭の愛すべき架空の仕立て屋をイメージ。

基本データ
プライス__2万1600円
ウエストのサイズ展開__W28〜36
ベースにしている年代__1950年代以前の太いワークパンツのシルエットをイメージ
ウォッシュ__ワンウォッシュ

生地
生地の重さ__13.0oz
綾織__右綾織
防縮加工__あり
生地の生産地__国内
コットンの種類__茶綿
縦横の糸番手__非公開
生地のザラ感__少しザラ感あり
タテ落ちの種類__たて落ち感あり
色落ちのスピード__普通

染め
ロープ染色

縫製
縫製糸の特徴__20番手、30番手、50番手で縫製
アウトシームの縫製__両耳の割り縫い
耳を使っている場所__アウトシーム、コインポケット
耳の幅__細め(0.7cm)
耳の色__赤色

ディティール
ヒップパッチ__牛革パッチ
ベルトループ__中盛り有の5本
フロントフライ__月桂樹ボタン
リベットの種類__銅製の打ち抜きリベット
隠しリベットの有無__なし
スレーキの生地__綾織り生成りのコットン100％
ピスネーム__なし

ステュディオ・ダ・ルチザンの別ラインとして登場したオルゲイユは、20世紀初頭の架空の仕立て屋をイメージしたユニークなブランドコンセプトが魅力。街の人から愛される店主のエルムウッズが作るプロダクトは、どこかあたたかく味のあるものばかり。定番モデルのファイブポケットジーンズも、旧きよきワークウエアのディテールを受け継いだクラシカルな魅力に溢れている。

〈 ワンピースオブロック 〉
ONE-PIECE OF ROCK

http://www.onepieceofrock.com

ワンピース・オブ・ロック　TEL0748-23-4762

1 YEAR

▶ **AGING SAMPLE**

1940年代当時の生地の質感を思わせる濃淡の激しいコントラストは、まさにヴィンテージデニムの風格そのもの。フロント部分に刻まれた深いヒゲ、バックポケットのアタリ、膝裏のハチノスと申し分のない色落ちだ。

穿きこみサンプル

穿きこんだモデル名	S409XXX M-WW2 San Francisco
穿きこみ頻度	週7回ほど
洗濯の頻度	3カ月に1回
最初に洗ったのは	穿き始めて4カ月目

1.ムラ感の強い米綿をブレンドした糸を使った生地は、見事な縦落ちを見せている。2.1940年代を意識した13.5オンスの生地。セルビッジは薄いピンクで、こちらもヴィンテージに倣う。3.適度な凹凸で刻まれた膝裏のハチノス。4.ディアスキンのパッチは着用によって飴色に変化。艶とクラックが適度に現れロットナンバーはかろうじて読みとれる

ヴィンテージ市場で人気の大戦モデルの傑作。

S409XXX M-WW2 San Francisco

ヴィンテージデニムの縫製について研究し続けた一人の職人が、当時の仕様にこだわって、1940年代の5ポケットタイプを縫い上げる孤高のブランド「ワンピース・オブ・ロック」。第二次世界大戦中の物資統制時に生産された、通称"大戦モデル"だけでも、当時の工場仕様違いで3型リリースするなど、ファン垂涎の仕様デニムが話題となっている。代表的な"サンフランシスコ"モデルがこれだ。

基本データ
- プライス__4万5360円
- ウエストのサイズ展開__W28〜36, 38, 40
- ベースにしている年代__シルエットは1940年代の第二次世界大戦中、生地は1940年代を参照
- ウォッシュ__リジッド

生地
- 生地の重さ__13.5オンス
- 綾織__右綾織
- 防縮加工__なし
- 生地の生産地__岡山県倉敷市
- コットンの種類__アメリカ産混紡綿100%
- 縦横の糸番手__タテ6.8番、ヨコ6.5番
- 生地のザラ感__強
- タテ落ちの種類__線落ち
- 色落ちのスピード__早め　普通

染め
- ロープ染色

縫製
- 縫製糸の特徴__オリジナルのMADE IN USAのムラ糸を使用。日本の番手とは番手が異なる
- アウトシームの縫製__両耳の割り縫い
- 耳を使っている場所__アウトシーム、コインポケット
- 耳の幅__普通
- 耳の色__薄い赤色

ディテール
- ヒップパッチ__ディアスキンなど
- ベルトループ__—
- フロントフライ__鉄製月桂樹、ドーナツボタン
- リベットの種類__鉄製銅メッキ刻印あり
- 隠しリベットの有無__あり
- スレーキの生地__綾織り生成りのコットン100%
- ピスネーム__レーヨン100%

OTHER LINEUP
S409XXX M-WW2 San Jose

こちらは左ページと同じ大戦モデルでも、サンホゼの工場で生産された仕様違いを再現したもの。縫製のピッチが広めで、縫い方も若干粗いのが特徴。股上はやや浅く、わずかながら細身に仕上がっている。4万5360円

1.ベルトループは極細幅。当時のスラックスを意識した仕様だ。2.セルビッジは通常よりも幅が広い。つまり、若干細身というわけだ。3.腰帯に施されたチェーンステッチ。下色に黒を使っているため、黄と黒の縞模様になっている。4.物資統制によりポケットのスレーキは、当時代用品として使われていたヘリンボーン生地になっている

OTHER LINEUP
S409XXX M-46 EARLY

第二次大戦後の物資統制が解かれた後、ジーンズに細部に見られた簡略化が元に戻されたころのモデルを再現。ボタンフライなどはそのままに、スレーキは生成りに、ブランド刻印入りのリベットになるなど、微細な仕様変更が入る。4万5360円

OTHER LINEUP
S409XXX M-47

5ポケットデニムの完成形とも評される1947年モデルを再現。縫製は1946年モデルと決別し、ポケットの内側やフロントフライ裏なども丁寧に。ベルトループが太くなり、フライのボタンもブランド刻印に。まさにジーンズの礎だ。4万5360円

PHERROW'S

〈 フェローズ 〉

http://www.pherrows.com

フェローズ　TEL03-5725-9577
Text/Y.Kinpara　金原悠太　Photo/S.Kai　甲斐俊一郎

5 YEARS

AGING SAMPLE

ウォッシュを掛けた後に糊を利かせるという独自の加工を施したSWモデル。穿き始めから半年近く洗わずに穿き込んだためか、ヒゲがはっきりと刻み込まれた濃淡の強い色落ちとなっている。部分的にほつれたバッファローホーンステッチも雰囲気良し

穿きこみサンプル

穿きこんだモデル名__Lot.421SW
穿きこみ頻度__週4回
洗濯の頻度__1カ月に1度
最初に洗ったのは__穿き始めて5カ月め

NON WASH

Lot.421SW

ランダムに配置されたフロントのオリジナルボタンやアシンメトリーなスレーキなど、オリジナリティ溢れるディテールが光る、フェローズの定番デニム。やや細めで野暮ったさのないすっきりとしたストレートシルエットは、クラシカルなスタイルにはもちろん、キレイめなコーディネイトにもハマる幅広さが魅力だ

1.バッファローホーンステッチは、内回りにイエロー、外回りにオレンジの綿糸を使用。2.フロントはフェローズデニムに用いられる様々なオリジナルボタンを配置。3.スレーキはランダムにセレクトされたフランネル生地を左右別々に採用したユニークなデザイン

遊び心の効いたディテールが映える代表作。

Lot.421SW

基本データ
- プライス__2万1384円
- ウエストのサイズ展開__W28〜34, 36, 38, 40
- ベースにしている年代__1950年代中期から'60年代前期
- ウォッシュ__ワンウォッシュ

生地
- 生地の重さ__13.75オンス
- 綾織__右綾織
- 防縮加工__なし
- 生地の生産地__岡山
- コットンの種類__米綿
- 縦横の糸番手__縦6番、横6番
- 生地のザラ感__強め
- タテ落ちの種類__ムラの強い縦線落ち
- 色落ちのスピード__早め

染め
- 縦糸にロープ染色を施す。
- 染料には合成インディゴを使用している。

縫製
- 縫製糸の特徴__未回答
- アウトシームの縫製__両耳脇割り
- 耳を使っている場所__アウトシーム、コインポケット
- 耳の幅__普通
- 耳の色__イエロー×ネイビー×ホワイト

ディテール
- ヒップパッチ__バッファローレザー
- ベルトループ__中盛り有りの5本
- フロントフライ__ランダム配列のタックボタン
- リベットの種類__銅製オリジナル刻印入り打ち抜きリベット
- 隠しリベットの有無__あり
- スレーキの生地__左右ランダム使いのチェックネル
- ピスネーム__なし

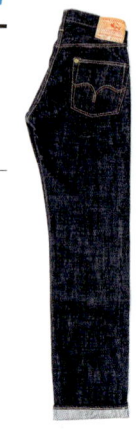

1991年に創立し、オーセンティックなアメリカのウエアをベースとしながらも日本人のスタイルに合うデザインで根強い人気を誇るフェローズ。その思想はデニムのラインアップにも一貫している。

フェローズのデニムの最大の特徴は美しいシルエット。ヴィンテージデニムをベースにした、生地やディテールへのこだわりはもちろんだが、それ以上に穿いた時に格好良く見えるシルエットが絶対条件となっている。クラシカルなディテールワークと、現代のファッションに取り入れやすいシルエットの両立。それこそがフェローズデニムのアイデンティティと言えるだろう。

1 YEAR

▶ **NON WASH**

Lot.441SW

ブランド随一のスリムさを誇るLot.441。腰からモモ周りにかけてややゆとりがあり、膝下からテーパードが効いた現代的なシルエットとなるためフィット感が高く、メリハリのある経年変化が現れやすい。タロンジップや紙パッチなど、細部にまでこだわりが詰まったオーセンティックなディテールワークにも注目したい

1.バッファローホーンステッチはデニムとトーンが近いグレーの糸を使用するため、さりげない主張となる。2.フロントはクラシカルな雰囲気を醸し出すタロン社製のジッパーを採用

穿きこみサンプル
- 穿き込んだモデル名__Lot.441SW
- 穿き込んだ期間__約1年 穿きこみ頻度__週4回ほど
- 洗濯頻度__1カ月に1度
- 最初に洗ったのは__穿き始めて1か月め

▶ **AGING SAMPLE**

着用期間はまだ約1年ほどだが、スリムなシルエットのデニムをジャストサイズで着用しているため、無数のヒゲやハチノスが細く刻み込まれた、エッジの効いた色落ちとなっている。裾やヨークなどの縫製箇所やアウトシームに斜めに走るパッカリングも見事だ

Lot.441SW
テーパードがかかった現代的なスリムシルエット。

- プライス__1万3824円
- ウエストのサイズ展開__W28〜34, 36, 38, 40
- ベースにしている年代__オリジナルテーパードシルエット
- ウォッシュ__ワンウォッシュ

生地
- 生地の重さ__13.5オンス
- 綾織__右綾織
- 防縮加工__なし
- 生地の生産地__岡山
- コットンの種類__米綿とオーストラリア産コットンのブレンド
- 縦横の糸番手__縦7番、横7番
- 生地のザラ感__普通
- タテ落ちの種類__線落ち
- 色落ちのスピード__普通

染め
- ロープ染色

縫製
- 縫製糸の特徴__未回答
- アウトシームの縫製__両耳脇割り
- 耳を使っている場所__アウトシーム、コインポケット
- 耳の幅__普通
- 耳の色__イエロー×ネイビー

ディテール
- ヒップパッチ__紙パッチ
- ベルトループ__未回答
- フロントフライ__ジッパーフライ
- リベットの種類__真鍮製刻印あり
- 隠しリベットの有無__なし
- スレーキの生地__綾織り生成りのコットン100％
- ピスネーム__なし

Denim Ultimate Catalog

1 YEAR

▶ **AGING SAMPLE**

ゆとりのあるフォルムなので、内股のヒゲは比較的緩やか。膝上に斜めにヒゲが現れるのは腰穿きによる経年変化の特徴だ。バックポケットの、財布の形がはっきりわかる色落ちにもオーナーのスタイルが映し出されている

穿きこみサンプル
穿き込んだモデル名__Lot.451SW
穿きこみ頻度__週4回ほど
洗濯頻度__半年に1度
最初に洗ったのは__穿き始めて半年後

▶ **NON WASH**

Lot.451SW

大戦中のデニムをベースに、ルーズストレートに仕上げられた1本。太めで無骨なフォルムはクラシカルなスタイルによく似合う、男らしさを強調するデザインだ。飾りステッチはペイントでなく、オレンジ色の着抜プリントで表現されるため、色がはげにくく、穿き込んだ先の色落ちしたデニムとのコントラストにも期待できる

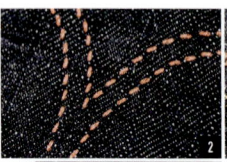

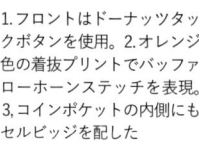

1.フロントはドーナッツタックボタンを使用。2.オレンジ色の着抜プリントでバッファローホーンステッチを表現。3.コインポケットの内側にもセルビッジを配した

大戦モデルをモチーフにしたルーズストレート。

Lot.451SW

基本データ
プライス__2万1384円
ウエストのサイズ展開__W28〜34, 36, 38, 40
ベースにしている年代__1940年代前半
ウォッシュ__ワンウォッシュ

生地
生地の重さ__13.75オンス
綾織__右綾織
防縮加工__なし
生地の生産地__岡山
コットンの種類__米綿
縦横の糸番手__縦6番、横6番
生地のザラ感__強い
タテ落ちの種類__線落ちと点落ち
色落ちのスピード__普通

染め
ロープ染色

縫製
縫製糸の特徴__未回答
アウトシームの縫製__両耳割縫い
耳を使っている場所__アウトシーム、コインポケット
耳の幅__普通
耳の色__オレンジ×イエロー

ディテール
ヒップパッチ__バッファローレザー
ベルトループ__未回答
フロントフライ__ドーナツボタン
リベットの種類__真鍮製刻印あり
隠しリベットの有無__あり
スレーキの生地__オリーブ色のヘリンボーンツイル
ピスネーム__なし

Pherrow's

2 YEARS

AGING SAMPLE

2年間の着用によって、縦折りやヒゲ、縫製箇所のパッカリングなど全てにおいてバランス良くエイジングした1本。ザラ感の弱いフラットな生地感によって、'60年代頃のデニムのような自然な色落ちが表現されている

穿きこみサンプル

穿き込んだモデル名__Lot.466SW
穿きこみ頻度__週4回ほど
洗濯頻度__1カ月に1度
最初に洗ったのは__穿き始めて2カ月め

1.バッファローホーンステッチは、オレンジの綿糸で統一。
2.フロントはアルミのタックボタンによるボタンフライ。
3.力織機による13.5オンスの右綾織りの生地を採用

NON WASH

Lot.466SW

やや細めでさりげないテーパードがかかった美しいシルエットを持つLot.466は、1960年代頃のヴィンテージジーンズをベースとしており、フェローズデニムのスタンダードモデルとして長く愛され続けている。他のモデルに比べ、少しだけライトオンスの生地を使用していることによる軽快な穿き心地も人気の秘密と言えるだろう

Lot.466SW

フラットな生地感で、'60sデニムを再現。

基本データ
プライス__1万4904円
ウエストのサイズ展開__W28〜34, 36, 38, 40
ベースにしている年代__1960年代中頃
ウォッシュ__ワンウォッシュ

生地
生地の重さ__13.5オンス
綾織__右綾織
防縮加工__なし
生地の生産地__岡山
コットンの種類__米綿
縦横の糸番手__縦7番、横6番
生地のザラ感__弱い
タテ落ちの種類__線落ち
色落ちのスピード__普通

染め
ロープ染色

縫製
縫製糸の特徴__超長綿
アウトシームの縫製__両耳割り縫い
耳を使っている場所__アウトシーム、コインポケット
耳の幅__普通
耳の色__ネイビー×イエロー

ディテール
ヒップパッチ__紙パッチ
ベルトループ__未回答
フロントフライ__オリジナルボタン
リベットの種類__真鍮製刻印あり
隠しリベットの有無__なし
スレーキの生地__綾織り生成りのコットン100%
ピスネーム__なし

Denim Ultimate Catalog | A | B | C | D | E | F | G | H | I | J | K | L | M

2 YEARS

▶ AGING SAMPLE

ルーズシルエットのため、メリハリはないが、2年間週2回程度の着用と月1程度の洗濯を繰り返した結果、全体的に均等に色が落ちている。ハンドメイド感のあるバックポケット部分の経年変化が味わい深い表情となった

穿きこみサンプル	
穿き込んだモデル名	Lot.500SW
穿き込んだ期間	約2年
穿きこみ頻度	週2回ほど
洗濯頻度	1カ月に1度
最初に洗ったのは	穿き始めて2カ月め

▶ NON WASH

Lot.500SW

全体的に太めでゆとりのあるシルエット。ファッションとしてではなく、ワークウエアとして着用されていた1920年代のデニムをイメージして、オリジナルのディテールを加えて誕生したモデル。むき出しのリベットやいびつなフォルムのバックポケットなど、アーリーセンチュリーならではの手作り感を表現することに成功している

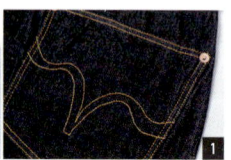
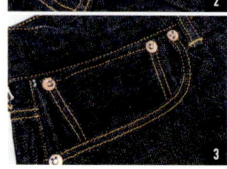

1.飾りステッチは、ハンドペイント調のいびつなラインで描かれる。2.'30年代のワークパンツに多く見られるシンチバックを装備。3.コインポケットにリベットが配される

ハンドメイド感のあるディテールが抜群の表情に。

Lot.500SW

基本データ	プライス	2万1384円
	ウエストのサイズ展開	W28〜34, 36, 38, 40
	ベースにしている年代	1920年代
	ウォッシュ	ワンウォッシュ

生地	生地の重さ	13.5オンス
	綾織	右綾織
	防縮加工	なし
	生地の生産地	岡山
	コットンの種類	米綿とオーストラリア産コットンのブレンド
	縦横の糸番手	縦7番、横7番
	生地のザラ感	普通
	タテ落ちの種類	線
	色落ちのスピード	普通

染め	ロープ染色

縫製	縫製糸の特徴	未回答
	アウトシームの縫製	両耳割り縫い
	耳を使っている場所	アウトシーム、コインポケット
	耳の幅	普通
	耳の色	ネイビー×イエロー

ディテール	ヒップパッチ	バッファローレザー
	ベルトループ	未回答
	フロントフライ	オリジナルボタン
	リベットの種類	真鍮製刻印あり
	隠しリベットの有無	あり
	スレーキの生地	綾織り生成りのコットン100%
	ピスネーム	なし

Pherrow's

1 YEAR

AGING SAMPLE

約1年の着用のわりには、ひざなどインディゴの色がしっかりと落ちた陰影の強いエイジングが現れている。ヒゲがくっきりと現れ、ステッチがほつれて目立たなくなった姿は、ヴィンテージデニムのような雰囲気だ

穿きこみサンプル
穿き込んだモデル名__521SW
穿きこみ頻度名__週4回ほど
洗濯頻度名__3週間に1度
最初に洗ったのは名__穿き始めて2カ月め

1.飾りステッチはイエローの綿糸。2.ボタンホールはグリーンの糸で、褪色した黒い糸を表現。3.ネイビー×イエローのセルビッジがフェローズデニムの証

NON WASH

Lot.521SW

デニムが作業着からファッションへと昇華した1940年代後半から'50年代にかけてのヴィンテージデニムがイメージソース。ディテールは当時の作りを意識しつつも、レプリカではなく、あくまでもオリジナルデザインで仕上げた。ややルーズめではあるが、太すぎず細すぎないシルエットが、当時の時代感を反映している

Lot.521SW デニムがファッションとして完成した時代をイメージ。

基本データ
プライス__2万1384円
ウエストのサイズ展開__W28〜34, 36, 38, 40
ベースにしている年代__1950年代前半
ウォッシュ__ワンウォッシュ

生地
生地の重さ__13.5オンス
綾織__右綾織
防縮加工__なし
生地の生産地__岡山
コットンの種類__米綿とオーストラリア産コットンのブレンド
縦横の糸番手__縦7番、横7番
生地のザラ感__普通
タテ落ちの種類__線落ち
色落ちのスピード__普通

染め
ロープ染色

縫製
縫製糸の特徴__未回答
アウトシームの縫製__両耳割り縫い
耳を使っている場所__アウトシーム、コインポケット
耳の幅__普通
耳の色__ネイビー×イエロー

ディテール
ヒップパッチ__バッファローレザー
ベルトループ__中盛り有りの5本
フロントフライ__オリジナルボタン
リベットの種類__真鍮製刻印あり
隠しリベットの有無__あり
スレーキの生地__綾織り生成りのコットン100%
ピスネーム__未回答

フェローズらしさが溢れるデニムプロダクツ。

アメリカのカジュアルウエアをベースとしながらも、遊び心のあるディテールを加えたオリジナリティに富んだデザインがフェローズ独自のスタイルだ。飽きずに長く着続けられるインディゴアイテムのラインアップを紹介しよう。

▶ OTHER LINEUP
Lot.407J

1950年代頃のデニムジャケットのデザインをベースに、着丈を程よく長めにとった現代的なフォルムでアップデート。13.5オンスのハリのある生地感は、経年変化にも期待できる。2万2680円

▶ OTHER LINEUP
PUPT1

ライトオンスデニムで製作したユーティリティパンツ。'60年代のヴィンテージがモチーフだが、股上浅めのすっきりとしたフォルムなので、幅広いコーディネイトで活躍する。1万4040円

▶ OTHER LINEUP
SRC1

オリジナルデニムを使用し、短めのツバと浅めのフォルムが特徴的なワークキャップ。ヴィンテージをイメージしながらもスタイリッシュなデザインで、様々なファッションに取り入れやすい。5184円

▶ OTHER LINEUP
Lot.510

1930年代以前の片ポケのデニムジャケットのデザインを踏襲したLot.510。スリムなシルエットとしながらも、フロントボタンの数や、前身頃のプリーツの作りなどクラシカルなディテールを再現した。2万2680円

PHERROW'S

▶ **OTHER LINEUP**
SHC1 HARD-WASH
ライトオンスのデニムにハードウォッシュをかけて、長年使い込んだような風合いを表現したハンチング。素材感とシャープなフォルムが特徴で、軽快な被り心地も魅力だ。6264円

▶ **OTHER LINEUP**
PBP1-S
ブッシュパンツのデザインを取り入れたオリジナルショーツ。膝上丈で、細すぎず太すぎずの絶妙なシルエットが大人のショーツスタイルを演出する。1万584円

▶ **OTHER LINEUP**
555CA
比較的ヘビーなデニムを使用したカバーオール。'20年代のレイルロードジャケットをデザインソースとし、ダブルステッチのミシンのゲージやリベットのデザインなどオリジナルディテールを随所に散りばめた。2万7000円

▶ **OTHER LINEUP**
PJH1
ウォッシュをかけて程よく色落ちしたライトなイメージのジャングルハットはこれからの季節に活躍すること間違いなし。柔らかい生地感で、折っても形が崩れないので、バイク乗りにもオススメしたい。6264円

▶ **OTHER LINEUP**
770WS
チンストラップや通気孔、トリプルステッチなどクラシカルなディテールを採用したワークシャツ。オーセンティックなデザインだが、前後にあしらわれるラウンドヨークによって個性的なスタイルに仕上げられた。1万6200円

INTERVIEW

デザイナーに訊いたフェローズデニムのこだわり。

今年でブランド創設から26周年を迎えた名門フェローズ。
U.S.ヴィンテージにインスパイアされながらも、常に時代の先端にフィットし続ける
デニムカテゴリーの現在、そしてこれからをキーマンに訊いた。

Text/T.Hakusui 白水健寛　Photo/N.Hidaka 日高奈々子

新作Lot.440の前身となったLot.441はフェローズが初めて手掛けたテーパードモデル。ヴィンテージを知らない新たな世代にもフィットするようグレー糸を用い、あえて王道から一線を画したポケットステッチは、新作Lot.440にもしっかり継承されている

日本におけるアメカジ文化のパイオニアであり、多くの傑作を輩出してきた老舗フェローズ。そんな名門のデニムカテゴリーについて、デザイナー安藤氏はこう切り出した。

「あまりに定番過ぎるため、5ポケットジーンズの骨子自体に手を入れることは、もはやナンセンスと言えるでしょうね。とはいえ、変化するトレンドや時代感への対応は、我々デザイナーにとって大きなウエイトを占めるのもまた事実です。つまりヴィンテージが根本にあるとはいえ、そこで停滞してしまっては成長がないと。デザインや定番ならではの魅力をしっかり継承しつつ、時代に沿ったプロダクションが求められていると僕は考えています」

被服という言わば道具的な側面と、一方で時代に沿ったファッションという側面を併せ持つ王道ジーンズ。そんなアイコニックなアイテムだからこそ「進化が必要」であると氏は続ける。

「新たな世代や時代のニーズへの対応こそが、デニムに限らず我々フェローズの次なるステージだと思うのです。不滅の定番と呼ばれる各国の名作が人知れずマイナーチェンジを繰り返しながら時代にフィットしていくように、カジュアルな方向にも進化が必要であると。老舗や名門という肩書におごることなく、常に今日のニーズに対応できるアイディアやフレキシビリティ、さらには機能性もまた、これからのプロダクツに不可欠であると我々は考えています」

PHERROW'S

ライトオンス
アンクルカット テーパード

Pherrow's
Lot.440

12オンスのライトオンスデニムで軽さを加え、春夏用に進化したアンクルカットモデル。股上を浅めに設定し、くるぶしに向かって緩やかにテーパードを掛けることでリラックスな趣きを保ちつつスッキリとした印象に。足元はサンダルやスニーカーといった真夏の定番と好相性。2万520円

Column

気分も見た目も一新できるサイジングの妙味。

アンクルカット最大の魅力は「サイジングひとつで一変する印象にある」と安藤さん。デニムという定番ボトムにありながら、気分やシーンによって用意された選択肢はまさしくユーザーフレンドリー。「その名の通りジャストサイズではくるぶし丈ですが、サイズアップすることでリラックス感はそのままにジャストレングスで楽しむこともできる。王道アメカジならジャスト、夏らしくやや抜けた感じにまとめるならサイズアップ、個人的にはそう使い分けています」

▶ 30インチ

ジャストサイズをセカンドタイプのデニムジャケットに合わせた春夏仕様のセットアップ。足元はミドルレングスのローパーブーツを合わせ、ヴィンテージ直系の王道を踏襲しつつもスッキリとした印象にまとめている。デニムジャケット2万2680円（着用サンプル）、Tシャツ4536円、その他本人私物

ロールアップは絶妙なラインでまとめたワンロール。ブーツの武骨な表情を活かしつつ、コンパクトな印象にまとめているのがわかる

▶ 32インチ

2インチアップで全体的にワタリも広がり、よりリラックスした趣き。ベースボールシャツなど、同じくゆったりフィッティングのトップスを合わせ、足元もバルカナイズドスニーカーで夏らしいヌケ感を表現している。フットボールシャツ7776円、その他本人私物

ロールアップ幅はやや太め。「太めのワンロール、あるいは細めの2ロールでまた印象も大きく変わる。靴に合わせて使い分けています」

Denim Ultimate Catalog

A | B | C | D | E | F | G | H | I | J | K | L | M

〈 ピュアブルージャパン 〉

PURE BLUE JAPAN

http://www.purebluejapan.jp

ピュアブルージャパン原宿店　TEL03-3408-6644

純国産デニムにこだわる「ピュアブルージャパン」のレザーパッチには、
ジーンズに藍染めを施す職人のイラストが焼印されている。
これぞまさに「究極の"青"」を目指すブランドのスピリットが映し出されている。

Text/M.terano　寺野正樹　Photo/H.Yoda　依田裕章・S.Nomachi・野町修平

幾度も手染めを繰り返すことで真の藍色が生まれてくる。

一度で染まる化学染料とは違い、手作業による藍染めは幾度も染めを繰り返すことで色が濃くなる。デニムの濃さになるには約20回工程を繰り返す

'1997年に国産デニムの聖地として知られる岡山県倉敷市児島で生まれた「ピュアブルージャパン」。そのブランド名が示す通り"ブルー"という色にこだわり、また、日本で制作することを信条とする。現在はボトムスのみならず、Tシャツやトップスなど幅広く展開するが、やはりブランドの柱となるのがデニムだ。ブランドの代表でありデザイナーでもある岩谷健一氏は、もともと岡山の生地メーカーでデニム生地の仕事に携わっていたこともあり、生地制作に対する知識はもちろん、豊富な人脈をフルに生かしたオリジナリティ溢れるデニム作りを行っている。

一般的なインディゴ染めによるデニム生地も使用するが、なかでもブランドのスピリットを最も反映しているのが、レザーパッチにも描かれているような職人が染める本藍のかせ染めによる糸を使った「天然正藍染め」シリーズ。

その糸を染め、さらにデニム生地を織るのが藍染めの本場、徳島県にある老舗の「岡本織布工場」だ。その創業は1902年と古く、創業時より地元産の「阿波藍」を使って手染めで糸を染め、隣接する工場で糸からデニム生地を織り上げる。かつては近隣にもこうした染めから織布までを一貫して行う工場も多かったそうだが、現在では本場徳島でもほとんど姿を消してしまったそう。そんななか、昔から変わらぬ手法を守り抜くこちらの工場とタッグを組み、オリジナルの生地を作っているそう。

それはまさに「究極の"青"」へのこだわりに加え、日本が世界に誇る伝統技術に対するリスペクトに他ならない。

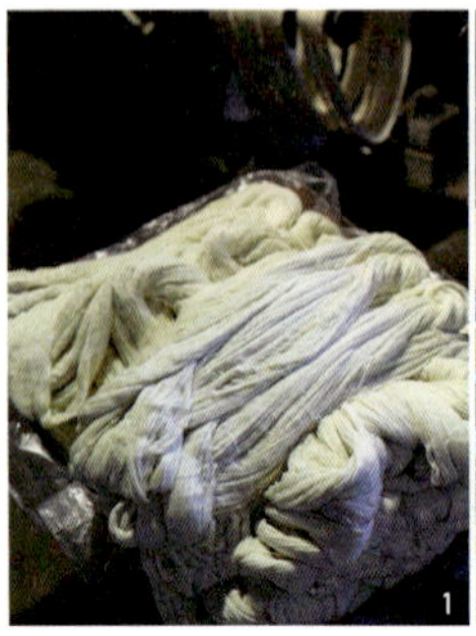

「現在は数えるほどしかない手染めによる本藍の技術伝承と発展に尽力するのが私の務め。だから、ピュアブルージャパンのような、真摯にデニムと取り組むブランドの制作に携われることは非常に名誉なことだと思っています」

と話すのは、「岡本織布工場」の4代目の岡本政和さん。衰退してゆく手染めの藍染めに新しい価値を見出したピュアブルージャパンとのコラボに期待を寄せている。

「ただ、『天然正藍染め』は一般的なインディゴ染めのような色落ちもしないし、価格も高いので一般受けはしないです（笑）。それでもこのよさをわかってくれる人に届けばいいなと思っています」

そう岩谷さんが話す通り、この本藍デニムは穿き込んでもアタリは出にくい。というのも、通常のインディゴのロープ染色だと糸の中心部は白いままなので、穿き込むことで色が落ちて中の白が現るが、かせ染めされた糸は糸の芯まで染まるので、全体的に色が落ちても白っぽいアタリはつかない。

そして、糸はすべて手染めで、デニム生地用の濃さにするまでに約20回、手作業による染めの工程を繰り返す。そこから一旦糸まきで巻直し、生地を織り上げる。生地も旧式のシャトル織機を使用して時間をかけて織り上げられるため、現代のデニム生地に比べるとわずか数分の1程度の生産効率。そのため、『天然正藍染め』シリーズは税込で5万4000円という価格。

ジーンズ1本としてみれば破格の値段だが、岩谷さんの「純青」に対する熱い想いと、日本の伝統を守る制作現場を見てみれば、これが決して無茶な設定でないことがよくわかる。この本藍ジーンズを穿くということは、日本が世界に誇る「純青」のプライドを身に纏うということでもある。

PROFILE
岡本織布工場
岡本政和さん

1902年創業の老舗織元「岡本織布工場」の4代目。現在は現場を離れているが、阿波藍染の職人として伝統の継承と発展に寄与したことを認められ、徳島県から伝統工芸士にも認定されている

壺に入った藍液に糸を浸して絞った後、定着させるために1度水洗い。これをまた脱水して壺に浸して染める。この工程を約20回近く繰り返してようやく完成する

PURE BLUE JAPAN

1. デニム生地に使われるのはランダムなムラ感と独特の凹凸を持つ綿糸。まずは藍が染まりやすいように、糸を熱湯にくぐらせて余分な脂やゴミを取り除く。2. 藍を立てた深さ1mほどの壺に糸の束を浸す。3. 壺に満たされた状態だと緑がかった茶色だが、糸を持ち上げると酸化して徐々に青色へと変化する。棒を使ってしっかりと搾る。4. 定着させるために水で洗う。5. 脱水機にかけて余分な水分を飛ばした後、また壺に浸ける工程から繰り返していく。6. 染め上がったら、糸に糊を付けてしっかりと干す。後に糸巻きで巻き取って織る前の下準備が完成

手間暇かけて"阿波正藍"の藍畑からデニム生地が生まれてくる。

 →  →  →

ふるくは平安時代から染めの原料に使われていたという"阿波正藍"。3～4月ごろに種まきし、芽が出たものを植え替えして、9月ごろ葉の部分だけを刈り取り、一面に敷き詰めて乾燥。その後、何度も水打ちを行いじっくり自然発酵させながら「すくも」と呼ばれる染料液の原料が完成。刈り取りからは100日前後

工場の近隣には契約農家の藍畑が。吉野川の豊かな水で育つ日本一の藍の生産地であり、ここから「阿波正藍」と呼ばれる独特の藍色が生み出される

▶ ONE WASH

ワンウォッシュの状態。深みのある落ち着いた藍色がインディゴとは一線を画す。手染めならではの色ムラやスラブ感によりわずかにコントラストが生まれるがアタリは付きづらい

1.ジーンズを藍壺に浸す職人の姿が描かれたヒップパッチは鹿革製。ピスマークがない代わりに藍の葉を模したリーフの刺繍が入る。2.セルビッジの糸は一般的な赤ではなく青。ここにも青にこだわるブランドのプライドが垣間見える。3.手染めならではの色のランダムさや、縦筋のように走るスラブ感がインパクトを放つ。4.オリジナルの鉄製ボタン

"純青"へのこだわりが生み出した本藍の手染め

AI-13-TSM

特注の極太スラブ糸を使い、徳島の阿波正藍で手染めされた13.5ozの肉厚デニム。手染めで染められることで糸の芯まで染まるため、一般的なインディゴデニムのようなアタリは付きづらく、年月を経ることで全体的に淡く柔らかい青へと変化していく。テーパードスリムのAI-13はシリーズの中でも最もワタリがゆったりしていて、緩やかにテーパードがかかったクラシックなシルエット。

基本データ
- プライス__3万7800円(W28～34, 36)、4万2120円(W 38,40)
- ウエストのサイズ展開__W28～34, 36, 38,40
- ベースにしている年代__特になし
- ウォッシュ__ワンウオッシュ

生地
- 生地の重さ__13.5オンス
- 綾織__右織
- 防縮加工__なし
- 生地の生産地__徳島県
- 縦横の糸番手__―
- 生地のザラ感__弱
- タテ落ちの種類__手染めのため全体的に色落ちする

染め__手染め

縫製
- 縫製糸の特徴__0、6、20番手の糸を使い分けています。色はイエローとオレンジ
- アウトシームの縫製__両耳の割り縫い
- 耳を使っている場所__アウトシーム、コインポケット
- 耳の幅__非公開
- 耳の色__ブルー

ディティール
- ヒップパッチ__ディアスキン
- ベルトループ__中盛り有
- フロントフライ__鉄製オリジナルボタン
- リベットの種類__銅製 刻印なし
- 隠しリベットの有無__あり
- スレーキの生地__綾織り生成りのコットン100%
- ピスネーム__なし(リーフの刺繍)

PURE BLUE JAPAN

▶ OTHER LINEUP

6077

阿波正藍を用いて糸から手染めしたデニム生地を使った13.5ozのデニムジャケット。天然藍ならではの優しい青みを生かすために、あえて染め回数を減らし淡目の色に仕上げている。袖が細身に設計されており、タイトでスッキリとしたシルエットで着こなせる。4万1040円

1.フロントは鉄製のオリジナルボタン。「made in japan SYOAIYA」という刻印が入る。2.フロントの前開き部分にはセルビッジが配されている。糸はピュアブルージャパンを象徴する青色。3.デニム同様ピスネームの代わりにリーフの刺繍が。4.変化も楽しみな鹿革のパッチ

阿波正藍を使ったピュアブルージャパン至高のラインナップ。

▶ **OTHER LINEUP**

6084

1本の糸に濃い色と淡い色がランダムにできるように手染めされた17ozの天然藍レインデニムを使用。名作タイプ2がベースのデザインのデニムジャケット。ヴィンテージライクな仕様だが、細身に設計された袖などにより、スッキリしたシルエットに仕上がっているのでコーデしやすい。6万4800円

▶ **OTHER LINEUP**

AI-019

1本の糸に濃い色と淡い色がランダムにできるよう手染めされた天然藍レインデニムを使用。手染めのためアタリは付きづらいが、手染めならではの糸ムラや糸のスラブ感によりわずかにコントラストが得られる。テーパードがかかったスタイル。5万4000円

1.セルビッジデニムを使用。セルビッジに使われる糸はブランドのプライを示す青色。2.絣染めのような色ムラが縦方向に筋のように見られ、経年変化で藍の濃度が薄くなっていく。3.ボタンフライ仕様のフロント。ボタンは鉄製のオリジナルボタンを使用。4.ヒップパッチは経年変化も楽しめる鹿革製。職人がジーンズを染める姿を描いている

PURE BLUE JAPAN

▶ **OTHER LINEUP**
AI-003

▶ **OTHER LINEUP**
6080

徳島の阿波正藍を使い、手染めで濃い藍色に染め上げた特注の極太スラブ糸を用いた17.5ozの肉厚デニム仕様のジーンズとデニムジャケット。ジーンズは裾にかけて緩やかにテーパードしたスリムなシルエット。ジャケットは本格仕様ながらスッキリとしたシルエットに仕上がっている。5万4000円（ジーンズ）、6万4800円（ジャケット）

▶ **OTHER LINEUP**
AI-003-WID

▶ **OTHER LINEUP**
6081

徳島の阿波正藍を用いて手染めされた糸をタテ糸だけでなく、ヨコ糸にも使って織り上げた究極のデニム素材。タテヨコともに糸の芯まで染まっているのでほとんどアタリは付かないが、着込んで行くごとに全体的に色落ちするほか、手染めならではの柔らかいコントラストが楽しめる。8万1000円（ジーンズ）、8万6400円（ジャケット）

Denim Ultimate Catalog

ピュアブルーへのこだわりと時が生み出す深い味わい。

1 YEAR
MODEL_1
XX-007

1 YEAR
MODEL_2
XX-003

7 YEARS
MODEL_3
AI-001

Denim Ultimate Catalog

PURE BLUE JAPAN

5 YEARS — MODEL_4 — XX-003

2 YEARS — MODEL_5 — XX-011

1 YEAR — MODEL_6 — KS-013

1 YEAR — MODEL_7 — XX-010

Denim Ultimate Catalog

〈 ザ・リアルマッコイズ 〉

The REAL McCOY'S

http://www.realmccoys.co.jp

ザ・リアルマッコイズ東京　TEL03-6427-4300
Text/H.Shibayama　芝山一　Photo/S.Nomachi　野町修平

3 YEARS

▶ AGING SAMPLE

ジーンズがファッションとして広まった'60年代のモデルを再現。約3年穿き込んだこの004品番は、フロント部分の特徴的な線落ちに加え、膝裏のハチノスやヒゲも柔らかなコントラストで往時の雰囲気に褪色している

穿きこみサンプル	
穿きこんだモデル名	LOT.004
穿きこみ頻度	週5回
洗濯の頻度	3カ月に1回
最初に洗ったのは	穿き始めて3カ月目

1.マッコイズネームが刻印されたボタンフライ。2.ディアスキン製のネームラベルは、飴色に変化し、3年間しっかりと着用したことによる細かなクラッキングも確認できる。3.薄らと浮かび上がったウォレット跡などがデニムの魅力を物語る。4.サンフォライズした青みの強い14.25オンスの生地は、穿き込みによって往時の色落ちを約束してくれる

憧れの5ポケットの色落ちを約束する。

LOT.004

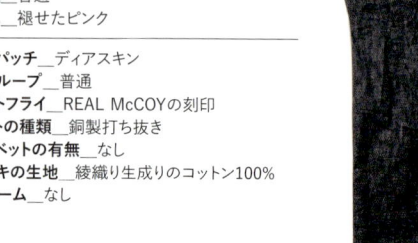

ミリタリーを主軸に、旧きよきアメリカの服飾を現代に蘇らせるブランド「ザ・リアルマッコイズ」。ワークウエアを代表するデニムプロダクツも、圧倒的な再現力で我々を魅了してくれる。1950年代以降、ファッションとしてのデニムが確立されたころに普及したデニムの色落ちを再現するべく、'60年代のスリムフィットをベースにやや細身に仕立てたのが、このLOT.004モデルである。

基本データ
- プライス　3万2400円
- ウエストのサイズ展開　W28～34、36、38
- ベースにしている年代　シルエット、生地ともに1960年代
- ウォッシュ　リジッド

生地
- 生地の重さ　14.25オンス
- 綾織　右綾
- 防縮加工　あり
- 生地の生産地　非公開
- コットンの種類　アメリカ産
- 縦横の糸番手　非公開
- 生地のザラ感　普通
- タテ落ちの種類　線落ち
- 色落ちのスピード　普通

染め
- ロープ染色

縫製
- 縫製糸の特徴　3種類の番手を使い、綿糸のオレンジを使用
- アウトシームの縫製　両耳の割り縫い
- 耳を使っている場所　アウトシーム、コインポケット
- 耳の幅　普通
- 耳の色　褪せたピンク

ディティール
- ヒップパッチ　ディアスキン
- ベルトループ　普通
- フロントフライ　REAL McCOYの刻印
- リベットの種類　銅製打ち抜き
- 隠しリベットの有無　なし
- スレーキの生地　綾織り生成りのコットン100%
- ピスネーム　なし

▶ **OTHER LINEUP**

LOT.S003

第二次世界大戦下での物資統制によって、省略もしくは簡素化されたディテールをあえて再現したモデル。フロントフライに月桂樹とドーナツボタン、ポケット布には軍用のヘリンボーンツイルを採用するなど、"大戦モデル" 特有の仕様を楽しめる1本。生地には14.3オンスのサンフォライズドデニムを使用し、LOT.004と同様のディアスキンのネームラベルを使っている。3万2400円

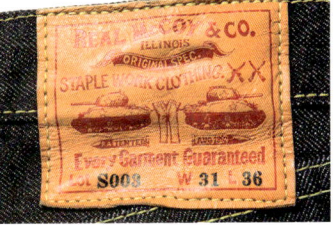

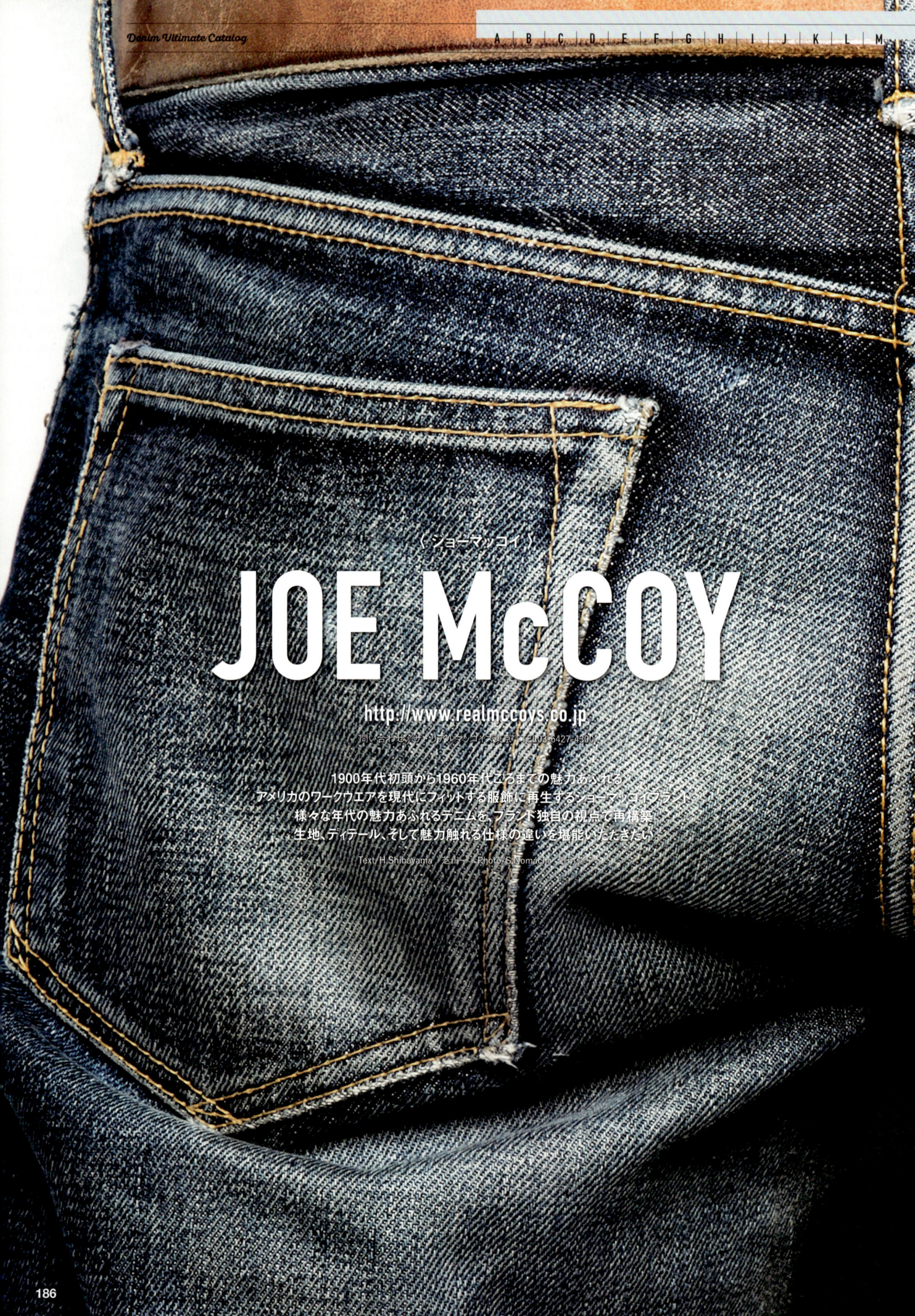

JOE McCOY
（ジョーマッコイ）

http://www.realmccoys.co.jp

1900年代初頭から1960年代ころまでの魅力あふれる
アメリカのワークウエアを現代にフィットする服飾に再生するジョー・マッコイブランド。
様々な年代の魅力あふれるデニムをブランド独自の視点で再構築。
生地、ディテール、そして魅力触れる仕様の違いを堪能いただきたい。

Text/H.Shibayama　Photo/S.Nomachi

Denim Ultimate Catalog

| A | B | C | D | E | F | G | H | I | J | K | L | M |

4 YEARS

▶ AGING SAMPLE

1950年代のデニム生地に見られるザラ感を残しながらも、穿き込むごとに滑らかな生地感に変化するのが特徴。適度な青みながら、着用による褪色で現れるコントラストは高く、当時のデニム生地特有のアタリやヒゲが激しく現れている

穿きこみサンプル

穿きこんだモデル名__LOT.991XH
穿きこみ頻度__週3〜4回
洗濯の頻度__今までに3回
最初に洗ったのは__穿き始めて6カ月目

1.フロントはボタンフライ。ボタン跡も鮮やかに浮きでた。2.ディアスキンのネームラベルは飴色に変化し、艶やかな表情に。3.14.75オンスのデニムは穿き込みによって濃淡の強いコントラストを放つ。4.膝裏には屈曲によって生じたハチノス跡がうかがえる

現代的なスリムフィットを耳付きで楽しむ。

LOT.991XH

1900年代初頭から1960年代頃まで、アメリカ製のジーンズが光り輝いていた時代のモデルを魅力的に再現したジョーマッコイネームのデニムシリーズ。こちらは、スリムフィットモデルのLOT.991をベースに、14.75オンスのヘビーデニムに置き換えて製作したモデル。股上は浅めで、ヨーロッパファッションの主流になりつつあるタイトなシルエットに仕上げたことで、独特の存在感を放っている。

基本データ
プライス__2万5920円
ウエストのサイズ展開__28〜34、36、38
ベースにしている年代__シルエット、生地ともに1950年代
ウォッシュ__リジッド

生地
生地の重さ__14.75オンス
綾織__右綾
防縮加工__なし
生地の生産地__非公開
コットンの種類__アメリカ産
縦横の糸番手__非公開
生地のザラ感__普通
タテ落ちの種類__点落ち
色落ちのスピード__普通

染め
ロープ染色

縫製
縫製糸の特徴__3種類の番手を使い、綿糸のオレンジを使用
アウトシームの縫製__両耳の割り縫い
耳を使っている場所__アウトシーム、コインポケット
耳の幅__普通
耳の色__褪せたピンク

ディテール
ヒップパッチ__ディアスキン
ベルトループ__普通
フロントフライ__JOE McCOYの刻印
リベットの種類__銅製打ち抜き
隠しリベットの有無__なし
スレーキの生地__綾織り生成りのコットン100%
ピスネーム__なし

N | O | P | Q | **R** | S | T | U | V | W | X | Y | Z

Denim Ultimate Catalog

▶ **OTHER LINEUP**

LOT.906S

ジョーマッコイのデニムに多く採用される14.75オンスの生地を使いながら、1960年代特有のタイトストレートに仕上げた。腰回りにはゆとりがあるが、腿から膝にかけては細く、膝から裾へはストレートというシルエットになっている。フロントのボタンフライには、ジョーマッコイの刻印入り。ネームラベルはペーパーを採用している。2万1600円

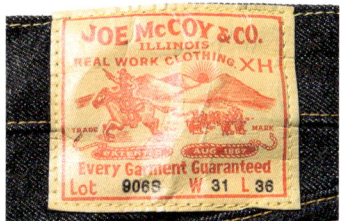

▶ OTHER LINEUP

LOT.905S

1950年代に作られた5ポケットの完成形とも評されるモデルを再現。シルエットは定番のストレートで、14.75オンスの生織デニムを採用する。こちらはワンウォッシュだが、リジッドモデルもあり、着用、洗い、洗濯を繰り返すことで身体に馴染んでくれる。ベルトループのセンターはオフセット、中盛りが施されるなどディテールも楽しめる1本。ネームラベルはディアスキンを採用。2万5920円

▶ OTHER LINEUP

BLACK DENIM PANTS

1960〜'70年代、デニム＝インディゴの時代からカラーデニムが誕生。その先駆けとなったブラックデニムを再現したのがこのモデル。シルエットもややテーパードしたスタイリッシュなスリムフィットで、往時のロックスターが穿いていた雰囲気を放つ。生地は14オンスとデニムファンを納得させる重厚さも併せ持つ。ネームラベルにはディアスキンを採用。2万8080円

Denim Ultimate Catalog

| A | B | C | D | E | F | G | H | I | J | K | L | M |

〈 リゾルト 〉
RESOLUTE
http://www.resolute.jp/

リゾルト／エスピープランニング　TEL03-5774-8071

2 YEARS

▶ AGING SAMPLE

'50年代頃のジーンズを参考にやや太めのシルエットで仕上げたストレート。オフセットのバックループやレザーパッチ、隠しリベットなど当時の王道を踏襲しつつ、全体の仕上げからは現代的なエッセンスもうかがえる

穿きこみサンプル
- 穿きこんだモデル名__711
- 穿きこみ頻度__週5回ほど
- 洗濯の頻度__1週間に1回
- 最初に洗ったのは__穿き始めて1週間

1.セルビッジはベーシックな赤耳タイプ。
2.パッチには'50sデニムに倣いレザーを採用。洗うほどに縮みを見せるいわゆるビーフジャーキー状態まで見事に再現。3.バックループは'50s年代の主流だったオフセットを踏襲。4.ピスネームはなく、ブランドタグはベルトの内側に配置

お馴染みデザイナーが手掛けるジャパンデニムの理想形。

711

国産デニム業界において20年以上デザイナーを務める林芳亨氏が手掛けるひとつの理想形。あくまでメイド・イン・ジャパンに強いこだわりを置き、織布、染め、縫製、仕上げまで全工程を国内屈指の熟練工に委ね、さらに一切の加工を廃することで、ユーザーとともに成長するというデニムの本来あるべき姿を追求。モデル数も極力絞り、丁寧に付き合えるスマートデニムを体現している。

基本データ
- プライス__2万7000円/W26〜34　2万8080円/W36 ,38, 40
- ウエストのサイズ展開__W26〜34, 36, 38, 40
- ベースにしている年代__1950年代
- ウォッシュ__ワンウォッシュ

生地
- 生地の重さ__13.5オンス
- 綾織__右綾織
- 防縮加工__なし
- 生地の生産地__広島県井原市
- コットンの種類__綿100%
- 縦横の糸番手__タテ7番、ヨコ7番
- 生地のザラ感__普通
- タテ落ちの種類__線落ち
- 色落ちのスピード__普通

染め
- ロープ染色

縫製
- 縫製糸の特徴__綿糸とコアを使いわける
- アウトシームの縫製__太い縫い糸で縫う
- 耳を使っている場所__アウトシーム、コインポケット
- 耳の幅__普通
- 耳の色__オレンジ色

ディテイル
- ヒップパッチ__革
- ベルトループ__中盛り有
- フロントフライ__オリジナルボタン
- リベットの種類__真鍮製刻印あり
- 隠しリベットの有無__あり
- スレーキの生地__力織機で織ったミミ付きの生地。綿100%
- ピスネーム__レーヨン

〈 ショット 〉
SCHOTT

http://www.schott-nyc.jp

Schott East　TEL03-5778-9656

1 YEAR

AGING SAMPLE

1年ほど穿き込んだワイドグライドは、洗濯頻度を長くした結果、モモ周りにクッキリとヒゲが出て、なんとも迫力のある表情に。剥き出しリベットのバックポケットは、ウォレットを入れていたため、かなり強いアタリが出ている

穿きこみサンプル
- 穿きこんだモデル名__13oz JEANS WIDE GLIDE
- 穿きこみ頻度__週2回ほど／洗濯の頻度__3カ月に1回
- 最初に洗ったのは__穿き始めて3カ月目

▶ OTHER LINEUP
13oz.JEANS MEDIUM GLIDE

ショットのもうひとつの定番となっているのが、同じ13オンスのオリジナルデニムを使ったミディアムグライドモデル。こちらはベーシックな5ポケットで、テーパードの強くないヴィンテージライクなストレートシルエット。1万9440円

1.剥き出しのリベットを採用したバックポケットは、ウォレットを入れていたアタリが出ている。2.サスペンダーボタンが付いているので、よりワークウエアの無骨な雰囲気に。3.4.サイドやバックヨークなどの主要部はトリプルステッチになっており、通常の5ポケットよりも高い耐久性を持っている

13oz JEANS WIDE GLIDE

バイク乗りのためのタフな作り。

基本データ
- プライス__1万9440円
- ウエストのサイズ展開__W28, 30, 32, 34, 36
- ベースにしている年代__—
- ウォッシュ__ONE WASH加工

生地
- 生地の重さ__13オンス
- 綾織__右綾織
- 防縮加工__あり
- 生地の生産地__岡山県
- 縦横の糸番手__タテ7番、ヨコ6番
- 生地のザラ感__タテ7番、ヨコ6番
- タテ落ちの種類__線落ち
- 色落ちのスピード__普通

染め
- ロープ染色

縫製
- 縫製糸の特徴__コアヤーンを使用。カラーはイエローとオレンジ
- アウトシームの縫製__3本針
- 耳を使っている場所__なし

ディテール
- ヒップパッチ__なし
- ベルトループ__中高6本
- フロントフライ__オリジナルボタン
- リベットの種類__銅製刻印なし
- 隠しリベットの有無__なし
- スレーキの生地__コットン100%
- ピスネーム__なし

アメリカを代表するアウターブランドのショット。展開しているデニムは、ライダースジャケット同様にバイクに乗るための独自の意匠が施されている。基本はよりワーク感のあるワイドシルエットのワイドグライドとベーシックなストレートシルエットであるミディアムグライド、やや細みに作られているナローグライドの3パターン。ミディアムグライドに限りヘビーな16オンスの展開がある。

R.J.B
〈 アール・ジェイ・ビー 〉

http://www.flat-head.com

フラットヘッド／TEL026-275-6666

AGING SAMPLE

1 YEAR

タイトなジーンズだけに、膝裏部分に激しい色落ちが現れているR.J.Bのジーンズ。ジンバブエコットンの左綾デニム（14oz.）のため、全体的にタテ落ちとなっているのが特徴のひとつ。3万4000円

穿きこみサンプル	
穿きこんだモデル名	D109FXRZ
穿きこみ期間	約1年
穿きこみ頻度	週6〜7回ほど
洗濯の頻度	1カ月に1回〜2回
最初に洗ったのは	穿き始めて1カ月目

1. 革パッチは鹿革を採用。経年変化により擦れているのも雰囲気抜群。2. ウルトラスウェードを使った飾りステッチ。デニムが色落ちするごとに馴染んでいくのが特徴。3. バックポケットの縫製は二重ステッチとなり頑丈な仕様となっている。4. 長繊維であるジンバブエコットンを使用して左綾にて織られたジーンズ。独特なタテ落ちの表情を生み出す

生み出す個性あふれる表情を持つタイトシルエット。

D109

選りすぐりの素材と技術を駆使して、ディテールにも徹底的にこだわるR.J.Bのジーンズ。日本製にこだわり、日本の職人が持つ高い技術を惜しみなく投入。すべての工程において膨大な時間と手間を惜しまないのが同ブランドの方針。このD109FXRZは兄弟ブランドのフラットヘッドとのコラボモデルで、新たな方向性を打ち出した一本として位置づけられている注目のジーンズ。

基本データ
- プライス：3万4000円（税込み）※40は3万6000円（税込）
- ウエストのサイズ展開：W25〜34, 36, 38, 40
- ベースにしている年代：シルエットはなし　生地は1940年代前半の染めの濃さに1960年代前半のタテ落ち感
- ウォッシュ：ワンウォッシュ

生地
- 生地の重さ：14オンス／綾織　左綾織
- 防縮加工：なし／生地の生産地：岡山県
- コットンの種類：ジンバブエコットン
- 縦横の糸番手：タテ6番、ヨコ7番
- 生地のザラ感：普通／タテ落ちの種類：両方
- 色落ちのスピード：普通

染め
- ロープ染色

縫製
- 縫製糸の特徴：6番手、20番手、30番手のオリジナルの綿糸を使いわけ
- アウトシームの縫製：両耳の割り縫いなど
- 耳を使っている場所：アウトシーム、コインポケット
- 耳の幅：細め
- 耳の色：ピンク

ディテール
- ヒップパッチ：鹿革
- ベルトループ：中盛り有
- フロントフライ：オリジナルボタン　鉄製
- リベットの種類：真鍮製刻印あり　通常より径の大きいタイプ
- 隠しリベットの有無：あり　鉄製胴メッキ
- スレーキの生地：綾織り生成りのコットン100％　ヘビースレーキ
- ピスネーム：なし／ロゴ刺繍

▶ **NEW MODEL**

D109FXRZ

兄弟ブランド「フラットヘッド」とのコラボモデル。ポケット口の2重ステッチやウルトラスウェードを使った飾りステッチなど、フラットヘッドと同様の仕様となっている。生地に使用する綿は高級素材であるジンバブエコットンで、左綾のデニムに仕立てている。3万4000円

1.生成のウルトラスウェードを使った飾りステッチ。フラットヘッドとのコラボとひと目でわかるアイコンでもある。2.近年注目されているジッパーフライを採用したモデル。3.コシがありながらもしなやかな穿き心地を実現した14オンスの左綾生地を採用している

▶ **NEW MODEL**

D110FXR

上のD109FXRZよりもややワイドなわたりが特徴のストレートモデル。大きくロールアップするなど、王道のアメリカンカジュアルスタイルにはこちらのモデルがオススメ。エンジニアブーツとの相性も抜群。こちらもフラットヘッドとのコラボモデルとして展開している。3万4000円

1.バックポケットにはR.J.Bのロゴが真紅の糸で刺繍されている。2.フライに使われるボタンはフラットヘッドのオリジナルボタンを採用。3.隠しリベットも独自に開発したフラットヘッド製を使用

〈 ステュディオ・ダ・ルチザン 〉

STUDIO D'ARTISAN

http://www.dartisan.co.jp

ステュディオ・ダ・ルチザン　TEL06-6536-6328

PROFILE
ステュディオ・ダ・ルチザン・インターナショナル代表取締役
藤川由典さん

岡山県児島で約半世紀に渡りデニム作りに携わってきた藤川氏。生地、縫製、洗い、加工などジーンズに必要となる設備を自社で整え、一貫したモノ作りができることがステュディオ・ダ・ルチザンの強みだと語る

MADE IN JAPANジーンズの大旋風が巻き起こった1990年代よりもひと昔前。
1979年に産声を上げたジャパンデニム界の先駆者として知られるSTUDIO D'ARTISAN。
その長い歴史とともに培われ、蓄積されてきたノウハウは、
他のジーンズメーカーと一線を画す強力な生産背景によって生み出されている。

Text/T.Itakura　板倉環　Photo/S.Nomachi　野町修平

日本製のジーンズがこれほどまでに世界に通用するようになったのもジーンズ作りにおける生地、縫製、加工などのクオリティの高さからだろう。ジーンズ作りにおいて熟練した腕利きの職人たちは必要不可欠。各工程においてプロフェッショナルが存在しているからこそクオリティの高い1本が仕上がる。1979年、JAPANデニムブームが起こる遥か昔にステュディオ・ダ・ルチザンは設立された。そのブランド名はフランス語で職人工房を意味する言葉だった。当初セレクトショップのオリジナルジーンズとして作られたものだったが、当時、生産効率の悪い旧式力織機を再稼働させた、つまりヴィンテージ仕様としてセルビッジデニムを作った世界初のブランドだったことはあまり知られていない。

「職人工房を意味するブランド名であることから解るようにステュディオ・ダ・ルチザンは多くの腕利きの職人たちによって作られています。ブランドの最大の強みは生地、縫製、加工、そしてデザインまですべて自社工場で行なっていること。それは、これまでにジーンズを作り続けてきた長い歴史と蓄積されたノウハウがあるからこそ実現できたことだと思っています。そうすることでブランドとしての軸がブレることなく一貫したモノ作りをすることができる。さらに、新たなもの作りにも果敢に挑戦することができる。生産背景が近く整備されていることはジーンズ作りおいてこの上ない環境なんです」

藤川氏が、約30年前に作っていた奄美大島の伝統的手法である泥染めとテーチ木染め。独特な色、風合いは天然染料ならでは

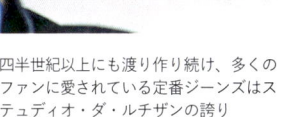

四半世紀以上にも渡り作り続け、多くのファンに愛されている定番ジーンズはステュディオ・ダ・ルチザンの誇り

湿気を嫌うデニム生地。洗い加工を施し、濡れたジーンズを乾燥させるために工場内に数百本と陰干しされる

自社ですべてを作る背景とノウハウがある。

生地の洗い専門の工場では日々職人たちが汗を流す。ストーンウォッシュで使用されるのは、鹿児島県大隅産の軽石なのだとか。ステュディオ・ダ・ルチザンの歴史だけでなく、日本のデニム史を見続けてきた藤川氏

エイジング加工を施すためにジーンズを縛り サンプルの風合いになるまで洗いを掛ける。 立体的で自然なシワが表現されるのだ

1本のジーンズを作るのに一体どれだけの人が関わってくるのだろうか？ デザイン、生地、縫製、洗い、加工……。実際は、もっと細分化され、各工程に対してそれぞれのスペシャリストが存在するわけで、素人には想像すらつかない。すべての工程にあらゆる職人が関わっているとなれば、1本3万円のジーンズに対して、とても高い買い物とは言えないだろう。世界で認められているMADE IN JAPANのクオリティの高さ、そして、ヴィンテージジーンズのように向こう何十年も愛用できるものなのだから、むしろ対価としてはロープライスであるといっても過言ではないだろう。

ジーンズ作りには さまざまなプロが必要不可欠。

1990年代のJAPANデニムブーム以降、デニムブランドは急速に増え、いまでは日本国内だけでなく、世界に目を向けると数え上げることは容易ではない。それぞれに作り手のこだわりやアイデンティティが詰まっているのは確かだが、その礎を築いてきたステュディオ・ダ・ルチザンであることを憶えておいてほしい。ジーンズ作りにおける長い歴史とノウハウは、自社工場に従事する熟練した職人たちへと継承され、他の追随を許すことなく、いまも職人工房のブランドの名に恥じることのないもの作りが光っている。ステュディオ・ダ・ルチザンだからこそできる一貫した作りはブランドをより堅固なものへと成長させる。
「ジーンズ作りに関わるそれぞれのプロフェッショナルたちが、同じジーンズを作り上げ、製品にまで仕上げることほど、ジーンズ作りにおいて心強いものはありません。恵まれた生産背景をフルに活用し、よりハイクオリティなもの作りができるものだと信じています。ステュディオ・ダ・ルチザンがいつまでも世界中で愛されるジーンズを作り続けることができるのは、他では真似することのできない大きな強みと言えるかもしれませんね」

1.仕上がった製品をひとつずつ縫製や洗いなどによるミスがないかを細かくチェックする。ここで合格したものが製品となり出荷される 2.何年もはいたかのようなエイジングを手作業で丁寧に加工を施す 3.ジーンズにウォッシュ加工を施すための大型のタンブラー 4.ジーンズとともに洗いを掛けた細かな軽石。インディゴ染料に染まりブルーに色づく

Denim Ultimate Catalog

STUDIO D'ARTISAN

ウォッシュ加工を担当する腕利きの職人。連日の着用と薬剤などが自然と飛び散ったリアルな経年変化が美しい。ジーンズが本来ワークウエアであることを強く感じさせてくれた

30年ほど前の記憶が蘇る伝統的な染め手法。

四半世紀以上も前に藤川氏が考案し辿り着いた奄美大島の
伝統ある染めの手法である泥染め、テーチ木染めがいま蘇る。

▶ **AGING MODEL**

奄美大島
テーチ木染め
リメイクジーンズ

高級和装で知られる大島紬に見られる奄美大島の泥染め。1300年もの歴史を誇る染め手法で現在でも伝統工芸として続けられ、独特な風合いが魅力。3万5424円

▶ **AGING MODEL**

奄美大島
テーチ泥染め
リメイクジーンズ

泥の成分に鉄分が豊富に含まれていることから黒褐色へと染まる泥染め。一度の工程では染まりづらいため、数回に分けて工程を増やし時間を掛けた1本。3万5424円

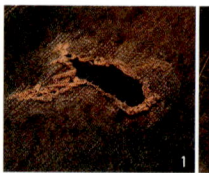
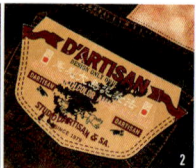

1.ダメージ加工を施しインディゴ染料が抜け、白くなった部分に泥染めらしい茶の染料が染み渡る。化学染料とは異なる自然な風合いが魅力 2.泥染めオリジナルのグラフィックを採用したフラッシャーが付けられる 3.バックポケット部分の淡いダメージ部分にも泥染め効果が見られる。染めの工程を繰り返すことで黒褐色へと染まる

STUDIO D'ARTISAN

ステュディオ・ダ・ルチザンに出会える直営店。

伝説のセレクトショップから生まれたという経緯を持つ
ステュディオ・ダ・ルチザンだけに出会いは直営店であって欲しい。

大阪のファッションの聖地
南堀江の老舗。

SHOP_1
ステュディオ・ダ・ルチザン 大阪店

ファッションに敏感な若者たちが集う南堀江。落ち着きのある店内はステュディオ・ダ・ルチザンのフルラインアップが揃いジーンズ好きの間では知らない人はいないという名店

DATA
大阪府大阪市西区南堀江 1-11-9SONO四ツ橋ビル 1F
TEL06-6543-6265
11時～20時　無休

ブランド発足のきっかけと
なった伝説のショップ。

SHOP_2
マリジュアン表参道店

ステュディオ・ダ・ルチザンがショップのオリジナルレーベルとして設立された1979年。当時、大阪で新進気鋭のセレクトショップだったマリジュアンが東京で復活。表参道から脇道に逸れた地下の隠れ家的ショップは、そのころの雰囲気を密かに継承している

DATA
東京都渋谷区神宮前6-13-1原宿川名ビルB1F
TEL03-5774-6479
11時～20時　無休

都内近郊で2店舗めとなる
伝説のマリジュアン。

SHOP_3
マリジュアン横浜元町店

横浜中華街からほど近く、横浜でファッション意識の高い人たちが集まる横浜元町。落ち着いた街の雰囲気でありながらも都会的でハイセンスな街並がマリジュアンのショップコンセプトと合致する。アンティークの什器などを使用したこだわりのショップ内観も必見

DATA
神奈川県横浜市中区元町4-161
TEL045-232-4610
11時～20時　月曜休(祝日の場合は翌日)

INFORMATION

2017年7月、「ステュディオ・ダ・ルチザン恵比寿店」オープン！

ブランド発足以前に すでに工場は稼働していた!?

ステュディオ・ダ・ルチザンの大きな強みである完備された生産背景。それは（株）晃立というしっかりとした生産体制があったからである。日本が高度経済成長期を迎えようとしていた頃、プレス仕上げから洗い・染色の専門工場として設立。そして数年後には縫製までを行える一環工場である。

もともと、岡山県児島市（現倉敷市）は、作業服や学生服を生産する工場が多く地場産業として地域に根付いていた土地。アメリカから日本へ輸入されてきたワークウエア生まれのジーンズがこの街を生産背景として選んだのは時間の問題だったことだろう。自然とデニム産業が根付いていったのだ。しかし、当時、大幅な技術の進歩により、旧式力織機は工場の隅に追いやられ、より作業効率の高いハイテクマシンによって生地が生産されていた。そのため旧式力織機による生地の生産は衰退の一途を辿っていたのだという。そんな大量生産を求められていた時代に、基本に戻って手をかけたモノ作りを行ったのがステュディオ・ダ・ルチザンだった。幅狭の生地を使用し、ヴィンテージ仕様のジーンズ作りを始め、再び旧式力織機を稼働させるまでに。その生地の大きなポイントが端に見られるセルビッジだった。その発想は業界でも斬新で、日本のみならず世界でも初めてのことだったという。もちろん、生産は現工場が受け持ったのは言うまでもない。以降、ジーンズを作り続けている歴史があるのだ。

大量生産向けのデニム生地が主流だったブランド設立当初、時代と逆行するかのようにローテクな旧式力織機や染色方法で作り上げた1本のジーンズ。世界初のヴィンテージ仕様のデニムとして作り上げたモデルだった

縫製工場でズラリと並んだ工業用ミシンに向かい衣服を縫う女性たち。当時から、岡山県では衣服産業が盛んだったようで、同様の光景は多く見られた。同時に生地、洗いなどの専門工場も忙しなく稼働していたことだろう

アテネのパルテノン神殿と同じドーリア式の柱を持った昭和2年に建てられた講堂は敷地内に現存する。ステュディオ・ダ・ルチザンが生れるにはこの生産背景が必須だった

Denim Ultimate Catalog

STUDIO D'ARTISAN

DYEING
染

脱色したコットンの糸にインディゴ染料を含ませ染色させる工程。さまざまな手法があるがセルビッジデニムを作るために多く採用されるのはロープ染色という方法。糸を束ねロープのように染色することから名付けられた

WEAVING
織

一反で約50m。木製のシャトルが左右に飛び交う旧式力織機でデニム生地を一反織るには約24時間もの時間を要するのだという。しかし、仕上がりはハイテク織機では表現できないオールド感溢れる雰囲気の生地が仕上がる

CUTING
裁

決められたパターンに応じて生地の裁断が行なわれるが、これもすべて手作業。昔ながらの裁断方法でジーンズに必要な角パーツの生地が切り抜かれていく。また極力ロスの無いように裁断することは熟練した職人の経験が必要

SEWING
縫

旧式力織機を使用して織られたクラシカルな生地、そして手作業で裁断された各パーツの生地を縫い合わせていくのは、旧い工業用ミシン。ステッチひとつ細かなディテールであっても仕上がりの雰囲気に大きく左右するのだ

STUDIO D'ARTISAN

RECONSTRUCTION OF GREAT OLD THINGS

Studio D'artisan
HIGHEST STANDARDS OF QUALITY
SINCE 1979

ORIGINAL — GUARANTEED

	REGULAR STRAIGHT レギュラーストレート	LOOSE STRAIGHT ルーズストレート	TIGHT STRAIGHT タイトストレート	SUPER TIGHT STRAIGHT スーパータイトストレート	TIGHT BOOTS CUT タイトブーツカット
15oz TADE NATURAL INDIGO DENIM	SD-D01 ¥32,000+TAX		SD-D03 ¥32,000+TAX	SD-D07 ¥32,000+TAX	
18.5oz RIGHT HAND DENIM 右綾デニム	SD-301 ¥25,800+TAX		SD-303 ¥25,800+TAX	SD-307 ¥25,800+TAX	
15.0oz RIGHT HAND DENIM 右綾デニム	SD-101 ¥21,800+TAX	SD-102 ¥21,800+TAX	SD-103 ¥21,800+TAX	SD-107 ¥21,800+TAX	SD-105 ¥21,800+TAX
12.0oz RIGHT HAND DENIM 右綾デニム			SD-503 ¥16,800+TAX	SD-507 ¥16,800+TAX	

定番モデルの違いがひと目で解る早見表。

異なる生地、シルエットによって細分化されている定番ジーンズの図表。
デニム特色、オンスなど好みの1本を見つけるのに役立つ。

Denim Ultimate Catalog　　　A｜B｜C｜D｜E｜F｜G｜H｜I｜J｜K｜L｜M

1 YEARS

▶ **AGING SAMPLE**

右綾15オンスのオリジナル生地を採用したスーパータイトシルエット。やや股上が浅く腿から裾にかけてすっきりと下シルエットが特徴的。防縮加工が施されていない生機デニムを使用しているため、穿くたびに身体へとフィットする

穿きこみサンプル
穿きこんだモデル名__SD-107
穿きこみ頻度__週5日／洗濯の頻度__2カ月に1回
最初に洗ったのは__穿き始めて1カ月目

1.左右の膝裏にくっきりと表れたハチノスと呼ばれるエイジング。ジャストサイズで脚にフィットすることではっきりと表現される　2.ブランドアイコンである2匹の豚（インディーとクリッパー）がプリントされた革パッチ　3.オリジナルセルビッジデニムであることを証明する青ミミ　4.フロントはボタンフライ仕様で比翼部分にアタリも表れている

生機デニムだからこそフィットするスーパータイト。　　SD-107

深みのある濃いインディゴブルーが特徴的なSD-107。しっかりと時間をかけロープ染色された糸はなかなか色落ちが進まない。スーパータイトシルエットのこのモデルは生機デニムであることから、穿き込み洗いをかけることでより身体へとフィットするシルエットに変化する。デニムの色落ちは身体にフィットするほどに増幅されるため、より立体感のあるエイジングを楽しむことができる

基本データ
プライス__2万3544円
ウエストのサイズ展開__W27〜36
ベースにしている年代__現代風タイトシルエット、生地は1950年代
ウォッシュ__ワンウォッシュ

生地
生地の重さ__15オンス
綾織__右織
防縮加工__あり
生地の生産地__非公開
コットンの種類__ブレンド
縦横の糸番手__非公開
生地のザラ感__普通
タテ落ちの種類__点落ち
色落ちのスピード__遅め

染め
ロープ染色

縫製
縫製糸の特徴__3種類の番手、コアースパン糸金茶、黄
アウトシームの縫製__両耳の割り縫い
耳を使っている場所__アウトシーム、コインポケット
耳の幅__普通
耳の色__ブルー

ディテール
ヒップパッチ__ゴート
ベルトループ__普通
フロントフライ__オリジナル刻印ボタン
リベットの種類__オリジナ銅製打ち抜きリベット
隠しリベットの有無__有り
スレーキの生地__綾織り生成りのコットン100%
ピスネーム__フロントコインポケット

STUDIO D'ARTISAN

シルエットで選ぶダ・ルチザンのスタンダードモデル。

REGULAR STRAIGHT
レギュラーストレート

▶ REGULAR_1
SD-D01

ナチュラルインディゴ、つまり天然藍で染めた糸で織られた14オンスの生地を使用した定番ストレート。穿き込むことでさらに青さが強調され独特の風合いとなる。3万4560円

▶ REGULAR_2
SD-301

定番ジーンズで最もヘビーな18.5オンスの生地を使用して作られたジーンズ。生地はもちろんのことレザーパッチまで極厚にデザインされた遊び心あるディテールも必見。2万7864円

▶ REGULAR_3
SD-101

最もベーシックなオリジナルストレートモデルとして人気の高いこのモデル。15オンスのしっかりとした生地は防縮加工が施されていないため、ねじれや縮みも表れる。2万3544円

LOOSE STRAIGHT
ルーズストレート

SD-102

ワークパンツとして生まれたジーンズのシルエットを継承したやや太めのルーズストレート。15オンスのしっかりとしたコシのある生地はヴィンテージさながらの経年変化を愉しむことができる。2万3544円

TIGHT BOOTS CUT
タイトブーツカット

SD-105

定番ジーンズ中、唯一のブーツカット。ヒップから腿部分はタイトに仕上がっていながらも膝下から裾にかけて緩やかに広がったオーセンティックなデザイン。ボリュームのあるブーツと相性良し。2万3544円

TIGHT STRAIGHT
タイトストレート

▶ TIGHT_1
SD-D03
1986年に誕生したファーストモデルのDO-1のディテールをベースに蓼正藍によるカセ染めデニムをタイトに仕上げた。バックポケットの飾りステッチも初期デザインを復刻したブランドを代表する1本。3万4560円

▶ TIGHT_2
SD-303
18.5オンスのヘビーなデニム生地を採用したタイトストレートシルエット。極厚レザーパッチやコインポケット、ステッチングなどヴィンテージディテールを随所に盛り込んだこだわりのジーンズ。2万7864円

▶ TIGHT_3
SD-103
定番ジーンズの中で一番人気。織り上げたままの防縮加工が施されていない生機デニムを使用し、特有のザラつきがありながらもしっかりとした生地に世界でもファンが多い。美しいシルエットも魅力。2万3544円

▶ TIGHT_4
SD-503
旧式力織機で織られた12オンスのやや薄手のデニム生地は年中通しては着やすい。とはいえセルビッジはもちろん、ヴィンテージジーンズの意匠を凝らしたディテールから本格的な作りが嬉しい。1万8144円

STUDIO D'ARTISAN

SUPER TIGHT STRAIGHT
スーパータイトストレート

▶ SUPERTIGHT_1

SD-D07

蓼正藍によるカセ染めで作られた天然藍のジーンズ。シリーズ中、最もタイトなスーパータイトシルエットを採用することでより身体へのフィット感が増し、美しいエイジングを見せてくれるに違いない。3万4560円

▶ SUPERTIGHT_2

SD-307

オンスの高い18.5オンスの生地を使用したスーパータイトシルエット。肉厚であるためエイジングのスピードは遅いが、そのぶん身体にフィットするため自分だけの色落ちを楽しむことができるはず。2万7864円

▶ SUPERTIGHT_3

SD-507

ヘビーオンスが主流の定番ジーンズだが、12オンスの生地は軽量でサマーシーズンに穿くのにぴったり。蒸し暑い季節でも心許なく穿くことができるのはジーンズファンにとって嬉しい限りだ。
1万8144円

Denim Ultimate Catalog

〈 スティーブンソンオーバーオールズ 〉

STEVENSON OVERALL CO.

http://www.soc-la.com/

トパンガ　TEL03-6805-0870

1.5 YEARS

▶ **AGING SAMPLE**

14オンスのアメリカ綿を使用した、股上浅めのスリムストレート。カスタムした特製のミシンを使い、7/32ゲージの5.6mm幅の巻き縫いと3/16ゲージの4mm幅の本縫いでデザインされるステッチワークは圧巻!!

穿きこみサンプル
穿きこんだモデル名__340-RXX
穿きこみ頻度__週5回ほど
洗濯の頻度__6カ月に1回
最初に洗ったのは__穿き始めて6カ月目

1.ポケット口の補強となる見返しを表側のステッチデザインと同型に模った手の込んだ仕様。細幅に設定したミシンによる秀麗な2本針縫製もスマートな印象。2.グリーンを使用した片耳セルビッジも個性的。3.トップボタンは、オリジナルのツープロングタイプ。その他は月桂樹ボタンを使用。4.手描きのグラフィックを刻印したレザーパッチも見所

熟練の職人技がヴィンテージを越えたデニムを生む。

340-RXX

スティーブンソンオーバーオールズが目指すところは、ヴィンテージデニムの奥深いディテールをさらに掘り下げ、超えていくこと。ヴィンテージでも見られない丁寧な仕様の数々を、熟練の職人が持つ技術を集約し、生産効率を度外視して実現させる。堅牢でありながら繊細。野生と知性を持ち合わせた唯一無二のデニムは、旧きよきアメリカを感じさせながら、モダンな輝きを放っている。

基本データ	
プライス	2万7000円
ウエストのサイズ展開	W28〜34, 36, 38
ベースにしている年代	シルエットは1940年代 リジッド、ワンウォッシュ

生地	
生地の重さ	14オンス
綾織	右綾織
防縮加工	あり
生地の生産地	岡山県
コットンの種類	ジンバブエコットン100%
縦横の糸番手	タテ7番、ヨコ6.5番
生地のザラ感	強い
タテ落ちの種類	両方
色落ちのスピード	普通

染め	
	ロープ染色

縫製	
縫製糸の特徴	30番手コア一糸
アウトシームの縫製	両耳の割り縫い
耳を使っている場所	アウトシーム
耳の幅	細め(0.3cm)
耳の色	薄い緑色など

ディテール	
ヒップパッチ	ゴートスキン
ベルトループ	中盛り有
フロントフライ	オリジナルボタン
リベットの種類	真鍮製刻印あり
隠しリベットの有無	あり
スレーキの生地	綾織り生成りのコットン100%
ピスネーム	なし

OTHER LINEUP

727-RXX

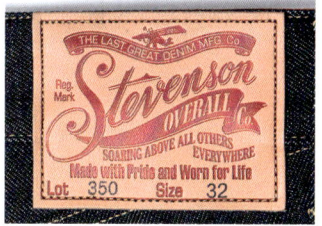

1960年代のシルエットをベースとした「ラホーヤ」は、腰まわり、ワタリをタイトにテーパードさせたシルエットが特徴。1920年代以前の縫製仕様である一本針の折伏せ縫いによる縫製を使用し、ベルトループ、バックポケット、コインポケットをカーブさせたこだわりのディテールワーク。2万2680円

OTHER LINEUP

350-RXX

ゴールドラッシュ時代に鉱山で働く男たちが着用したワークパンツをイメージしたバックルバック。ウエストバンドに挿み込んだ変形型コインポケットや、バックポケットにはダブルステッチをV字に返すオリジナルデザイン補強をあしらい、いにしえの独創的な仕様を現代的に落とし込んでいる。2万8080円

STRONG HOLD

〈 ストロングホールド 〉

http://www.rubs.jp

ラバーソウル　TEL0120-40-5310

ONE WASH

まだジーンズという概念が無い、1900年代初頭のサスペンダー付きのデニムの雰囲気を再現。ウエストやヒップなどはややオーバーサイズに設定されるが、裾にかけてはテーパードしてすっきり見えるのが特徴。デニムのサスペンダー付き

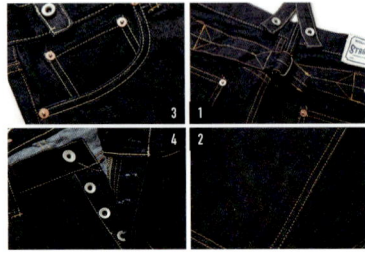

1.ウエストヨーク部分に大きなシンチバック（尾錠）が付く。2.生地はハリとコシのある14.5オンスを使用。穿きこむごとに、強いコントラストのアタリが現れる。3.コインポケットや銅製のリベットなどは一般的な5ポケットタイプを踏襲している。4.フロントは当然ボタンフライで、サスペンダー部分と同じく。艶消しのドーナツタイプを使っている

OTHER LINEUP

ヴィンテージスタイルデニムジャケット

ファーストタイプのデニムジャケットをベースに製作。生地は右のパンツと同じ14.5オンス。前立て裏は赤耳で、胸ポケットのフラップ裏にはシャンブレー生地を使用。1万5120円

往年のアメリカンワークウエアの面影を残す。

#SHO-022

100年以上の歴史を誇るアメリカンワークエアブランド「ストロングホールド」。1895年にLAに設立された当時から、機能的なデザインの労働着を生産し、多くのアメリカンワーカーたちを支えてきた。そんなブランドのルーツを再現する5ポケットデニムがウエストオーバーオールと呼ばれた当時のワークパンツ。シンチバックやサンスペンダー仕様があり、実に魅力的だ。

基本データ
- プライス＿1万800円
- ウエストのサイズ展開＿W30, 32, 34, 36
- ベースにしている年代＿シルエットは1900年代初頭
- ウォッシュ＿ワンウォッシュ、加工

生地
- 生地の重さ＿14.5オンス
- 綾織＿右綾織
- 防縮加工＿なし
- 生地の生産地＿—
- コットンの種類＿—
- 縦横の糸番手＿タテ7番、ヨコ7番
- 生地のザラ感＿普通
- タテ落ちの種類＿縦組み
- 色落ちのスピード＿普通

染め
- 非公開

縫製
- 縫製糸の特徴＿8, 20, 30番手のコア糸を使いわけ、カラーは金茶、オレンジ、白、ネイビー
- アウトシームの縫製＿両耳の割り縫い
- 耳を使っている場所＿アウトシーム
- 耳の幅＿8mm
- 耳の色＿赤

ディテール
- ヒップパッチ＿ダック生地オリジナルパッチ
- ベルトループ＿—
- フロントフライ＿ドーナツボタン
- リベットの種類＿UNIVERSAL打ち抜き
- 隠しリベットの有無＿なし
- スレーキの生地＿綾織り生成のコットン100%
- ピスネーム＿ブランドアイコンワッペン

〈 スチール・ホイール・エンジニアリング バイ ハイロック 〉

SWE by HIGH ROCK

http://www.stwheel-eng.com
TEL086-472-7825

2 YEARS

AGING SAMPLE

約2年着用して見事に褪色したブッシュパンツ。こちらは親元のブランドであるハイロックの定番品で、SWEと同じ生地を使っているため、今回は色落ちサンプルとして紹介している。本格デニム同様の濃淡の激しいコントラストが魅力的だ

穿きこみサンプル
穿きこんだモデル名__3001Rデニムブッシュライダース
穿きこみ頻度__週3回ほど／洗濯の頻度__1カ月に1回
最初に洗ったのは__完成後すぐ

▶ **OTHER LINEUP**
7000 デニムキルトライダース極
バイクに跨った際を想定したユニークな立体裁断が特徴。オリジナルのデニムを使用し、腿から膝にかかるキルティングパッドで、激しいダメージにも対応する。バックポケットのリフレクトステッチで安全性も確保。4万2984円

1.ブッシュパンツの特徴でもあるフロントポケットに設けられた別のフラップポケット。2.補強されたニーパッド部分は擦れて、一部は破損しているが、二重の生地がしっかりとそのクオリティを保つ。3.マチ付きのバックポケット。4.激しいアタリが出ているヒップ部分

3001R デニムブッシュライダース

バイカーたちのための重装備。

基本データ
プライス__3万2184円(W40〜は3万5424円)
ウエストのサイズ展開__XXS(26)〜7L(46)まで2インチ刻み
ウォッシュ__ワンウォッシュ

生地
生地の重さ__14.5オンス
綾織__右綾織
防縮加工__あり
生地の生産地__岡山県井原市
コットンの種類
縦横の糸番手__タテ6番、ヨコ6番
生地のザラ感__普通
タテ落ちの種類__線落ち
色落ちのスピード__普通

染
ロープ染色

縫製
縫製糸の特徴__上糸は全て6番手の綿糸、下糸には必要に応じて、強度の必要な部分にはコアヤーン(綿とポリエステルのコンポジットな糸)を使用
アウトシームの縫製__両耳の割り縫い
耳を使っている場所__アウトシーム、コインポケット
耳の幅__なし
耳の色__なし

ディテール
ヒップパッチ__ヘアオンハイド
ベルトループ__2.5cmの太ループ
フロントフライ__1ピースオリジナルボタン
リベットの種類__なし
隠しリベットの有無__なし
スレーキの生地__綾織り生成りのコットン100%
ピスネーム__タテヨコレーヨン

デニムの産地として、もはや世界的に知られる倉敷市児島に拠点を置き、直営店も展開するハイロック。このブランドがバイカーのために製作したブッシュパンツタイプのジーンズが、SWE(スチール・ホイール・エンジニアリング)だ。強固な生地にニーパッドの装備、バイクに跨ったときを想定した独創的なカッティングと、他に類を見ない仕様は、たとえバイカーでなくとも手が出そうだ。

〈 ストライクゴールド 〉

THE STRIKE GOLD

http://www.klax-on.net
クラクション TEL080-463-7211

国産ジーンズの聖地・岡山県倉敷市児島に拠点を置く「クラクション」が
展開するオリジナルブランド「ストライクゴールド」。
素材からディテールに至るまでこだわり抜かれた世界の岡山ジーンズの実力を堪能せよ。

国産ジーンズの聖地・岡山県倉敷市児島で縫製・仕上げ業を営む家庭に生まれ育った浜本とおる氏が2002年に立ち上げた「クラクション」のオリジナルブランドとして、2007年に生まれたのが「ストライクゴールド」。世界に名だたる岡山ジーンズのプライドをかけて、生地の製造から縫製、ディテールの作り込みに至るまで、岡山という土地だからできる、"こだわりの1本"を作ることで国内外からも高い評価を得ている気鋭のブランドだ。

味わいのあるデニム生地を使ったジーンズを作り続けるなかで、昨年リリースした17オンス生地は、ロープ染色されたタテ糸を旧式のシャトル織機を使い、熟練の職人が糸の太さやデニムの種類に応じて織り上げることでスラブ感が強い特徴的な生地を生み出している。これはヴィンテージデニムと同じ手法で、コンピューター制御で織り上げる一般的なデニム生地に比べて約1/5程度の生産効率だが、これも独特の風合いを出すためのこだわりだ。

縫製に関しても、バックポケットのナローステッチやベルトループの巻き縫いなど、旧きよきヴィンテージジーンズと同じ仕様を再現。裾上げにはヴィンテージミシンの名機・ユニオンスペシャルを使用。

ただし、シルエットはヴィンテージの良さを残しつつも、現代のシーンに違和感なく溶け込むようアレンジを加えている。

また、ディテールはオリジナルの鹿革パッチ、レーヨンピスネーム、オリジナルの鉄ボタン、鉄製リベットなど、どれも永年穿き続けることによって経年変化が楽しめるパーツを採用している。

生地、製法、ディテールと総合的にこだわり抜くことによって、ヴィンテージの顔をしながら、ユーザーそれぞれの味わいに育っていく、こうした理想を形にできる伝統と技術が岡山にはある。岡山ジーンズが世界に誇れる理由がここにあるのだ。

インディゴをロープ染色したムラ感の強いタテ糸と凹凸のあるスラブ感が特徴のヨコ糸（写真下）を旧式のシャトル織機で限界までゆるく甘く織り上げることで、強烈なザラ感のある色落ちを実現

スラブ感のある極上の生地を3つのシルエットで味わう。

▶ **REGULAR MODEL** SG7104

オリジナル右綾17oz横スーパースラブセルビッジデニム使用。腿周りにゆとりを持たせ、裾に向かってシェイプさせたレギュラーテーパードモデル。2万8080円

▶ **REGULAR MODEL** SG7103

腰周りのもたつきを抑えたクラシックストレート。緩やかで自然なテーパードがあるため、ベーシックなヴィンテージスタイルを楽しむことができる。2万8080円

▶ **REGULAR MODEL** SG7105

同じ生地を使用し、腿から膝にかけてタイトに絞った細身ながらテーパードを少なくしたスタイリッシュなストレートカットモデル。2万8080円

Denim Ultimate Catalog

10 MONTHS

▶ **AGING SAMPLE**

エイジングが楽しめるよう、あえてロープ染色は染めムラが出やすく、所々に織りムラが出る旧式シャトル織機を使う。短期間ながらメリハリのある色落ち、特にヒゲやハチノスなど擦れる部分は独特の表情を生み出している

穿きこみサンプル

- 穿きこんだモデル名__SG7105
- 穿きこみ頻度__週4〜5回ほど／洗濯の頻度__2か月に1回
- 最初に洗ったのは__穿き始めて2カ月目

1.わずか10カ月でフロント部のヒゲもハッキリとしたアタリが出ている。2.ピスネームも風合いが楽しめるレーヨン製。3.両耳の割り縫いで耳の幅はやや細め。4.リベットも一般的な銅製ではなく、鉄製のオリジナルを採用（隠しリベットは銅製）。銅と比べると時間ともに錆びるが、それもまた独特の表情をもたらす味として採用している

エイジングへの飽くなき探究心が生んだ1本。

SG7105

インディゴを最特濃でロープ染色したムラ感の強いタテ糸と、強烈な凹凸あるスラブ感が特徴のヨコ糸を使い、旧式のシャトル織機で限界までゆるく甘く織り上げた右綾17ozのスーパースラブセルビッジデニムを使用。腿から膝にかけてタイトに絞った現代風の細身のデザインだが、テーパードが少なくしてあるのでブーツイン／アウトにも対応できるなど、使い勝手のいいシルエット。

基本データ
- プライス__2万8080円
- ウエストのサイズ展開__W27〜34, 36, 38
- ベースにしている年代__なし　オリジナルスペック
- ウォッシュ__ワンウォッシュ

生地
- 生地の重さ__17.0オンス
- 綾織__右綾織
- 防縮加工__なし
- 生地の生産地__岡山県
- コットンの種類__非公開
- 縦横の糸番手__非公開
- 生地のザラ感__強
- タテ落ちの種類__線もしくは点落ち、両方
- 色落ちのスピード__やや早め

染め
- ロープ染色

縫製
- 縫製糸の特徴__6, 8, 20, 30番手の綿糸を使いわけ、カラーは計2色
- アウトシームの縫製__両耳の割り縫い
- 耳を使っている場所__アウトシーム、コインポケット
- 耳の幅__細め
- 耳の色__金色

ディテール
- ヒップパッチ__シープスキン
- ベルトループ__中盛り有
- フロントフライ__オリジナル鉄製ボタン
- 隠しリベットの有無__あり（銅製）
- スレーキの生地__綾織り生成りのコットン100%
- ピスネーム__レーヨン

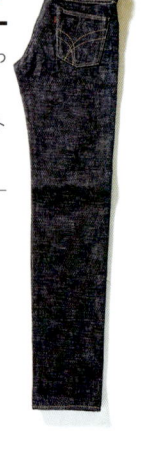

THE STRIKE GOLD

▶ **OTHER LINEUP**
SG2105

無造作に穿きふるしたワーカー達の経年変化を再現すべく、ヨコ糸にベージュ糸を使うことで、経年変化とともに独特の濃い表情が出る。スタイリッシュストレートで、細身ながらテーパードは少なめのシルエット。2万8080円。同じ生地で、SG2103（クラシックストレート）、SG2109（スリムテーパードストレート）がある

▶ **OTHER LINEUP**
SG3109

ヨコ糸にグレー糸を使い限界ギリギリの打ち込み本数でコシ感を左綾織で表現した新開発の17ozセルビッジデニム採用。特濃色に染め上げたインディゴのタテ糸とヨコ糸のグレーが特徴的な深いブルーを生み出す。金色の糸を使ったセルビッジも特徴的。全体的に細く絞り込んだスリムテーパードモデル。2万8080円。他にSG3105（スタイリッシュストレート）がある

▶ **OTHER LINEUP**
SG5104

ヨコ糸にグレー糸を使いゆっくりと丁寧に織り上げて独特の凹凸感を生み出したオリジナルの15ozセルビッジデニムを使用。ヨコ糸のグレーが特徴的な深いブルーを生み出す。腿周りにゆとりを持たせ、裾に向かって一気に絞ったレギュラーテーパード。2万7000円。他にSG5103（クラシックストレート）、SG5105（スタイリッシュストレート）、SG5109（スリムテーパードストレート）がある

SUGAR CANE

〈 シュガーケーン 〉

http://www.sugarcane.jp

東洋エンタープライズ　TEL.03-3632-2321

3 YEARS

▶ **AGING SAMPLE**

琉球藍とインディゴをブレンドしてロープ染色した砂糖黍デニムのロングセラー。砂糖黍の繊維を綿に混ぜており表面にネップ感が現れ、琉球藍ならではの赤味が強い左綾デニムは穿き込みによって鋭いタテ落ちをみせる

穿きこみサンプル

穿きこんだモデル名	Lot No. SC40301「砂糖黍製 14oz. 琉球藍混 左綾DENIM」
穿きこみ頻度	週5回ほど
洗濯の頻度	1カ月に1回
最初に洗ったのは	穿き始めて1カ月目

1.セルビッジはグリーン。2.砂糖黍デニムならではのネップ感のある生地を穿きこむと、ご覧の独特な縦落ちに。3.革パッチは三線にも使われるニシキヘビの革。ロゴは漆で描かれている。4.一本一本手作業で施したバックポケットの刺し子刺しゅう。5.スレーキには刺し子柄のセルビッジ生地を使用。6.ヴィンテージデニムの象徴、隠しリベットを採用

老舗デニムブランドの手掛けるオリジナルデニム。

1975年にブランドを打ち立て、1980年には他社に先駆けヴィンテージの復刻を始めていたシュガーケーン。ブランドの軸となるヴィンテージベースのデニムに加え、2000年代からはオリジナルデニムをスタート。それがこの砂糖黍デニム。サトウキビの繊維をコットンと混紡してリサイクルしたサステナブルな生地で、アミノ酸効果によって抗菌や防臭などの性質を持つ。

Lot No.SC40301 "砂糖黍製 14oz. 琉球藍混 左綾DENIM"

基本データ
- プライス＿＿1万8144円
- ウエストのサイズ展開＿＿W28〜34, 36, 38
- ベースにしている年代＿＿シルエットやディテールは1940年代後半。
- ウォッシュ＿＿リジッド、ワンウォッシュ

生地
- 生地の重さ＿＿14オンス
- 綾織＿＿左綾織
- 防縮加工＿＿なし
- 生地の生産地＿＿岡山県
- コットンの種類＿＿綿50%、砂糖黍50%
- 縦横の糸番手＿＿タテ6番、ヨコ6番
- 生地のザラ感＿＿強め
- タテ落ちの種類＿＿線落ちと点落ちの両方
- 色落ちのスピード＿＿遅め

染め
- ロープ染色、琉球藍とインディゴをブレンド

縫製
- 縫製糸の特徴＿＿太さは6, 8, 20, 30番手。カラーはイエロー、オレンジ、生成り、ブラック、グレー、グリーン。
- アウトシームの縫製＿＿両耳の割り縫い
- 耳を使っている場所＿＿アウトシーム
- 耳の幅＿＿細め(2.5mm)
- 耳の色＿＿生成り+緑

ディテール
- ヒップパッチ＿＿ニシキヘビの革+漆プリント
- ベルトループ＿＿中盛り有
- フロントフライ＿＿オリジナルボタン
- リベットの種類＿＿銅製刻印あり
- 隠しリベットの有無＿＿あり
- スレーキの生地＿＿刺し子柄のセルビッジ生地
- ピスネーム＿＿なし
- バックシンチ＿＿なし

紡績

ヴィンテージデニムが作られた時代は紡績技術も未熟であり、糸も一定間隔で太さが変わるムラ糸であった。それにより生まれる色落ちのムラ感を再現するために、当時の糸のムラ具合に従い糸を撚る力に強弱をつけ制御することで、ヴィンテージの色落ちを再現する。

ロープ染色

ロープ染色とはロープ状に束ねた糸を合成インディゴ溶液に浸しローラーで絞り、空気にさらすことで染める手法。シュガーケーンでは当時の合成インディゴを再現するためロープ染色を採用。糸が芯白、外側だけが青く染まり、色落ちしたときにアタリが出やすい。

力織機

ヴィンテージのデニムを再現するには、一般的なデニムよりも目が詰まって表面に凸凹のある生地を作らなければいけない。そのために必要なのが旧式のシャトル織機。シュガーケーンでは、現在では希少となったシャトル織機でゆっくり時間をかけて織っていくのだ。

縫製

旧式のシャトル織機で織り上げたデニム生地は、最後に熟練の職人によって縫い上げられていく。当時と同じミシン糸（綿糸）を使用し、パーツごとに糸番手や色など、十数種類の糸を使い分ける。そして、当時と同じ旧式のユニオンスペシャルで縫い上げられるのだ。

SUGAR CANE

▶ **OTHER LINEUP**

**Lot No. SC42014
"12oz. DENIM
1947 MODEL TYPE-III"**

物質統制が解かれた戦後に見られた贅沢なディテールを再現した1947年モデル。この「タイプ3」は当時のディテールを再現しつつ、シルエットを現代的なスリムフィットにアップデート。通年で着用できるよう、旧式力織機で織り上げた12オンスデニムを使用している。1万3824円

▶ **OTHER LINEUP**

**Lot No. SC11953
"14.25oz. DENIM JACKET 1953 MODEL"**

デニムジャケットが労働者用からタウンユースとなる過渡期にあたる1953年モデルで、ボックス型シルエットと可動性を高めるフロント部分のプリーツが特徴。エルヴィス・プレスリーが映画の衣装として着用したモデルとしても知られる。1万7064円

▶ **OTHER LINEUP**

**Lot No. SC13823
"11oz. BLUE DENIM WORK COAT"**

1930年代のワークコートは、当時鉄道作業員に向け供給されていたもの。袖口は三つボタンのレイルロードカフが上品な佇まいで、左胸ポケットには切り取りが可能なサイズネームがあり、鉄道作業員向けのジャケットであったことが伺える。1万9224円

ジーンズの転換期を担った2モデルを
エイジングサンプルで徹底比較！

3 YEARS

▶ **AGING SAMPLE**

戦時中の物質統制が解かれ、再びデニムの生産量が急増した1940年代後半に見られる贅沢なディテールを余すところなく再現。1947年モデルは規格が未統一であったことを踏まえ、十数種の縫製糸を各所で使い分けている。シルエットはレギュラーストレートレッグ。ワンウォッシュモデルは1万3824円

Lot No. SC41947 "14.25oz. DENIM 1947MODEL"

1.「赤耳」と呼ばれるセルビッジ。2.鹿革製のラベルは、ウエストのコバステッチを入れる際に一筆で縫い付ける。3.縫製は綿糸を使用。負担のかかる箇所は太糸で縫うなど数十種類使い分ける。4.鉄製トップボタン。5.下前端の始末はV字ステッチ。生産効率を重視した縫製仕様。6.銅製の打ち抜きリベットはデニム生地がはみ出す細部まで再現。7.小股の縫製は太番手を使用。8.スレーキ角はカーブ仕上げ。9.ウエストベルトの上側はベルトループと一緒に縫われ、下側はチェーンステッチ。10.ヒップポケットの裏側は隠しリベットで留められる

SUGAR CANE

大戦終了直後に誕生したジーンズと、'60年代を迎え
ファッションとして受け入れられたジーンズとでは、使用用途が異なる。
ワーク然とした表情と、ファッション然としたその表情の違いに括目せよ。

5 YEARS

AGING SAMPLE

通称「66」モデルと呼ばれるこちらは、ヒップ部分は丸みを帯び、裾に向かってテーパードしていく洗練されたシルエットが魅力。被せタイプのリベットやバータック処理など特徴的なディテールも多く、シルエットはやや細め。ワンウォッシュモデルは1万5984円 ※穿き込みサンプルは過去に発売した米国製モデル。現行モデルは日本製。

Lot No. SC42966 "14oz. DENIM 1966MODEL"

1.セルビッジの幅や糸色は1947年製と異なる。2.乾燥機の普及から革から紙製となったラベル。3.化繊の芯のまわりに綿を巻き付けたコアスパン糸はステッチが切れにくく丈夫。4.鉄製のトップボタンに斑点がつく。5.下前端の始末はボックスステッチ。トップボタン裏は「6」の刻印。6.それまでの打ち抜きリベットから被せリベットに変更。7.小股の縫製はダブルステッチとバータック。8.スレーキには生地の縮率を記載したスタンプ。9.ウエストベルトの縫製は上下側共にチェーンステッチ。10.縫製糸の改良により隠しリベットは廃止

Denim Ultimate Catalog

〈 テッドマン 〉

TEDMAN

http://www.tedman.co.jp

問い合わせ／エフ商会　TEL03-5383-2511

悪運を吹き飛ばし、幸運をもたらすという「レッドデビル」がシンボルマークのテッドマン。
Tシャツやシャツ、革ジャンにシューズ、アクセサリーに至るまで幅広いアイテムを展開するが、
実はデニムへのこだわりもハンパないのだ！

Text/M.Terano　寺野正樹　Photo/K.Okamoto　岡本浩太郎　T.Furusue　古末拓也　M.Watanabe　渡辺昌彦

TEDMAN

派手なプリントだけじゃない、こだわり満載のジャパンメイド！

　テッドマンのマスコットとして馴染み深い「レッドデビル」のルーツは第2次世界大戦以降。米軍兵士の間で戦意高揚のために描かれたマスコットに端を発する。戦後になると、口から吹き出す赤い炎が悪運を吹き飛ばし幸運を呼び寄せる、という噂がアンダーグラウンドやストリートの若者たちに広まったことでタトゥのモチーフとして人気に。そんなレッドデビルをメインモチーフとしたのがテッドマンだ。

　現在ではTシャツやスウェット、スーベニアJKT、フライトJKTといったアパレル製品から雑貨に至るまで幅広いアイテムを展開。そして、なかでも隠れた名品として通をもうならせるのが"デニム"である。

　テッドマンのデニムというとバックポケットに施された刺繍やプリントなど、派手なデザインに目を奪われがちだが、実はそのこだわりはハンパなものではない。

　生地は「カイハラ」が担当。使用する糸は世界最高級の繊維強度を持つ高級米綿（サンフォーキン綿）と超長綿。さらに、ムラ感やシャリ感を出すために糸の撚り回数を通常より多くした糸を使って旧式力織機で時間をかけて織り上げることで、ザラツキ感とゴツゴツとした独特の風合いのオリジナル生地を生み出している。これにより、履きこむことでヴィンテージさながらの色落ちが楽しめるというわけだ。

　また、縫製も「ビッグ・フォー」という日本を代表する老舗縫製工場が担当するなど、すべてメイド・イン・ジャパンにこだわっている。

　一見、派手なプリントに目が行ってしまいがちだが、テッドマンのデニムは穿き込んでこそ価値がわかる1本といえるのだ。

TEDMANのデニムはここから生まれる。

KAIHARA

数々のプレミアムデニムを手がける名門。

　メイド・イン・ジャパンのデニムというと岡山というイメージが強いが、実はお隣広島県も隠れたデニム生地の名産地。なかでも元々藍染めが盛んな場所だった福山市に拠点を置くカイハラは、ふるくからデニムの生産を手がけてきたことで知られる。

　特に1990年代に起こったヴィンテージレプリカブームの頃には、高い染色の技術と生産効率が極めて悪いものの美しいタテ落ちと独特の風合いを生み出す旧式の織機を駆使することで生み出されるデニム生地が国内ブランドの注目の的に。この時から数々のレプリカを手がけてきたことで、生地作りのノウハウを作り上げてきた。

　そして、その名声は海外にも轟き、現在では世界に名が知られる一流ブランドのオリジナルデニムも多数手がけるほどに。

　そんな名門だからこそ、コットンのセレクトからオリジナルカラーのセルビッジなど、こだわりの強いテッドマンのオリジナルの生地が生み出せるのだ。

　ド派手なテッドマンのデザインを陰で支えているのは、実は世界最高峰のクオリティを誇るオリジナルデニム生地だということもぜひ知っておいていただきたい。

色落ちのカギを握るロープ染色。糸をインディゴ染めするが中心部を白く残すことで糸が擦れて白くなっていく。この微妙な加減がカイハラの技術力なのだ

国内生産でも紡績から整理加工までを社内で一貫生産する体制はカイハラが国内初。織機も最新鋭からヘビーウェイト対応のプロジェクタイル織機、ヴィンテージ用のシャトル織機など種類豊富

TEDMAN

生粋のジャパニーズデニムなのだ！

BIG FOUR

テッドマンジーンズの縫製を担う老舗工場。

広島にあるカイハラで生み出されたこだわりのテッドマンのデニム生地の縫製を一手に担っているのが宮城県栗駒市にある「ビッグ・フォー」。日本最古の縫製工場が誕生したとされ、1980年代に隆盛を極めた縫製のメッカ的な土地だ。現在ではその数は減少しているが、同社は創業40年以上、今でも熟練の職人を30人以上擁する老舗の縫製工場だ。

こだわりの強いテッドマンのジーンズは品番ごとに生地も変われば、ディテールも変わる。ハッキリ言って縫製工場にしてみれば"面倒クサイ"客であるが、それだけテッドマンのモノづくりに対して真剣な姿勢と情熱を注いでいるということを十分に理解してくれるからこそ、熱い職人魂と一流の技術でそれに応えてくれる。だからこそ、専務取締役の狩野さんも「これまでに我々が縫ってきたジーンズの中でも一番ユニークだと思います」と話す。

テッドマンのジーンズは品番ごとに生地の厚さやディテールも変わるだけに、デザインだけでなく、穿き心地で選ぶというのも一興かもしれない。

上：スタッフは地元の人が中心。30年以上働くベテランも。下：自身も無類のジーンズ好きだったこともあり、家業である縫製工場を継いだという専務取締役の狩野芳徳さん

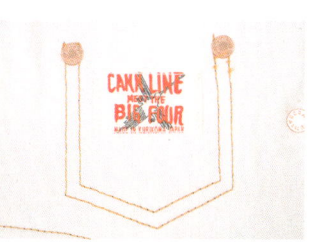

左：帯入れや巻き縫い部分を縫うミシンはマニアにはおなじみの'60年代のユニオンスペシャルを使用。右：現在は地元・栗駒を強く打ち出した「Cann Line」というファクトリーブランドも立ち上げ、これまでに10型以上生み出している

Denim Ultimate Catalog | A | B | C | D | E | F | G | H | I | J | K | L | M

2 YEARS

▶ **AGING SAMPLE**

約2年間穿き込んだデビル5号の色落ちサンプル。全体的に程よく色落ちしながら太ももやお尻の部分などは濃淡がハッキリと出ている。また、セルビッジ部分のアタリや履きジワなど独特のシャリ感は厳選したコットンの種類によるもの

穿きこみサンプル	
穿き込んだモデル名	DEVIL-伍号
穿きこみ頻度	週2日／洗濯の頻度__1、2カ月に一回
最初に洗ったのは	穿き始めて2カ月目

1.テッドマンを描いた牛革パッチ。経年変化により深みのある色合い、ツヤ、シボ感が出ている。2.オリジナルのボタン使用のフロント部。独特のシャリ感が。3.宮城県の老舗「ビッグ・フォー」による縫製は丈夫でほつれや糸切れもほとんどなし。4.バックポケットは刺繍。通常生地と刺繍部分は縮率が違いヨレが出やすいが、防縮加工のおかげでいい具合をキープ

穿き込むほどにアタリ感、色落ちの濃淡が楽しめる。　　　**DEVIL-伍号**

最高ランクの繊維強度を持つ高級米綿（サンフォーキン綿）と超長綿を使用した糸を使い、旧式力織機で弱テンションで織り上げたオリジナル生地は、ザラツキ感とゴツゴツとした独特の風合いを持つ。また、「糊残しカタ仕上げ」することで、穿き込むほどに強いアタリや色落ちの濃淡を楽しむことができる。バックポケットには、'50年代のテイストを匂わせるチェーンステッチを採用

基本データ	
プライス	2万520円
ウエストのサイズ展開	W26, 28, 29, 30, 31, 32, 33, 34, 36
ベースにしている年代	オリジナル
ウォッシュ	リジッド

生地	
生地の重さ	15.5oz
綾織	右綾織
防縮加工	あり
生地の生産地	広島
コットンの種類	アメリカ産綿番
縦横の糸番手	タテ7番、ヨコ7番
生地のザラ感	普通
タテ落ちの種類	線落ち
色落ちのスピード	普通

染め	合成インディゴ染め

縫製	
縫製糸の特徴	20番糸と30番糸
アウトシームの縫製	割り縫い
耳を使っている場所	アウトシーム、コインポケット
耳の幅	普通
耳の色	赤、青

ディティール	
ヒップパッチ	牛革
ベルトループ	中
フロントフライ	オリジナルロゴ入りドーナッツボタン
リベットの種類	銅刻印有
隠しリベットの有無	あり
スレーキの生地	コットン100%
ピスネーム	レーヨン

TEDMAN

▶ OTHER LINEUP
DEVIL-3号

オリジナルの15.5ozセルビッジデニムを使用。注目のバックポケットは紅白のテッドマン！　左側はステンシル、そして右側はエアブラシ。どちらも1点ずつ手作業による仕上げ。2万3760円

▶ OTHER LINEUP
DEVIL-6号

バックポケットにデニムの裏生地を用いた個性的な1本。シルエットはバランスのとれたベーシックなストレート。派手すぎないバックプリントがさりげなく個性を主張したい人に最適。1万9980円

▶ OTHER LINEUP
DEVIL-7号

6号までのストレートより体型が綺麗に出るようタイト目のテーパードへとシルエットが変更。ポケットのデザインはブルーグレーのチェーン刺繍で、ポケット上部はレッド＆ブルーのチェーン刺繍がアクセントに。2万520円

▶ OTHER LINEUP
TDDJ-1000

デニムジャケットの創世記を彩った名作1stモデルを細部にまでこだわって復刻した1枚。襟裏部は赤耳、ボタン裏部は青耳と色の違うセルビッチを使用するなどさりげないこだわりも。2万5920円

▶ OTHER LINEUP
TDDJ-2000

オリジナルデザインのデニムジャケット。ドーナツボタン、リベットなどオリジナリティ溢れるディテールが特徴。背中にはマチが設けられインナーにパーカなどを着用できる。2万7000円

| Denim Ultimate Catalog | A | B | C | D | E | F | G | H | I | J | K | L | M |

TELLASON
〈 テラソン 〉

http://standard-made.jp

スタンダードメイド　TEL03-5738-5506

2 YEARS

▶ **AGING SAMPLE**

リーバイスXXの生地を手がけていたコーンミルズ社ホワイトオーク工場でテラソン専用に作られた生地を採用することもあり、XXと似たような風合いを醸し出しているほか、アメリカンのパーツが全体を引き締めている

穿きこみサンプル
穿きこんだモデル名__1977.03 "JHON GRAHAM MELLOR" SLIM STRAIGHT
穿きこみ頻度__週5／洗濯の頻度__週1
最初に洗ったのは__穿く前

1.ポートランドのレザーブランドTANNER GOODSによるハンドメイドのレザーパッチ。いい感じのヤレ具合。2.膝周辺はアタリが進みホツレとなっている。このダメージ感がまたヴィンテージ感を出している。3.バックポケットにあしらわれるTステッチも穿き込むごとにキレイに現れる。4.セルビッジは赤耳使用。パッカリングも鮮明に現れている

発祥地・サンフランシスコならでは空気感。

1977.03 "JHON GRAHAM MELLOR" SLIM STRAIGHT

ジーンズの本場、サンフランシスコ（SF）で2008年に創立。ジーンズ発祥の地・SF製にこだわり、生地はリーバイスXXの生地を生産していたコーンミルズ社の生地を使用し、縫製、裁断などすべてをSFで行う徹底ぶり。パッチやリベットなどパーツこそSF製でないがすべてを「Made in U.S.A.」で統一する生粋のアメリカブランドだ。本場でしか出せない空気感に虜になる人も多い。

基本データ
プライス__リジッド2万4840円、ワンウォッシュ2万5920円
ウエストのサイズ展開__W28〜36, 38
ベースにしている年代__特になし
ウォッシュ__リジッド、ワンウォッシュ、加工

生地
生地の重さ__14.75オンス
綾織__左綾織／防縮加工__なし
生地の生産地__アメリカ(CONE DENIM社 WHITE OAK工場製)
コットンの種類__非公開
縦横の糸番手__非公開
生地のザラ感__普通
タテ落ちの種類__線落ち
色落ちのスピード__普通

染め
ロープ染色

縫製
縫製糸の特徴__6、8、20、30番のコアヤーン糸を使い分ける。色はバナナイエロー、金茶、オレンジ、白、ミッドナイト、チャコールの計5色
アウトシームの縫製__両耳の割り縫い
耳を使っている場所__アウトシーム
耳の幅__普通
耳の色__赤

ディティール
ヒップパッチ__ツーリングレザー(TANNER GOODS社製)
ベルトループ__5本
フロントフライ__オリジナルカッパードーナツボタン
リベットの種類__カッパー
隠しリベットの有無__無し
スレーキの生地__ヘビーツイル生成りのコットン100%
ピスネーム__レーヨン(右バックポケットの内側に付いている)

TOUGHNESS
〈 タフネス 〉

http://toughness-workware.com

スピリッツ　TEL0584-75-0605

1.5 YEARS

AGING SAMPLE

14.5オンスのやや重量感のある生地を使っており、この着用サンプルのように、しっかりと点落ちしてくれるのが特徴。するどく入ったフロントのヒゲや立体感のあるヒザ裏のハチノスなど、濃淡の効いたエイジングが特徴的だ

穿きこみサンプル
- 穿きこみ頻度__約週5回
- 洗濯の頻度__2カ月に1回
- 最初に洗ったのは__穿きはじめて7カ月目

OTHER LINEUP
W-223

紹介しているデニムパンツのW-812と同じ14.5オンスのデニムを使用したサードタイプのジャケット。各種仕様は1960年代のモデルにのっとって作られ、縫製の手順までも再現。着丈だけやや長めに設定している。2万7000円

1.フロントのボタンフライは、トップがブランドオリジナル、それ以外はドーナツボタンを採用。いずれも着用による使用感がうかがえる。2.バックポケットのウォレット跡も濃淡が浮き出て、顕著なコントラストを放つ。3.シャープに入った股下のヒゲ。4.凹凸のある膝裏のハチノスも独特だ

W-812

1940年代当時の無骨な顔を再現。

基本データ
- プライス__2万1600円
- ウエストのサイズ展開__W28〜34, 36
- ベースにしている年代__1940年代中期から1950年代初頭のモデル
- ウォッシュ__ウォッシュ

生地
- 生地の重さ__14.5オンス
- 綾織__右綾織
- 防縮加工__なし
- 生地の生産地__岡山県倉敷市
- コットンの種類__米国産綿100%
- 縦横の糸番手__タテ6番、ヨコ6番
- 生地のザラ感__強
- タテ落ちの種類__細かな経落ちと随所に出る点落ちが特徴
- 色落ちのスピード__普通

染め
- ロープ染色

縫製
- 縫製糸の特徴__5, 8, 20, 30番手の綿糸を使い分け、カラーは計3色使用
- アウトシームの縫製__両耳の割り縫い
- 耳を使っている場所__アウトシーム、コインポケット
- 耳の幅__普通
- 耳の色__薄い青色

ディテール
- ヒップパッチ__ゴートスキン
- ベルトループ__中盛り有
- フロントフライ__オリジナルボタン、ドーナツボタン
- リベットの種類__銅製刻印あり
- 隠しリベットの有無__あり
- スレーキの生地__ヘリンボーン生成りのコットン100%
- ピスネーム__なし

岐阜県大垣市でセレクトショップを運営する「ジーンズ&クロージングストア スピリッツ」のオリジナルブランド「タフネス」。このショップのオリジナルブランドとして、2010年にスタート。ブランドを代表するW-812は、1940年代当時の無骨なデニムの生地感やシルエットにこだわった珠玉の1本生地は、デニムの聖地として知られる倉敷市児島。ファン垂涎の1本が生まれる。

TENRYO DENIM

〈 倉敷天領デニム 〉

http://www.klax-on.net

クラクション　TEL086-463-7211

▶ AGING SAMPLE

ヨコ糸に赤色の糸を使用することで、穿き始めは全体的にレッドがかったブルーだが、穿きこむごとにタテ糸のみならずヨコ糸も適度に色落ちしてくるため、ほのかに赤味を残しつつ味のある表情を醸し出す。また、ヒゲやハチノスなど濃淡のハッキリした色落ちも特徴的

穿きこみサンプル

穿きこんだモデル名	TDP005 RED
穿きこみ頻度	色落ちイメージのため着用なし
洗濯の頻度	非公開
最初に洗ったのは	非公開

1.表面はほんのり色が混じる程度の見え具合だが、裏地はビビッドなカラーが顔を覗かせる。フロントの月桂樹ボタンを採用。2.経年変化も楽しめるカウハイドのヒップパッチ。3.セルビッジは赤耳。耳の幅はやや細めの設定。4.ピスネームを採用する代わりに、ヒップポケットにはロゴマークが刺繍で入れられている

色落ちに加えて色の変化を楽しめる1本。

TDP005 RED

岡山県倉敷市児島に拠点を置く「クラクション」が2010年に立ち上げたレーベル。通常は生地をインディゴでロープ染色されたタテ糸と白または生成りのヨコ糸で織り上げるが、この「カラーレボリューション」シリーズはヨコ糸に様々な色の糸を使用。穿き始めは独特の色を楽しみ、穿き込むことで本格的なエイジングも楽しめるユニークなシリーズ。シルエットはタイトなストレートモデル。

基本データ
- プライス__2万1600円
- ウエストのサイズ展開__W27〜34, 36, 38
- ベースにしている年代__オリジナルスペック
- ウォッシュ__ワンウォッシュ

生地
- 生地の重さ__13.5オンス
- 綾織__右綾織
- 防縮加工__なし
- 生地の生産地__岡山県
- コットンの種類__非公開
- 縦横の糸番手__非公開
- 生地のザラ感__普通
- タテ落ちの種類__点落ち
- 色落ちのスピード__普通

染め
- ロープ染色

縫製
- 縫製糸の特徴__6, 8, 20, 30番手のオリジナルの綿糸を使いわけ、カラーは計2色など
- アウトシームの縫製__両耳の割り縫い
- 耳を使っている場所__アウトシーム、コインポケット
- 耳の幅__細め
- 耳の色__赤色

ディテール
- ヒップパッチ__カウハイド
- ベルトループ__中盛り有
- フロントフライ__月桂樹
- リベットの種類__銅製刻印なし
- 隠しリベットの有無__あり
- スレーキの生地__綾織り生成りのコットン100%
- ピスネーム__なし

| N | O | P | Q | R | S | **T** | U | V | W | X | Y | Z |

Denim Ultimate Catalog

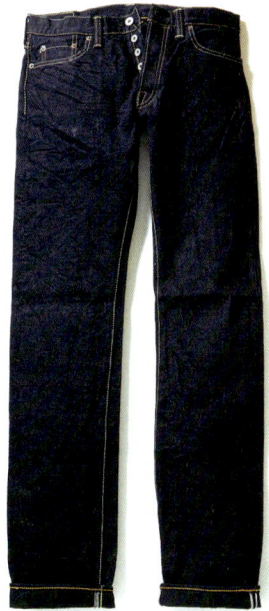   

▶ **OTHER LINEUP**
TDP005 BLACK
ヨコ糸にブラックカラーの糸を使用した13.5ozのオリジナルセルビッジデニムを使用。最初はブラックデニムのようなシックな色合いが楽しめる。2万1600円

▶ **OTHER LINEUP**
TDP005 BLUE
ヨコ糸にブルーの糸を使用。もともとブルーデニムだが、さらに深いブルーカラーとなる。カラーを試してみたいけど、まずは無難な色合いからという人には最適。2万1600円

▶ **OTHER LINEUP**
TDP005 GREEN
ヨコ糸にグリーンの糸を使用。インディゴの色と相まって、他では見られない独特の色合いを醸し出す。ロールアップすれば足元にアクセントをつけられる。2万1600円

▶ **OTHER LINEUP**
TDP005 YELLOW
ヨコ糸にイエローの糸を使用。これも穿き始めはややブラックデニムのような個性的な色合いから、徐々に色が落ちてきてヴィンテージライクな表情へと変わる。2万1600円

〈 ティーシービー ジーンズ 〉
TCB jeans

http://tcbjeans.stores.jp
tcbinoue@gmail.com

1 YEAR

▶ **AGING SAMPLE**

13.5オンスのジンバブエコットンを使った生地は、昔ながらのムラの強い紡績機で撚った糸を使っているため、当時のジーンズに見られた"点落ち"が特徴。濃淡のコントラストが強い魅力的な色落ちに仕上がっている

穿きこみサンプル	
穿きこみ頻度	非公開
洗濯の頻度	非公開
最初に洗ったのは	非公開

▶ **OTHER LINEUP**
TCB '20

まだサスペンダーやシンチバックを使っていた1900年代初頭のデニムの仕様を再現し、そのなかでも、1922年に初めてベルトループが付けられたヴィンテージをベースにしたのがこのモデル。生地は12.5オンス。2万1600円

1.フロントフライ部分のアタリのしっかりとボタン跡が出て顕著な着用感を印象付ける。2.膝に浮き出たしっかりとしたアタリ。生地のほつれもうかがえる。3.セルビッジ生地の象徴である耳。裾はチェーンステッチを採用する。4.ヴィンテージデニムに見られる"点落ち"を確認できる

1950年当時の仕様に忠実な基幹モデル。　　　TCB'50

世界的なデニムの聖地としてもはや共通語と化している岡山県倉敷市の児島にある縫製工場がリリースするファクトリーブランド「TCB」。1900年代初頭から1960年代頃までの魅力あふれるジーンズを、自社工場の強みを生かして、細部まで忠実に再現。ブランドの基幹モデルともいえるTCB'50は、1950年代当時の魅力あふれる5ポケットデニムを踏襲しながら、細身のシルエットに仕立てた傑作だ。

基本データ		
	プライス	1万8100円
	ウエストのサイズ展開	W28〜40
	ベースにしている年代	1950年代
	ウォッシュ	ウォッシュ、リジッド

生地		
	生地の重さ	13.75オンス
	綾織	右綾織
	防縮加工	なし
	生地の生産地	岡山県井原市
	コットンの種類	ジンバブエ産綿100%
	縦横の糸番手	タテ06番、ヨコ06番
	生地のザラ感	強
	色落ちのスピード	普通

染め		
	ロープ染色	

縫製		
	縫製糸の特徴	6, 8, 20, 30, 50番手を使い分け綿糸で縫製
	アウトシームの縫製	両耳の割り縫い
	耳を使っている場所	アウトシーム、コインポケット
	耳の幅	細め（0.8cm）
	耳の色	薄いピンク色

ディテール		
	ヒップパッチ	紙
	ベルトループ	中盛り有
	フロントフライ	オリジナルボタン
	リベットの種類	真鍮　刻印なし
	隠しリベットの有無	あり
	スレーキの生地	綾織り生成りのコットン100%
	ピスネーム	レーヨン

TMT

〈 ティーエムティー 〉

http://tmt-japan.co.jp/
TMT TOKYO　TEL 03-5456-0655

AGING MODEL

ムラ糸の14オンスデニムを使用した、風合いのある素材感が魅力。スタイルを選ばずに使えるスタンダードなシルエットなので、ワードローブとして即戦力になる。繊細かつリアルなダメージ加工で、ヴィンテージライクな仕上がりに

1.上品かつスタイリッシュな雰囲気が漂うホワイトのパッチ。2.実際に穿き込んだようなリアルな色落ちのエイジング加工も見逃せない。3.ロールアップすれば、さりげないアクセントになる存在感のあるセルビッジ。4.計算されて加工されたクラッシュ部分はスレキに見え具合も絶妙な仕上がり

▶ **OTHER LINEUP**
HQ VINTAGE DENIM 5P STRAIGHT

TMTデニムシリーズの中でも、年に数回しか出ないハイクオリティーデニム。非効率な1本針仕様に拘り、じっくりと時間をかけて作られた贅沢な仕上がり。立体的なヒゲなど、エイジング加工もこだわり満載。5万1840円

HQ HERITAGE CRASH DENIM 5P STRAIGHT

ヴィンテージを独自に再構築。

基本データ
- プライス__5万1840円
- ウエストのサイズ展開__W81〜93, サイズS〜XL
- ウォッシュ__ヴィンテージ加工

生地
- 生地の重さ__14オンス左綾織
- 防縮加工__なし
- 生地の生産地__日本
- コットンの種類__米綿の混綿　綿100%
- 生地のザラ感__弱
- タテ落ちの種類__点落ち
- 色落ちのスピード__普通

染め
- ロープ染色

縫製
- 縫製糸の特徴__カラーは計1色など
- アウトシームの縫製__両耳の割り縫い
- 耳を使っている場所__アウトシーム、コインポケット
- 耳の幅__普通(1cm)
- 耳の色__濃い赤色

ディティール
- ヒップパッチ__牛皮　クラッキング加工　オリジナル刺繍入り
- ベルトループ__中盛り有
- フロントフライ__オリジナルボタン
- リベットの種類__真鍮製刻印あり
- 隠しリベットの有無__あり
- スレキの生地__バンダナジャガードのコットン100%

1990年代から1970年代の旧きよきアメリカのサブカルチャーをベースに、独自のアイテムを発信するTMT。"温故知新"をテーマに、ヴィンテージを再構築することで新しい歴史を生み出している。ブランドを代表する加工モデル、デニム5Pパンツ クラッシュは、前身頃をクラッシュさせ、当て布にスレキと刺し子風のデニムを使用したリアルなダメージ加工が魅力。一点モノのような佇まいに。

TROPHY CLOTHING

〈 トロフィークロージング 〉

http://trophy-clothing.com

トロフィージェネラルストア　TEL03-6805-1348

3 YEARS

▶ AGING SAMPLE

フラッグシップモデルとなるダートデニム。ハードな使用に耐えられる14.5オンスの生地は、強いザラ感のある縦落ちが特徴。各所にトリプルステッチを使用し、膝の補強となるダイヤモンドステッチダブルニーも見所

穿きこみサンプル

穿きこんだモデル名	"1606" W KNEE STANDARD DIRT DENIM
穿きこみ頻度	週4回ほど
洗濯の頻度	1カ月に1〜2回
最初に洗ったのは	穿き始めて2週間

1.赤耳が色褪せ、まさにヴィンテージライクな佇まい。2.大戦モデルを思わせるオリーブのスレーキも魅力的。3.ダイヤモンドステッチダブルニーは破れやすい膝部分の補強として。色落ちも抜群で、ザラ感のある縦落ちとコアスパンの色褪せによる風格のある経年変化が見所。4.ワークウエアさながらのネーム。革ラベルも洗い込まれて抜群の風合いに

ペンキや染みがよく似合うワーカーデニム。

かつてアメリカで当たり前に存在した質実剛健なワークウエアは、労働者だけでなくエンジニアやバイカーも愛用した。そんな旧きよき時代のエッセンスを再構築するのがトロフィークロージング。ロングセラーであるダートデニムは、タフさが求められた時代の面影を追いかけ、ファッションに落とし込んだ。穿きこむほどに味わいが増し、ペンキや染みがサマになるのもそのためだ。

"1606" W KNEE STANDARD DIRT DENIM

基本データ
- プライス__2万5920円
- ウエストのサイズ展開__W28, 30, 31, 32, 33, 34, 36, 38, 40, 42
- ベースにしている年代__1940年代後半〜1950年代前半
- ウォッシュ__ワンウォッシュ

生地
- 生地の重さ__14.5オンス
- 綾織__右綾織／防縮加工__なし
- 生地の生産地__岡山県井原
- コットンの種類__コットン100%
- 縦横の糸番手__タテ6番、ヨコ6番
- 生地のザラ感__強
- タテ落ちの種類__点落ち
- 色落ちのスピード__普通

染め
- ロープ染色

縫製
- 縫製糸の特徴__6〜30番手のコア糸を使いわけ
- 耳の幅__普通(1.5cm)
- 耳の色__赤

ディテール
- パッチ__ディアスキン
- フロントフライ__オリジナルボタン
- リベットの種類__真鍮製刻印あり
- 隠しリベットの有無__コットン
- スレーキの生地__コットン
- ピスネーム__コットン

▶ **NEW MODEL**

1505 STANDARD AUTHENTIC DENIM

メンフィスコットンを使用し、岡山の機屋で織り上げた13.5オンスデニムのレギュラーストレート。定番モデルの1605と比べ股上、ワタリにゆとりを持たせゆったりとした穿き心地を実現。コインポケットのリベット廃止、バックポケットのネイビーペンキステッチ等、大戦モデルを想定したディテール。2万2680円

▶ **OTHER LINEUP**

1607 NARROW DIRT DENIM

舗装される前の路面を思わせる凹凸感のあるダートデニムを使用した、腰まわりがタイトな都会的ナローシルエット。14.5オンスセルビッジデニム、隠しリベットを排除したL型バータック、インシームはオレンジ/ネイビー糸で縫いシングルステッチに見せたダブルステッチ。2万1600円

▶ **OTHER LINEUP**

MIL DENIM ARMY PANTS

USネイビーのデッキパンツをベースとした1本は、オリジナル10オンスのブラウンネップデニム。パッチポケットの深さを深めに設定し、ステッチはチャコールにするなどミリタリーらしさを強調。脇に接ぎがないパターンは、片足1枚取りにすることで脇がすっきり見える。2万4840円

UNIVERSAL WORKS.

〈 ユニバーサルワークス. 〉

http://www.maiden.jp/

メイデン・カンパニー　TEL03-5410-9777

2 YEARS

▶ **AGING SAMPLE**

英国産インディゴを使用したスリムフィット。深すぎない股上に収まりのよいウエスト、程よくラフなシルエットを残しながらすっきりとしたラインを描く。ウエストはラベルを縫い付けてあったかのようなゴーストパッチで個性を演出

穿きこみサンプル	
穿きこんだモデル名	SLIM FIT JEANS INDIGO
穿きこみ頻度	週2回／洗濯の頻度 月1回
最初に洗ったのは	ノリ落としのため、穿く前にワンウォッシュ

▶ **OTHER LINEUP**

SLIM FIT JEANS SLAB INDIGO

英国産スラブインディゴデニムを使用したスリムフィットモデル。凸凹感のある独特の霜降り感がこのファブリックの特徴で、穿きこむごとにヴィンテージの風合いに変化していく。デイリーに使いまわせるシルエットも魅力。2万1600円

1.イギリス製のスラブセルビッジデニム。ベーシックな赤耳。2.刻印のないシンプルなリベットやボタンは、スマートな印象を与えてくれる。3.滑らかにカーブを描いたポケット口は、手を入れやすい配慮。4.内側に縫い付けられた布パッチ。メイド・イン・イングランドのスタンプがうっすらと印字される

英国産デニムが生む特別感のあるエイジング。

SLIM FIT JEANS INDIGO

英国を代表する数多のブランドで経験を積んだデザイナー、David Keyte氏が手掛けるユニバーサルワークス。その「ワークショップデニム」コレクションでは、デザイナーの精神を反映し、すべて英国メイドにこだわっている。英国産のインディゴ生地を使い、より良いデザイン、より良い縫製工場で最高の穿き心地を追求する。そんないい意味での愚直さが、最高の1本を生み出すのだ。

基本データ
- プライス__2万4000円
- ウエストのサイズ展開__W28〜36、(2インチ刻み)
- ベースにしている年代__シルエット、生地ともに'80sのUKワークウエア
- ウォッシュ__リジッド

生地
- 生地の重さ__13.0オンス
- 綾織__右綾織／防縮加工__なし
- 生地の生産地__ポルトガル
- コットンの種類__綿100%
- 縦横の糸番手__不明
- 生地のザラ感__弱い
- タテ落ちの種類__線と点の両方
- 色落ちのスピード__遅め

染め
- ロープ染色

縫製
- 縫製糸の特徴__特になし
- 耳を使っている場所__アウトシーム
- 耳の幅__普通（片方1.1cm、両方で2.2cm）
- 耳の色__赤

ディテール
- パッチ__なし
- フロントフライ__オリジナルボタン
- リベットの種類__真鍮製刻印なし
- ピスネーム__なし
- バックシンチ__なし

〈 ウエス 〉
UES

http://www.ues.co.jp/

ウエス TEL06-6556-6336

3 YEARS

▶ **AGING SAMPLE**

ブランドの定番である400Rのスリムストレートモデル。細身だが、膝から下を絞っていないため窮屈さを感じさせないシルエット。ヘビーオンスだがジンバブエコットンを使用しているので、超長綿特有の滑らかさがあり穿きやすい

穿きこみサンプル

穿きこんだモデル名	400-S
穿きこみ頻度	週5回ほど／洗濯の頻度　5カ月に1回
最初に洗ったのは	穿き始めて6カ月目

▶ **OTHER LINEUP**

400ST

スリムストレートよりも膝下を絞ったスリムテーパードデニム。股上を浅めに腰まわりから腿にかけてフィット感を高め、裾にかけてよりフィット感を高めるようにテーパードさせた。裾口が細くスニーカーとの相性も抜群だ。2万5704円

1. 洗うごとに褪色していく顔料染めの赤耳。2. 身体にフィットするスリムストレートならではのひざ裏のハチの巣。やや強めの濃淡が特徴。3. 穿きこんだポケットにはウォレット跡。こんな固有の経年変化も楽しみのひとつ。4. ポケットスレーキにはアイテム名が印字されヴィンテージさながらの風格

400-S

愛着を持ってボロボロになるまで穿きつぶしたい。

基本データ
- プライス__2万5704円
- ウエストのサイズ展開__W27～34, 36
- ベースにしている年代__1966年ごろのディテールを参考
- ウォッシュ__直営店では基本リジッド販売

生地
- 生地の重さ__14.9オンス
- 綾織__右綾織／防縮加工__なし
- 生地の生産地__岡山県
- コットンの種類__茶綿をブレンドしたジンバブエ綿を使用
- 縦横の糸番手__タテ6.2番×ヨコ6.2番
- 生地のザラ感__普通
- タテ落ちの種類__線落ち
- 色落ちのスピード__少し早め

染め
- ロープ染色

縫製
- 縫製糸の特徴__30～6番の綿糸をメインに強度が要求される部分はコアヤーンを使用。糸のカラーは8色を縫製部分により使い分け
- 耳の幅__普通(1.6cm)
- 耳の色__赤耳(顔料染め。洗うに従い褪色する)

ディテール
- パッチ__ゴートスキン(ヤンピー革)。経年変化が顕著に表れるよう原皮に近いなめし
- フロントフライ__オリジナルボタン
- リベットの種類__銅製刻印あり
- ピスネーム__レーヨン
- バックシンチ__なし

工場では機械の汚れをふくための雑巾に不要になった古着(ウエス)が使われる。ボロ布になるまで愛着を持って着続けて欲しいという願いを込め、その名をブランドに冠したという。そんなウエスの定番モデルが400シリーズ。滑らかで強度もあるジンバブエコットンを使用し、穿きこむと抜群の経年変化を見せる。色落ちをとことん楽しめるので、文字通りボロになるまで穿きつぶしたい。

VANSON

〈 バンソン 〉

http://www.never-mind.biz

ネバーマインド　TEL03-3829-2130

▶ **AGING MODEL**

腿から膝にかけて絞り込んだスキニーシルエットながら、13.5オンスのデニムを使ったメイド・イン・ジャパン仕様。このモデルは立体的なヒゲや膝裏のハチノスなど、リアルな加工が魅力。膝の擦れ具合も表現している

1.バンソンを象徴するボーン（骨）のアイコンがバックポケットサイドに刺繍される。2.星形を模したステッチがバックポケットを飾る。3.6mm厚の革を使った重厚なネームラベルは存在感抜群だ。4.フロントの左ポケットにもボーン刺繍があしらわれる

バイカーからタウンユースまで応用力抜群。

NVBL-702

アメリカはボストン生まれのバイカー御用達ブランドとしてお馴染みのバンソン。ライダースジャケットのイメージが強いが、デニムを筆頭に様々なアメリカンカジュアルウエアを手掛けている。とくにデニムは日本企画で様々なモデルがリリースされており、なかにはメイド・イン・ジャパンモデルも。作りはもちろんのこと、ブランドアイデンティティが宿ったデコレーションの妙にも注目だ。

基本データ
- プライス__リジッド1万4904円、立体ヒゲ加工1万9224円
- ウエストのサイズ展開__W30, 32, 34, 36, 38
- ベースにしている年代__特になし
- ウォッシュ__ワンウォッシュ

生地
- 生地の重さ__13.5オンス
- 綾織__右綾織
- 防縮加工__あり
- 生地の生産地__岡山県井原市
- コットンの種類__非公開
- 縦横の糸番手__非公開
- 生地のザラ感__普通
- タテ落ちの種類__線落ち
- 色落ちのスピード__遅め

染め
- ロープ染色

縫製
- 縫製糸の特徴__5色の糸と4種類の異なる番手は適材適所に使い分ける拘り
- アウトシームの縫製__オーバーロックの割縫い
- 耳を使っている場所__なし
- 耳の幅__なし
- 耳の色__なし

ディテール
- ヒップパッチ__牛革5mm厚
- ベルトループ__中盛り有
- フロントフライ__真鍮製刻印なし
- リベットの種類__なし
- 隠しリベットの有無__あり　なし
- スレーキの生地__綾織り生成りのコットン100%

▶ OTHER LINEUP
NVBL-301

ヒッコリーとデニムのコンビネーションで作られたペインターパンツ。ツールポケットやハンマーループといった鉄板ディテールはもちろん、フロントポケットの脇にブランドロゴを模した刺繍が入るなど、細部まで抜かりのない仕様。各1万9224円

▶ OTHER LINEUP
NVBL-703

1950年代を象徴する太ピッチのボーダーパンツ。よく見ると5ポケットタイプで丁寧な縫製が特徴のメイド・イン・ジャパンモデル。インディゴ抜染によるボーダーのため、ラインがシャープだ。バックポケットのラインはリフレクター仕様。1万7064円

WAREHOUSE

〈 ウエアハウス 〉

http:/www.ware-house.co.jp

ウエアハウス東京店 TEL03-5457-7899 　ウエアハウス大阪店 TEL06-6312-7789
ウエアハウス北堀江店 TEL06-6534-7889 　ウエアハウス名古屋店 TEL052-261-7889

2 YEARS

▶ AGING SAMPLE

ヴィンテージと間違える程、美しいエイジングが現れたLot.1001。腰部分から膝までの色落ちが繋がった自然な色落ちもお見事。インチサイズにてセッティングされた縫製により、パッカリングの現れ方もヴィンテージ感たっぷり

穿きこみサンプル

穿きこみ期間	約2年
穿きこみ頻度	週6回ほど／洗濯の頻度　1カ月に1回
最初に洗ったのは	穿き始めて3カ月目

1.鉄製のためトップボタンも擦れることでサビが生じる。2.合成インディゴ100％でロープ染色を行うため、くすみのない濃淡の色落ちが生まれるのが特徴。3.巻き縫いを施したヨーク部分のパッカリングの佇まいはヴィンテージそのもの。4.革パッチは収縮しブランド名がほとんど見えなくなり、雰囲気抜群のディテールといえる

ヴィンテージ感を求めて穿くなら、この一本。

Lot.1001 OR

「限りなきディテールの追求」をブランドコンセプトに掲げ、ヴィンテージウエアを忠実に復刻することで知られるウエアハウス。その再現力はもはや世界でもトップレベル。代表作ともいえるジーンズの生地はヴィンテージバナーを解体・研究して生みだされたオリジナル生地を開発。米3州のブレンド綿によるデニムは通称「バナーデニム」としてデニムファンからも高い評価を得ている。

基本データ
- プライス__2万2680円
- ウエストのサイズ展開__W28～34, 36, 38
- ベースにしている年代__シルエットは1950年代
- ウォッシュ__リジッド

生地
- 生地の重さ__13.5オンス
- 綾織__右綾織／防縮加工__なし
- 生地の生産地__岡山県井原市
- コットンの種類__アメリカのコットンベルトであるテキサス、テネシー、アリゾナ3州のブレンド綿
- 縦横の糸番手__タテ7番、ヨコ7番
- 生地のザラ感__非公開
- タテ落ちの種類__非公開
- 色落ちのスピード__非公開

染め__100％合成インディゴのロープ染色

縫製
- 縫製糸の特徴__異番手のオリジナルの綿糸を箇所により時代性を考慮して使用。
- アウトシームの縫製__両耳の割り縫い
- 耳を使っている場所__アウトシーム
- 耳の幅__非公開
- 耳の色__オレンジ色

ディテール
- ヒップパッチ__鹿革
- ベルトループ__中盛り有
- フロントフライ__鉄製オリジナルボタン
- リベットの種類__銅製無垢刻印あり
- 隠しリベットの有無__あり
- スレーキの生地__綾織り生成りのコットン100％

Denim Ultimate Catalog

▶ OTHER LINEUP
Lot.1001OR

20年の歴史があるウエアハウスのフラッグシップモデル。G3と呼ばれる旧式の力織機で作られたバナーデニムの採用やヴィンテージと同様の縫製仕様など、ウエアハウスならではの再現力が詰まった一本。腰まわりにややゆとりがあり、裾にかけて細くなる理想的なカタチ。2万2680円

▶ OTHER LINEUP
Lot.800 OR

ヴィンテージの縫製を再現しつつ、独自のシルエットにて作られた800番は現代的なタイトストレート。どんな靴にもマッチする適度な裾幅に設定している。生地はメンフィスコットン単一綿からなる14.5オンスを採用。2万520円

▶ OTHER LINEUP
Lot.900 OR

こちらもヴィンテージ縫製を踏襲し現代的なカタチを表現した900番。股上は浅すぎず、裾にかけてテーパードがかかるスリムシルエットが特徴で、裾幅は18cmとなる（32インチの場合）。生地は13.5オンスのバナーデニム。2万520円

Denim Ultimate Catalog

2ND-HAND series

ウエアハウスの再現力を駆使した注目のエイジングモデル。

古着を意味する2ND-HAND（通称セコハン）を冠したウエアハウスの新シリーズ。
その名の通り、どのラインナップも古着と間違えるほどのリアルなエイジング加工が施されているのが特徴。
定番モデルとは異なるシルエットが楽しめる部分も嬉しいポイント。

Lot.1105（USED WASH）

'60年代のシルエットを踏襲したキレイなラインが特徴。ヒゲやパッカリングはもちろんのこと、表裏の境界がない自然な色落ち加工を施しているのが最大ポイント。レングスは短めに設定しているので丈詰めしなくとも穿けるのが嬉しい。タテ7番、ヨコ10番の異番手による12オンス生地を採用。2万5920円

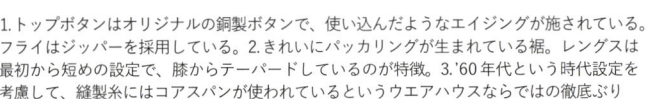

1. トップボタンはオリジナルの銅製ボタンで、使い込んだようなエイジングが施されている。フライはジッパーを採用している。 2. きれいにパッカリングが生まれている裾。レングスは最初から短めの設定で、膝からテーパードしているのが特徴。 3. '60年代という時代設定を考慮して、縫製糸にはコアスパンが使われているというウエアハウスならではの徹底ぶり

WAREHOUSE

▶ OTHER LINEUP
Lot.1101 (USED WASH)

左頁の1105と同じく'60年代のジーンズをモチーフとしている。オリジナル鉄製ボタンを使ったボタンフライとなっている。日本人のサイズ感に合わせているため、裾の激しいパッカリングを残したまま穿くことができる。2万5920円

▶ OTHER LINEUP
Lot.1092 (USED WASH)

サスペンダーボタンやバックルバックなど'30年代らしいディテールが満載のペインターパンツ。経糸は8番、緯糸10番を使ったセルビッジ付きライトオンスデニムを採用。ヴィンテージ顔負けの表情が◎。2万2680円

▶ OTHER LINEUP
DENIM WESTERN SHIRTS (USED WASH)

リジッドで着込んでもなかなかここまで美しく色落ちしないシャツだが、セコハンならこの通り。経糸にインディゴ糸、緯糸にグレー糸を使用したサンフォライズデニムを採用しているため、緯糸が白い糸のライトオンスとは異なる雰囲気のあるアタリが生まれるのが特徴。1万9980円

▶ OTHER LINEUP
Lot.2002 (USED WASH)

Lot.1105と同じ時代設定の2ndタイプの12オンスデニムジャケット。縫製は時代性を考慮し、箇所により異なる番手の綿糸を使っているのが特徴。ヨークの巻き縫い部分などのパッカリングや、ヒジ部分の迫力のあるアタリなど、ヴィンテージと間違えそうなほどの佇まいを持つ。3万4560円

ひとつのヴィンテージをそのまま再現したウエアハウスの新たな挑戦。

DD series

ウエアハウスが所有するヴィンテージピースを忠実に再現したDD（ダック・ディガー）シリーズ。
そのため当時ならではの歪な縫製や、激しいエイジング加工の革パッチが付属する。
さらなる高みを目指したプロダクツを提案するヴィンテージファン注目のシリーズ。

DD1001XX (1947model)

WWⅡ後の物資統制が終わりジーンズの黄金期へと向かう時代のモデル。そのためワークウエアからファッションとしてのジーンズへと変わる分岐点を示したシルエット。膝下から真っ直ぐに落ちるストレートで、味のある縫製が生み出す温もりのある表情に注目したい。バナーデニムを採用。2万8080円

1.DDシリーズの特徴である歪な縫製がわかりやすいバックポケット。2.生地は縦7番×横7番の13.5オンス（バナーデニム）を採用している。3.エイジングが施され、最初から味が出ている鹿革パッチ。穿きこんで色落ちと共により雰囲気が増す。4.腰帯の部分にはDDシリーズの証である「DUCK DIGGER」のタグが縫い付けられる

WAREHOUSE

▶ **OTHER LINEUP**
DD-2001 (1920s model)

ポケットにフラップが初めて付いた1920年代後半のモデルを再現。この頃まではジーンズのフライボタンと同様のボタンが使用されていることから、ファンの間では"小ボタンモデル"とも呼ばれ珍重されているアイテムがベースとなっている。3万4560円

▶ **OTHER LINEUP**
DD1004XX (1937model)

ウエストオーバーオールと呼ばれていたジーンズが、1937代にサスペンダーボタンが省略され、ベルトのみで穿くスタイルとなったシンボリックな時代の一本。無骨さと縫製技術の高さを兼ね備えた'30年代の象徴的なモデル。2万9160円

▶ **OTHER LINEUP**
DD1003SXX (1943model)

オリジナルのヴィンテージパターンをそのまま再現している大戦モデル。腰まわりにゆとりを持たせながら、シルエットはテーパーが入っている独特な仕様。意外にも現代的なスタイルとなっている穿きやすい一本。14.5オンス。2万8080円

WESTOVERALLS

〈 ウエストオーバーオールズ 〉

http://westoveralls.jp
toff TEL03-3711-7795

▶ AGING MODEL

定番モデルに位置する801S / B.BLUEストレートシルエットのストーンバイオ加工モデル。'80年代のデニムの風合いをイメージした13.5ozのオリジナルデニムを使用。取り付けているサスペンダーは別売り。9504円

1.バックポケットにはさり気なくオリジナルのタブが付いている。2.あえてウエストベルトを省略しているのもブランドの強いこだわりのひとつ。3.フロントはジッパーフライにしている。4.ベルト裏にはブランドオリジナルのゴムを配することで、穿き心地やタックインした時の収まりを考慮。サスペンダーループがすべてのモデルに付く

大注目のニューデニムランド！

801S / B.BLUE

今シーズンより本格的にスタートした話題の新ブランドであるウエストオーバーオールズは、多くのブランドに携わってきた大貫達正氏が手掛ける。その名を聞くと旧き良き時代の重厚なプロダクトを想像するかもしれないが、ほどよくヴィンテージ感を匂わせるモダンなアプローチ。カラバリが豊富でリジット、ワンウォッシュ、バイオブルー、ライトブルー、ブラックの5色でパンツは5型

基本データ
- プライス__2万3760円
- ウエストのサイズ展開__W26, 28, 30, 32, 34, 36
- ベースにしている年代__'60～'80年代
- ウォッシュ__ストーンバイオ加工、擦り加工

生地
- 生地の重さ__13.5オンス
- 綾織__右綾/防縮加工__あり
- 生地の生産地__岡山県井原市
- コットンの種類__米国産ナチュラルムラ綿100％
- 縦横の糸番手__タテ7番、ヨコ6番
- 生地のザラ感__普通
- タテ落ちの種類__両方
- 色落ちのスピード__普通

染め
- ロープ染色

縫製
- 縫製糸の特徴__30番手のグンゼコア糸を金茶、ネイビー色を使い分け。
- アウトシームの縫製__巻き管縫い
- 耳を使っている場所__なし
- 耳の幅__なし
- 耳の色__なし

ディテール
- ヒップパッチ__なし
- ベルトループ__金茶糸二本張り、同色カンヌキ留
- フロントフライ__42TALONジッパー
- リベットの種類__なし
- 隠しリベットの有無__なし
- スレーキの生地__コットン100％
- ピスネーム__レーヨン×ポリエステル

▶ **NEW MODEL**

801S

スタンダードモデルである801S。青味の強いオリジナルデニムを使用。あえてシャトル織り機を使ったセルビッジデニムではなく、最新のレピア織機を使用して織った度詰めのデニムを使っている。セルビッジがないため、アウトシームとインシームの両サイドからラインを細かく調整。2万520円

▶ **OTHER LINEUP**

DENIM SHIRTS

ドロップショルダーのボックスラインで仕上げたデニムシャツは、全5色展開で、爽やかなホワイトデニムもある。'70年代のウエスタンシャツなどに使われていたものと同じレシピで再現した8オンスデニムを使用。ストーンバイオ加工を施すことで、風合いのある仕上がりに。2万1600円

Denim Ultimate Catalog　　　A | B | C | D | E | F | G | H | I | J | K | L | M

〈 ウエストライド 〉

WESTRIDE

http://www.w-river.com

ウエスタンリバー　TEL025-526-2415

2 YEARS

▶ **AGING SAMPLE**

ライディングを考慮し、伸縮性に優れた左綾デニムで仕上げた定番モデル。21.75ozの肉厚なオリジナル耳付きデニムを使用し、綾目の特性により着用感が向上すると共に、美しく繊細な縦落ちを楽しむことが可能

穿きこみサンプル

穿きこんだモデル名__WR201 SUPER HEAVY 21.75OZ CYCLE JEANS
穿きこみ頻度__週4、5回ほど
洗濯の頻度__1カ月に1回
最初に洗ったのは__穿き始めて2カ月目

1.高級感の漂うヘアオンハイドのパッチを採用。バックポケットに配置されたレザーのタグと両方の経年変化を楽しめる。2.独自の形状のタフなベルトループもウエストライドのこだわりのひとつ。3.フロントには使い込むことで味が出てくる鉄製のボタンを採用。4.アウトシームのセルビッジは杢色。細部まで妥協しないでオリジナリティを発揮している

R201 SUPER HEAVY 21.75OZ CYCLE JEANS

バイク乗りも納得するタフなデニムを展開。

バイカーズのためのウエアブランドとして2003年に誕生したウエストライド。レプリカとは異なる独自の理念で生み出されるデニムのプロダクトも、バイクに乗ることを意識したこだわりが満載。定番モデルのWR201も強度実現の為にトリプルステッチ縫製を採用するなど、独自の視点で無骨さと機能性を追求している。そのためバイク乗りはもちろん、アメカジ好きからも高い評価を得ている。

基本データ
プライス__2万5704円
ウエストのサイズ展開__W28〜36, 38, 40
ベースにしている年代__なし
ウォッシュ__ワンウォッシュ、加工

生地
生地の重さ__21.75オンス
綾織__左綾
防縮加工__なし
生地の生産地__岡山県
コットンの種類__米国産綿100%
縦横の糸番手__タテ3.58番、ヨコ3.58番
生地のザラ感__普通
タテ落ちの種類__線と点落ち
色落ちのスピード__普通

染め
ロープ染色

縫製
縫製糸の特徴__耐久性などを考慮しオリジナルのコアスパン糸を使用。
アウトシームの縫製__両耳の割り縫い
耳を使っている場所__アウトシーム、前立て
耳の幅__0.4cm
耳の色__杢色

ディティール
ヒップパッチ__ヘアオンハイド
ベルトループ__オリジナル・ウエスタンループ
フロントフライ__オリジナルボタン
リベットの種類__オリジナルUFOリベット
隠しリベットの有無__なし
スレーキの生地__綾織り生成りのコットン100%
ピスネーム__なし

▶ **NEW MODEL**

WR101 RIDE DENIM PANTS

14.75ozオリジナル左綾セルビッジデニムを使用したストレートタイプ。定番のシルエットや色落ちを楽しめる王道モデルながら、ウエスタンループや、ダブルステッチとトリプルステッチを使い分けた仕様など、ウエストライドならではのこだわりと作り込みが随所に盛り込まれている。2万1384円

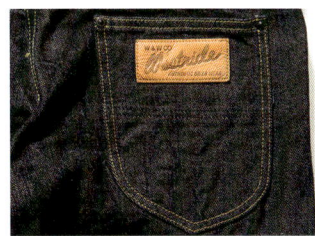

▶ **OTHER LINEUP**

12 MW SWASTIKA DENIM PANTS

デニムラインの新定番としてリリースされたモデル。ヴィンテージデニムのディテールやスペックを随所に取り入れながらも、完全オリジナルのデニムパンツへと昇華。若干深めの股上と、ややゆとりのある腰回りから、緩やかにテーパードしたシルエットが特徴的。2万4840円

▶ **OTHER LINEUP**

1948XX

1948年当時と同じミシンで当時の縫製を再現。裁断から仕上げまで1人の職人が一貫して製作する最高峰モデルだ。生地の裁断はすべて"裁ち"のため個体差が生まれ、経年と共に様々な表情を見せる。こちらはワンウォッシュのサンプルで、実物はリジッドとなる。4万5360円

WRANGLER

〈 ラングラー 〉

http://www.wrangler.co.jp/

リー・ジャパン　TEL03-5604-8948

1.ロープをデザインして描かれたオリジナルのタックボタン。2.フラットタイプのリベットに、やや高い位置のコインポケットはラングラーならではの形状。3.元々の社名がブルーベル社だけにこんなアクセサリーが付く。4.深いサイレントWは'60年代以前の仕様。外巻きロゴに縦のベルマーク付き

▶ **AGING MODEL**

左綾織りのデニムを使用したレギュラーストレートモデルROPE COWBOY 11MWZの加工モデル。カウボーイ達に愛されるディテールが詰まった1本は、強靭さを追求した7本のベルトループに、馬具を傷つけないようリベットはフラットタイプ。美しいシルエットもカウボーイ仕様ならでは

▶ **OTHER LINEUP**

11MW 48 MODEL

ラングラージーンズのルーツとも言えるボタンフライの11MW。1948年のモデルはバックポケットのステッチにサイレントWを正式に採用した記念すべきモデル。この当時のファブリックであった左綾モデルを再現した。2万2680円

シルエットをモダナイズさせた新生カウボーイデニム。

ROPE COWBOY 11MWZ

ワークウエアであったデニムにテーラードとファッション性をもたらしたのがラングラー。そのターゲットは労働者ではなく、伊達男カウボーイであったからだ。馬具を傷つけないよう股リベットを排除し、7本ベルトループでウエストをフィットさせた仕様は、サドル上で過ごすカウボーイのための仕様と言える。そんなラングラーのデザインが確立されたのがこの11MWZなのだ。

基本データ
- プライス__1万2960円（ワンウォッシュ）、1万4040円（加工）
- ウエストのサイズ展開__W28〜34
- ベースにしている年代__ディテールは1950年代後半〜1960年代前半、シルエットは11MWZオリジナル（古着）とは異なるテーパード仕様
- ウォッシュ__ワンウォッシュ、加工

生地
- 生地の重さ__14.1オンス
- 綾織__左綾織／防縮加工__あり
- 生地の生産地__広島県
- コットンの種類__タテ糸はエーゲ海コットン100%、ヨコ糸はエーゲ海コットン70%とテキサスオーガニックコットン30%の混紡
- 縦横の糸番手__タテ7番、ヨコ7番
- 生地のザラ感__弱い
- タテ落ちの種類__線と点の両方
- 色落ちのスピード__普通

染め
- ロープ染色

縫製
- 縫製糸の特徴__20、30番手のオリジナルコアヤーンの使いわけ（2色使用）
- 耳を使っている場所__なし
- 耳の幅__なし
- 耳の色__なし

ディテール
- パッチ__型押しロープロゴラベル
- フロントフライ__ジッパーフライ
- リベットの種類__スクラッチレスリベット
- ピスネーム__天狗裏にプリントネーム

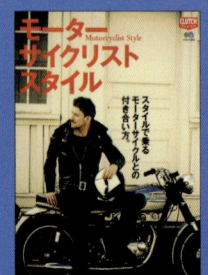

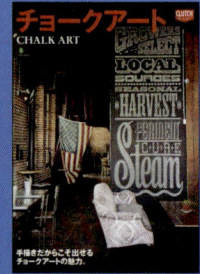

男性雑誌編集長が
自分の愛用品を惜しげもなく公開
Stuff Ultimate
本体1500円+税／A4変

スタイルで乗る
モーターサイクルとの付き合い方。
モーターサイクリストスタイル
本体1500円+税／A4変

自分でできる
手描き文字の世界
レタリングバイブル
本体1200円+税／A4変

日本やヨーロッパ、アメリカで活躍の
チョークアーティストを取材
チョークアート
本体1500円+税／A4変

毎月16日発売
本体648円+税／A4変
好評発売中

身近でリアルなスタイリング見本「こう着たい」がここにある。大人の新カジュアルファッション誌。

タイトルは「2nd」。
男の1番（ファースト）がビジネスであり、ビジネススーツであるなら、
セカンドは休日であり、カジュアルファッション。
つまり、二の次である休日のカジュアルファッションで
「格好いい大人」になるためのファッション誌です。

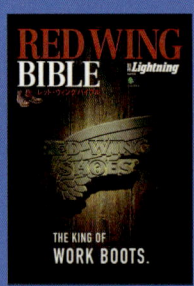

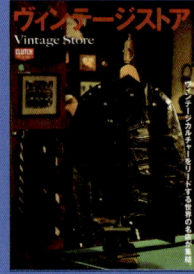

各ブランドの革ジャンの
経年変化のすべてを網羅
エイジング オブ レザージャケット
本体1500円+税／A4変

レッド・ウィング・ラバーの
ライフスタイルを徹底取材
レッド・ウィングバイブル
本体1200円+税／A4変

アイウエアの基礎知識から
魅力を深めるための情報満載!
アイウエアブック
本体1500円+税／A4変

ヴィンテージカルチャーをﾘｰﾄﾞする
世界のトップクラス店を紹介。
ヴィンテージストア
本体1500円+税／A4変

全国書店・ネット書店にてお買い求め下さい。

for tasty life
枻出版社
からのお知らせ

ブランド黎明期のシューズから
80年代のウエアまで
ナイキクロニクルデラックス
本体3000円+税／A4変

ニューバランスのすべてが
詰ってます！
NEW BALANCE BOOK
本体722円+税／A4変

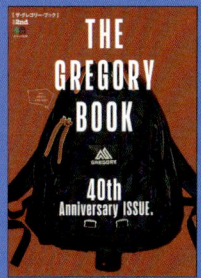
一冊まるごとグレゴリーの
魅力満載でお届けします。
ザ・グレゴリーブック
本体1000円+税／A4変

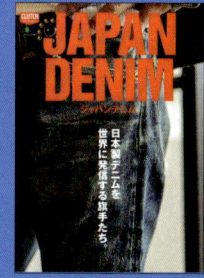
日本製デニムの作り手の
デニムに対する思いが一冊に。
JAPAN DENIM
本体1500円+税／A4変

Lightning
毎月30日発売
本体722円+税／A4変
好評発売中

**新しい情報を大切に、
古くても不変のものを大事に思う。
ライフスタイルよりも
スタイル・オブ・ライフにこだわります。**

Lightningは、クルマ、バイク、ファッション、インテリアなどの
モノのチョイスが生み出すライフスタイルを提案する情報誌。
常に本物志向にこだわり、新しいものばかりではなく、
古いものでも「イイものはイイ」という目で編集部厳選のアイテムを紹介します。

圧倒的な空間演出の実例集を
セレクトした1冊
ショップインテリア
本体1800円+税／A4変

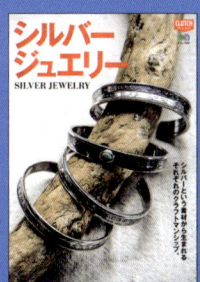
シルバースミスたちのハンドメイド
によって作られる現場にスポット！
シルバージュエリー
本体1500円+税／A4変

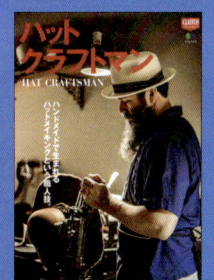
デザインから製作までを行う
クラフツマンの製作現場を訪ねる
ハットクラフトマン
本体1500円+税／A4変

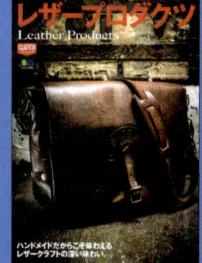
ハンドメイドだからこそ味わえる
レザークラフトの味わいを実感
レザープロダクツ
本体1500円+税／A4変

最新号の情報や関連ムックの購入は、下記のサイトから行えます。

詳しくはWEBで｜エイ出版社｜検索

COLUMN

NANO COLLOID

デニム愛好家の間で知られる"ナノコロイド"とは!?

いまデニムファンの間で話題となっている「ナノコロイド・プレミアム」。
皮脂などの汚れだけを落とし、インディゴを極力落とさないという
その効果を改めて確認していこう。

Text/Lightning編集部　Photo/S.Kai　甲斐俊一郎
問い合わせ／ウエアハウス東京店　TEL.03-5457-7899　http://www.ware-house.co.jp

目指すべきはこの色オチ！

自然な色落ちながらも、インディゴ部分は濃く残り、ヒゲなどのアタリがハッキリと白くなったジーンズはナノコロイドを使って洗ったもの。迫力のある色落ちを目指したいなら、ぜひ使うべし！

デニム用洗剤のナノコロイド・プレミアム。これまでは知る人ぞ知るブランドだったが、近年ではジーンズショップにも置かれていることも多くなった。2592円（500ml）

近年デニム専用洗剤は珍しくなくなったが、いま、とある洗剤がデニムファンたちの間で噂となり、脚光を浴びている。ナノテクノロジーとバイオテクノロジーを駆使して開発された「ナノコロイド・プレミアム」。洗濯の際にインディゴを極力落とさずに、皮脂やホコリなどの汚れだけを除去してくれる新しいコンセプトのデニム用洗剤。穿きこんでこれ以上色落ちさせたくないジーンズや、高価なヴィンテージジーンズのケアなど、すべてこれ一本でOKという優れモノ。天然原料を使用しているため、環境にも配慮しているのがポイント。ちなみにボトルはフランスのヴィンテージのガラスピンをイメージしているため、濃いブルーのカラーリングが美しく、置いていても絵になる佇まいなので、洗濯するのがついつい楽しくなってしまいそう。今回はナノコロイドが最も効果を発揮する「糊落とし」、「日々のケア」、「浸け置き洗い」という3つのシーンを紹介していこう。

ナノコロイドが活躍する3つの活用術

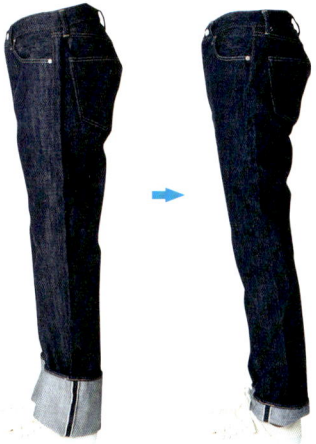

POINT
大きく縮んで身体にフィット！

糊を落とすためリジッドデニムを洗うと、大きく縮み自分の身体にフィットする。身体にフィットさせることで強いアタリが生まれキレイな色落ちが実現するのだ

こんな時に使いたい！

1 リジッドデニムの糊落とし。

リジッドデニムの糊落としは洗濯器を使っても構わないが、きれいに落とすならば風呂場などの大きな器に浸したいところ。ナノコロイドを30mℓほど入れたぬるま湯に浸すことで、インディゴを残しつつ、きれいに糊を落とせる

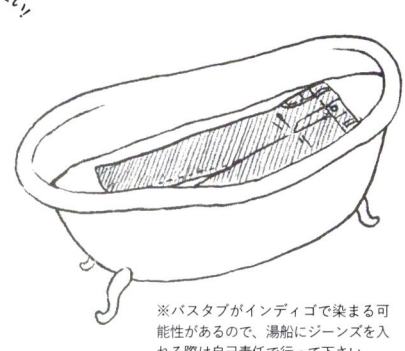

※バスタブがインディゴで染まる可能性があるので、湯船にジーンズを入れる際は自己責任で行って下さい

こんな時に使いたい！

2 洗濯二回目以降の日々のケア。

洗濯機を使った日々のケアの場合はデニムを裏返してネットに入れ、手洗いコースを利用する。そうすることでインディゴを残しジーンズの風合いをキープする。10ℓの水量に対し、ナノコロイドのキャップ一杯が目安だ

POINT
アタリ以外のインディゴはハッキリ残す。

こちらはリジッドから穿いて3カ月目に初めて洗濯したジーンズ（ウエアハウスDDシリーズLot.1001を着用）しっかりとインディゴを残しつつ、アタリがキレイに生まれている

POINT

インディゴを残しつつ皮脂汚れが落ちた！

こちらは左が長くはいて黄ばんでしまった部分だが、ナノコロイドを使うことで、黄ばみを取り清潔感のある白さに復活する。メリハリも出て美しいエイジングとなった

こんな時に使いたい！

3 激しく汚れた時の浸け置き洗い。

ジーンズを長く穿くと、皮脂汚れなどが付着しモモの白く抜けた部分が黄ばんでくる。そんな場合は浸け置きするのが有効。洗面器にナノコロイドを入れた水に浸し、一晩浸け置きをすることで、汚れだけを浮かして、汚れだけを除去してくれる

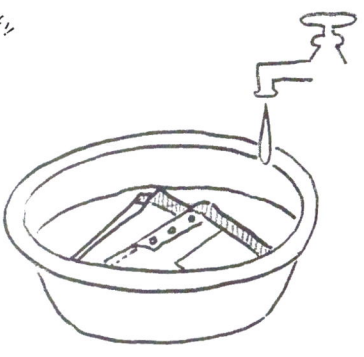

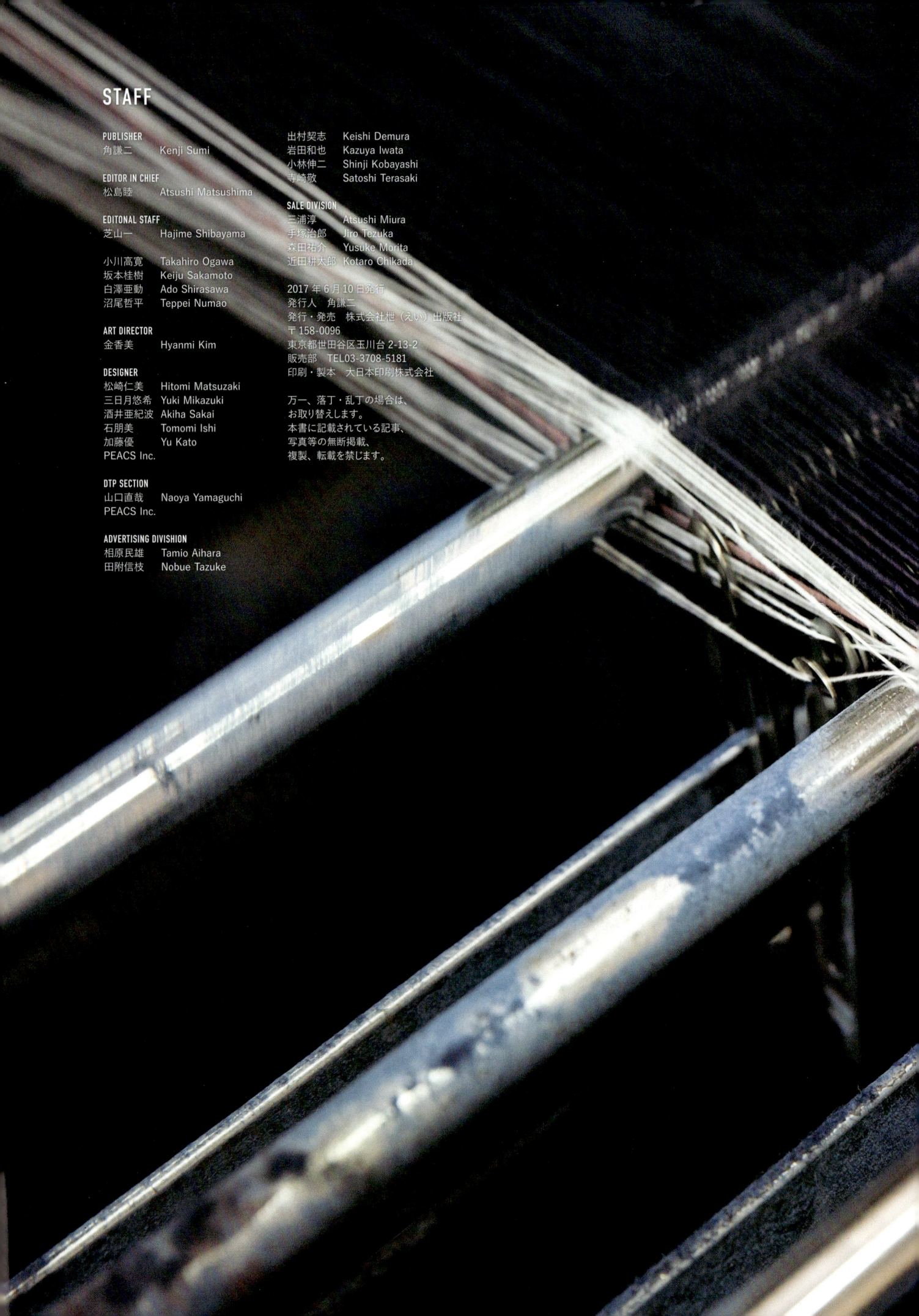

STAFF

PUBLISHER
角謙二　Kenji Sumi

EDITOR IN CHIEF
松島睦　Atsushi Matsushima

EDITONAL STAFF
芝山一　Hajime Shibayama

小川高寛　Takahiro Ogawa
坂本桂樹　Keiju Sakamoto
白澤亜動　Ado Shirasawa
沼尾哲平　Teppei Numao

ART DIRECTOR
金香美　Hyanmi Kim

DESIGNER
松崎仁美　Hitomi Matsuzaki
三日月悠希　Yuki Mikazuki
酒井亜紀波　Akiha Sakai
石朋美　Tomomi Ishi
加藤優　Yu Kato
PEACS Inc.

DTP SECTION
山口直哉　Naoya Yamaguchi
PEACS Inc.

ADVERTISING DIVISHION
相原民雄　Tamio Aihara
田附信枝　Nobue Tazuke

出村契志　Keishi Demura
岩田和也　Kazuya Iwata
小林伸二　Shinji Kobayashi
寺崎敬　Satoshi Terasaki

SALE DIVISION
三浦淳　Atsushi Miura
手塚治郎　Jiro Tezuka
森田祐介　Yusuke Morita
近田耕太郎　Kotaro Chikada

2017年6月10日発行
発行人　角謙二
発行・発売　株式会社枻（えい）出版社
〒158-0096
東京都世田谷区玉川台2-13-2
販売部　TEL03-3708-5181
印刷・製本　大日本印刷株式会社

万一、落丁・乱丁の場合は、
お取り替えします。
本書に記載されている記事、
写真等の無断掲載、
複製、転載を禁じます。